## Naturalismus

Naturalismus? – Ich muß gestehen,
Nur Schmutz und Fäule gibt's zu sehen
In eurer *natürlichen* Kunst und Dichtung.
Es *stinkt*! Das ist eurer Wahrheit Wesen!
»So hast du mit der *Nase* gelesen,
Nicht mit Verstand? . . . Ist auch eine Richtung!«[1]

M. G. Conrad

Wer im späten 19. Jahrhundert ein satirisches Epigramm spitzt, wie hier der Herausgeber des naturalistischen Kampfblattes *Die Gesellschaft*, verrät auch als Apologet einer ›Literaturrevolution‹, daß er aus dem Überlieferungszusammenhang der deutschen Dichtung nicht ganz herausgefallen ist. Damit ist bereits von einem schwachen Punkt im Selbstverständnis der Naturalisten die Rede, nämlich ihrem Verhältnis zur literarischen Tradition – und zugleich von den Schwierigkeiten eines heutigen Lesers, ihre Gedichte, Novellen, Romane und Theaterstücke sonderlich schmutzig, übelriechend oder gar revolutionär zu finden. Die naturalistische Bewegung trat ja in Deutschland nicht lange vor 1890 – später also als in Frankreich, Skandinavien und Rußland und mit unleugbar nachahmerischen Zügen – in der Absicht auf den Plan, den kompletten Umsturz der bestehenden Literatur- und Theaterverhältnisse herbeizuführen. Sie glaubte alle Brücken hinter sich abgebrochen und – mit ihren Programmschriften auch ästhetisch – den Grund für eine

---

1. *Die Gesellschaft*. Realistische Wochenschrift für Literatur, Kunst und öffentliches Leben. 1. Jg. (1885) S. 81. – In seiner Bedeutung für die naturalistische Bewegung wurde dieses Organ seit 1890 von der *Freien Bühne für modernes Leben* (Otto Brahm, Wilhelm Bölsche, Julius Hart) überflügelt, die nach vier Jahrgängen als *Neue deutsche Rundschau* fortgesetzt wurde.

völlig neue Kunst gelegt zu haben. Heute wird der beacht-
liche Abstand wahrgenommen zwischen der kompromißlo-
sen Theorie des ›Zolaismus‹ (den der zitierte Michael Georg
Conrad mit seinem Münchener Kreis verfocht) und der literarischen Praxis, die sehr viel weniger rigoros gewesen ist.
Anspruch und Erfüllung deckten sich nicht einmal bei dem
französischen Großmeister Emile Zola, dessen maßlose
Übertreibungen und Einseitigkeiten, dessen menschenveräch-
terischer Pessimismus und – schlecht vereinbar damit – feu-
riges humanitäres Pathos gar nicht dem postulierten Ideal
wissenschaftlicher Nüchternheit, exakter Wiedergabe psychi-
scher und sozialer Wirklichkeit entsprechen. Selbst im Falle
des einzigen deutschen Theaterstücks, das eine Art radikales
ästhetisches Programmdrama darstellt und tatsächlich in li-
terarisches Neuland vorstieß – der *Familie Selicke* des
Autorenpaares Arno Holz (1863–1929) und Johannes Schlaf
(1862–1941) –, sind inzwischen Verbindungsfäden zur Vergangenheit sichtbar geworden.[2]
Die Naturalisten gehören in die Geschichte des Realismus,
sie selber legten auch keinen Wert auf eine definitorische
Unterscheidung zwischen ›realistisch‹ und ›naturalistisch‹.
Aus apologetischen Gründen beriefen sie sich zwar hin und
wieder auf große Vorbilder (vor allem Shakespeare und
– recht bildungsbürgerlich beflissen – Goethe), aber ihr Sinn
für die Kontinuität der Literatur war gering, ein altes deut-
sches Übel. Für die Nachwelt haben die Naturalisten jedoch
ihren festen Platz in einer Linie eingenommen, die vom
Sturm und Drang zum bürgerlichen Trauerspiel und zum
Jungen Deutschland führt. Von ›Jüngstdeutschland‹ sprach
man bereits zu ihren Lebzeiten. Der bewußte Anschluß an
diese nationale realistische und demokratische Dichtungstra-
dition, statt an die naturwissenschaftlichen und pseudo-
philosophischen Modelehren der Zeit, hätte die Bewegung
von 1890 möglicherweise stärken und ihre ebenso rasche wie

2. Vgl. das Nachwort von Fritz Martini zur Textausgabe (1966) in
Reclams Universal-Bibliothek Nr. 8987.

vollständige Niederlage – nach einem allzu kurzen Triumph – zumindest hinauszögern können. So hätte sie vielleicht am Ende gehalten, was sie so lauthals versprach: eine neue große deutsche Literatur.

Der betonte Aktualismus der Bewegung verrät sich schon in ihrem Verzicht auf historische Stoffe (mit der einzigen Ausnahme von Gerhart Hauptmanns *Florian Geyer*, 1896[3]). Die Angabe »Zeit: Gegenwart« war nachgerade eine Stereotype. Auch die Schauplätze der dramatischen und epischen Handlung waren Gegenwart – räumliche Gegenwart. Jedoch erzwang nicht allein die *ästhetische* Wahrheitsforderung ein Sichbeschränken auf die eigene Zeit und Welt, insofern volle Lebensechtheit sich nur durch Miterleben der vorgeführten Probleme und Konflikte, durch eigenes Studium des Darstellungsgegenstandes, also durch Zeitgenossenschaft erreichen lasse; mindestens gleich nachdrücklich heischte die Verbundenheit dieser Autoren mit der allgemeinen *geistigen* Bewegung ›Naturalismus‹, die über die Künste weit hinausreichte, den Griff nach zeit-gemäßen Stoffen und Motiven. Die geschichtliche Tiefendimension fiel demnach nicht nur in aestheticis, sondern auch ideell, ›weltanschaulich‹ aus. Unmöglich läßt sich die naturalistische Literatur von der ›Weltanschauung‹ Naturalismus trennen, die auf die – wirklichen oder auch bloß mutmaßlichen – Errungenschaften der Naturwissenschaft, speziell der Biologie, aufbaute. Dichter wirkten zugleich als Publizisten (und umgekehrt geborene Publizisten als Auch-Dichter), sofern sie nicht gar den Ehrgeiz hatten, als Wissenschaftler zu gelten (Wilhelm Bölsche, Bruno Wille), ohne es indessen zu mehr als bloßer Agitation für die naturwissenschaftlichen Tageslehren zu bringen, für die geradezu quasireligiöse Gültigkeit beansprucht wurde. Populärwissenschaft erlebte damals ihre erste Blüte. Vor allem in der Anfang der neunziger Jahre führenden Zeitschrift des deutschen Naturalismus, der *Freien Bühne für*

---

3. Hauptmanns »Schauspiel aus den vierziger Jahren« *Die Weber* galt von Anbeginn als verkapptes Gegenwartsstück.

*modernes Leben*, die sich seit 1892 *Freie Bühne für den Entwickelungskampf der Zeit* nannte, wurde im Zeichen eines absoluten Primats der Naturwissenschaften intensiv die Propagandatrommel für eine monistische Entwicklungslehre gerührt; dichterische und ›wissenschaftliche‹ Beiträge wurden unbefangen gemischt. Die Schwäche dieses zur ›Weltanschauung‹ erhobenen Naturalismus lag in einer naiven Verabsolutierung der Milieutheorie Hippolyte Taines, der Vererbungslehre Claude Bernards, der Dekadenzhypothesen der Zeit, der Abstammungslehre Charles Darwins und des strengen philosophischen Monismus Ernst Haeckels[4]; von der Entwicklungslehre zog man eine ›Entwickelungsmoral‹ ab, in der paradoxen Weise ahistorischen Historismus, sprich linearen Progressismus: das Alte (etwa die Religion, selbst die christliche Moral) galt als nutzlos, weil (zeitlich) ›überholt‹, die Spitze der Entwicklung – die Gegenwart – a priori allem Früheren wert- wie erkenntnismäßig überlegen und ihm gegenüber im unbedingten Recht. Das Ganze war ein Positivismus, der in seiner Wissenschaftsgläubigkeit lediglich unbezweifelbare Fakten anerkennen wollte und sich doch vollständig über seinen ideologischen und damit relativen Charakter täuschte.

Die Verquickung mit dieser ›Weltanschauung‹ sollte sich als eine schwere Hypothek für die deutsche realistische Literatur erweisen, die in den Geruch einer Trivialisierung aller wesentlichen Fragen menschlicher Existenz, ja der Banalität eines biederen Fortschrittsoptimismus geraten mußte. Doch hier tritt ein grundlegender, unausgetragener Widerspruch

---

4. Haeckel (1834-1919), im Anschluß an Darwin Begründer und zugleich populärster Vertreter des Monismus, war von 1862 bis 1909 Zoologieprofessor in Jena. Verfasser der *Generellen Morphologie der Organismen* (1866) und einer *Anthropogenie oder Entwicklungsgeschichte des Menschen* (1874). Sein bekanntestes Buch, *Die Welträtsel* (1899), erschien erst nach dem Abklingen der naturalistischen Literaturbewegung. In der *Freien Bühne* kam Haeckel 1892 mit einer Zusammenfassung seiner Lehre, *Die Weltanschauung der monistischen Wissenschaft*, zu Wort (3. Jg., S. 1155ff.).

innerhalb des Naturalismus entgegen: Neben solchem halt-
losen Optimismus machte sich (unter dem Einfluß der Mi-
lieu- und Vererbungslehren) ein gleich haltloser Pessimismus
breit, der Fatum und Schicksal nicht minder vernichtend als
in der antiken Tragödie walten ließ, freilich unter gänzlich
anderen Auspizien. Mit der Entlarvung dieses Optimismus
und Pessimismus als rationalistische Konstruktionen, die alles andere denn Lebenswirklichkeit beinhalten, mußte auch
die Literatur, die auf jene eingeschworen war, der Gering-
schätzung verfallen und in den Orkus der Folgenlosigkeit
stürzen. Als nach den Reaktionserscheinungen auf den Naturalismus – Neoromantik, Symbolismus, Jugendstil, Impressionismus – im Expressionismus wieder kraß realistische
Tendenzen durchschlugen, lag keine unmittelbare Anknüp-
fung an die versunkene naturalistische Literatur der späten
achtziger und neunziger Jahre vor; sie war allzu eng mit inzwischen überwundenen oder doch relativierten wissenschaftlichen und philosophischen Standpunkten liiert gewesen.
Optimismus und Pessimismus folgen übrigens keineswegs
zeitlich in klaren Intervallen aufeinander, wie sich überhaupt für den deutschen Naturalismus im Drama keine Pe-
rioden unterscheiden lassen. Er, der auf Entwicklung schwor,
besaß auch keine eigentliche Entwicklung im Sinne etwa
einer Verschärfung oder Abschwächung bestimmter Stilmittel,
einer Verlagerung des Schwerpunktes von der Milieurepro-
duktion auf sittliche Probleme, vom negativen zum positi-
ven Helden hin oder dergleichen. Um nur beispielsweise die
– wiederum widersprüchliche – Auffassung der Frau, die als
Frau eine durchaus überindividuelle und wesentliche Rolle
im realistischen Drama spielt, zu streifen: die als entfaltete
Persönlichkeit dem Manne unbedingt überlegene, an mora-
lischer Integrität und seelischer Kraft reichere Frau, kurz,
die neue positive Heldin (Kielland, Rilke), kommt zeitlich
neben der femme fatale vor (Hirschfeld, Hartleben, auch
Weigand), die in ihrer Seelenlosigkeit und Egozentrik den

wertvolleren Mann zerstört. Die vorliegende kleine Sammlung von Einaktern setzt also nur zufällig mit einem Exempel für die strikte Wahrheits- und Ehrlichkeitsmoral des unkorrumpierten ›neuen Menschen‹[5] ein (Kielland) und schließt anderthalb Dezennien später ebenso zufällig mit einer Probe schärfster pessimistischer Wirklichkeitsmalerei (Viebig), die an die zelotische Doktrin des ›Zolaismus‹ zurückdenken läßt. Aber nicht genug damit, daß sich keine Phaseneinteilung ergibt – auch die zeitlichen Grenzen der Stilbewegung als solcher verschwimmen völlig nach rückwärts und nach vorn. Setzt man den Beginn des deutschen naturalistischen Theaters (die Vorbereitung durch die Meininger außer acht lassend) mit der Gründung der Berliner »Freien Bühne« 1889 an, deren erstes (und wichtigstes) ›Kriegsjahr‹ 1889/90 u. a. die Uraufführung von Hauptmanns *Vor Sonnenaufgang* und Holz/Schlafs *Familie Selicke* brachte, so muß der dramatische Naturalismus in Deutschland eine wahre Eintagsfliege gewesen sein, denn im selben Jahr 1890 wird er bereits von Hermann Bahr und anderen totgesagt.[6] Alle im vorliegenden Band vereinigten Proben naturalistischer Dramatik sind – von Kielland abgesehen – nach diesen Todeserklärungen entstanden. Ja, anscheinend zwanglos, d. h. ohne das schlechte Gewissen des Anachronismus, des von der Entwicklung Überholtseins, konnten naturalistische Werke vereinzelt sogar noch zu einer Zeit entstehen, als eindeutig antinaturalistische – und in ihrer geistigen wie politischen Tendenz reaktionäre – Strömungen großbürgerlicher Kunst die Szene beherrschten. (Hirschfeld z. B. gelang 1907 mit *Mieze und Maria* nochmals eine gutnaturalistische Komödie.) Dies spricht ebenso dafür, daß

5. Der Terminus ›neuer Mensch‹, der meist als Erfindung des Expressionismus gilt, begegnet häufiger in der naturalistischen Literatur; ein frühes Drama von Hermann Bahr trug den Titel *Die neuen Menschen* (1887).
6. Hermann Bahr, *Zur Kritik der Moderne*, 1890, und *Die Überwindung des Naturalismus*, 1891. Vgl. Ruprecht, *Literarische Manifeste* (s. Anm. 12), S. 242 ff.

realistische Darstellungsformen und Gestaltungsweisen über
die engere Stilbewegung des Naturalismus hinaus dem Dichter jederzeit zur Verfügung stehen, wie auch ihre Wieder-
kehr nur wenige Jahre später unter der frisch entfalteten
Flagge des Expressionismus darauf hindeutet. So ließe sich
ein weiterer Widerspruch des Naturalismus – wohl der fun-
damentalste – benennen: ausgerechnet eine literarische Bewegung, die sich wie keine zweite zuvor durch eine verbind-
liche Theorie, durch eigene ›Kampf‹-Organe, durch persönlichen Zusammenhalt in Gruppen und durch einen betonten
Generationengegensatz (zur Vergangenheit hin) eindeutige
Kontur zu geben bemühte, löste sich nicht etwa bloß an
ihren Rändern, vielmehr bis in ihren Kern hinein auf und
wird in ihren Halb- und Viertelsnaturalismen[7], ihrer ›kampf‹-
losen Stimmungskunst (der oft gesehene ›epische‹ Charakter
der naturalistischen Dramatik) und in einem – nicht selten
die Grenzen der Sentimentalität streifenden – Betonen des
Gefühls, in ihren Amalgamierungen mit neoromantischem
Lyrismus und impressionistischer Sensibilität nahezu ungreifbar.

Die radikale Kunsttheorie des Naturalismus, wie sie in
Frankreich Zola und hierzulande insbesondere Holz formu-
lierten, barg eine elementare Aporie. Eine Verwissenschaft-
lichung der Kunst, wie sie Zola zuerst 1880 in *Le roman
éxperimental* und während der folgenden Jahre in weiteren
ästhetischen Schriften proklamiert hatte, mußte mißlingen;
sie ließ sich nicht ein für allemal, wie Holz wähnte, in eine
quasi mathematische Gleichung (»Kunst = Natur – x«) ban-
nen. Die naturalistische Doktrin stand und fiel mit der

7. Hermann Sudermann, der einzige ernstliche Konkurrent Hauptmanns,
wurde allerdings sogleich als Pseudonaturalist erkannt und heftig abge-
lehnt, vgl. Paul Schlenther, *Sudermann und die neue Richtung*, in: Freie
Bühne, 1. Jg. (1890) S. 1073; Wilhelm Bölsche, *Sudermann auf der Freien
Volks Bühne*, in: Freie Bühne, 2. Jg. (1891) S. 145. – Karl Kraus be-
zeichnete 1894 Sudermanns *Heimat* als die »leicht verdauliche, pikante
Sauce des Scheinrealisten« (Die Gesellschaft, 10. Jg., S. 387).

Gleichsetzung von Kunst und Natur, die in Wahrheit eine Subsumierung der ersteren unter die letztere bedeutete und damit auf eine Unterordnung der Kunst hinauslief. Allerdings wurde im Falle von Zolas berühmter Definition des Kunstwerks – »une œuvre d'art est un coin de la nature, vu à travers un tempérament« – der modifizierende Nebensatz, der den wissenschaftlichen Anspruch weitgehend wieder aufhebt, in der Regel außer acht gelassen. Und dieselbe subjektive Einschränkung, die den angestrebten ›wissenschaftlichen‹ Charakter erheblich relativiert, kann auch aus dem zentralen Satz in Holz' *Die Kunst. Ihr Wesen und ihre Gesetze* (1891)[8] herausgelesen werden: »Die Kunst hat die Tendenz, wieder die Natur zu sein; sie hat sie nach Maßgabe der jeweiligen Reproduktionsbedingungen und ihrer Handhabung.« Holz exemplifizierte seine Formel mittels eines sogenannten ›Sekundenstils‹ in der *Papa Hamlet*-Prosa (1889) und in der *Familie Selicke*, kam jedoch offenbar zu dem Ergebnis, daß das neue Kunstdogma an sich zwar funktioniert, aber von ihm aus kein Weg in die Zukunft führt.[9]

Daß der Künstler einerseits »wie die Natur« (»comme la nature«), also mit unbewußter Gesetzmäßigkeit schaffen soll, andererseits jedoch die Rolle des rationalen Konstrukteurs eines Experiments (welcher auswählt und damit subjektive Entscheidungen trifft) zugewiesen erhält, erscheint

8. Vgl. *Theorie des Naturalismus*, hrsg. von Theo Meyer. Reclams UB Nr. 9475-78, S. 168.
9. Die für die große europäische Prosa des 20. Jahrhunderts so folgenreiche Erfindung des ›inneren Monologs‹ stammt aus naturalistischer Zeit und naturalistischem Geist: Edouard Dujardin wandte ihn als erster 1887 in seinem Roman *Les Lauriers sont coupés* an, im deutschen Sprachraum Arthur Schnitzler in seiner Novelle *Leutnant Gustl* (1901). Die ›photographisch‹ getreue Reproduktion des ›Bewußtseinsstroms‹ erscheint wie eine auf die psychische Realität beschränkte Parallele zum ›Sekundenstil‹-Experiment Holz'. Auch die ›stream of consciousness‹-Technik endete (bei Joyce, den Surrealisten u. a.) in einer Sackgasse, auch sie war dem naturalistischen Denkfehler, den Autor als Subjekt ausschalten zu können, erlegen.

uns heute als unerträglicher Widerspruch. Natur und Kunst durch ein schlichtes Gleichheitszeichen zu verbinden, die Gesetzlichkeit von Naturvorgängen bei der Entstehung des Kunstwerks wiederkehren zu sehen, dünkt uns der unfaßliche Denkfehler einer von den spektakulären Erfolgen der Naturwissenschaften faszinierten Generation. Die hochgemute Erwartung, daß das »Zeitalter der Naturwissenschaft« allen Zeitübeln zum Trotz »einen Menschheitsmorgen« gebären wird[10], erstreckte sich eben auch auf die Kunst, die als naturalistische einer glänzenden Zukunft entgegengehe. Doch schon 1893, in einem anonymen Nachruf der *Freien Bühne* auf den »Naturforscher des Schönen« Taine, wurde die Klage laut, daß die Positivisten Hippolyte Taine und Ernest Renan eine »sinkende Generation Frankreichs« repräsentieren und die Jungen nicht weiterarbeiten an dem großen Thema Kunst und Naturwissenschaft, ja, die »Notwendigkeit jener Verknüpfung« nicht einmal begreifen und auf einen »Anschluß an die Naturwissenschaft« verzichten. Welch simplen Doktrinarismus offenbart das Diktum, die »Kardinalfragen der ganzen ästhetischen Wissenschaft« könnten *nur* von naturwissenschaftlichem Boden aus gelöst werden«[11]!

Die Macht handlicher und zugleich handfester Begriffe in einem »Zeitalter des Schlagworts« (Heinrich Ströbel, 1894) sorgte dafür, daß die unbrauchbare Doktrin nicht in Vergessenheit geriet, vielmehr umgekehrt sich in den Vordergrund schob. Noch heute wird vielfach angenommen, die

---

10. Wilhelm Bölsche, *Naturwissenschaftlicher Unterricht in den Schulen*, in: Freie Bühne, 4. Jg. (1893) S. 29 ff. – Bölsche, seit 1891 Redakteur der Zeitschrift, war vielleicht der eifrigste Vorkämpfer des naturalistischen ›Weltanschauung‹ und einer naturwissenschaftlichen Ästhetik (*Die naturwissenschaftlichen Grundlagen der Poesie*, 1887). Autor einer populären *Entwicklungsgeschichte der Natur*, 3 Bde., 1892–95. Mitbegründer des Berliner Naturalismus, Propagandist Haeckels, suchte durch eigene Romane (u. a. *Die Mittagsgöttin*, 3 Bde., 1891) dem von ihm kreierten Idealtyp des Dichter-Publizisten zu entsprechen.
11. *Freie Bühne*, 4. Jg. (1893) S. 350 f. Verfasser war vermutlich Bölsche.

Theorie sei den ersten vollgültig ›naturalistischen‹ Dichtungen voraufgegangen, letztere seien mehr oder weniger Demonstrationen oder gar Illustrationen der extremen Ästhetik gewesen. In Wirklichkeit arbeitete Zola seit den frühen siebziger Jahren an seinem *Rougon-Macquart*-Zyklus, bereits 1876 erschien sein wichtiger Roman *Thérèse Raquin* (dramatisiert und in deutscher Übertragung 1890 auf der »Freien Bühne«); auch die *Familie Selicke* war eher da als Holz' Programmschrift. Daß mit dem Naturalismus die lange Kette der Ismen anhob, an deren Beginn meist ein ästhetisches pronunciamento zu stehen pflegte, ja deren Bedeutung sich nicht selten in ihren theoretischen Konzepten erschöpfte, hat zu der Entstehung eines Prioritätsirrtums beigetragen. Die Formeln Zolas und Holz' wurden seither dem künstlerischen Gesamtereignis ›Naturalismus‹ wie Etiketten aufgeklebt, obgleich kein einziger Autor – nicht bloß Gerhart Hauptmann, der Antitheoretiker par excellence – den Buchstaben des neuen Gesetzes wirklich erfüllte. Diese Überschätzung der ästhetischen Theorie auf Kosten der Praxis verfälschte das Bild der naturalistischen Bewegung, der womöglich noch der Vorwurf gemacht wird, hinter ihrem revolutionären Programm zurückgeblieben zu sein, somit versagt und berechtigterweise späterhin nur mehr geringes Interesse gefunden zu haben.

In Deutschland blieben vorrangige Formexperimente – sieht man von den einmaligen Versuchen der Holz und Schlaf ab – beinahe gänzlich aus. Als Stilphänomen ist der durchschnittliche Naturalismus nicht viel mehr als ein Realismus unterschiedlicher Gradstärke, für den eine geschärfte Beobachtung die erste Pflicht des Künstlers und hinlängliche Wirklichkeitstreue die Frucht solcher ›harten Arbeit‹ darstellt. In der Regel redet der Naturalist die ›natürliche‹, d. h. übliche Umgangssprache des Bürgertums, wie das bereits die nordischen Vorbilder Ibsen, Strindberg und Björnson getan hatten. Meist waltete eine gemäßigte Realistik, die um so maßvoller ausfiel, je höher auf der Stufenleiter der

Gesellschaft der Autor seine Gestalten placierte; im Milieu von Großbürgertum, Adel, Militär und Akademikerschaft war gemäß der naturalistischen Wahrheitsforderung ohnehin ein krasses Vokabular fehl am Platze, auch jeder naturalistische Sprachgestus, wie er sich in der *Familie Selicke* als stilistische Invention findet: das Stammelnde, Abgebrochene, Primitive, holzschnitthaft Klobige, das Holz und Schlaf für besonders lebensecht hielten. Gemessen an den unvergleichlich ›härteren‹ Naturalismen mancher Expressionisten oder gar der Literatur nach dem Zweiten Weltkrieg muten die naturalistischen Dramenwerke der neunziger Jahre ziemlich zahm an; nicht selten erschöpfte sich die realistische Einstellung ihrer Verfasser darin, offenkundige psychologische Unwahrscheinlichkeiten und unmotiviertes Verhalten der Gestalten zu vermeiden.

Ein Übergewicht ästhetischer Zielvorstellungen, wie sie manche Programmschrift suggeriert[12], hat im deutschen Naturalismus nie bestanden. Die Ostentation, mit der trotzdem die Theoretiker darauf bestanden, daß es sich um eine primär ästhetische Revolution handele, gehört in das Kapitel des falschen Selbstverständnisses der Naturalisten. Revolutionär waren sie, indem sie neue Kontinente der Wirklichkeit zur Sprache brachten – die industrielle Welt, das Proletariat, die Großstadt –, und zwar durchaus tendenziös. Daß sie für diese neue Wirklichkeit eine neue Sprache benötigten, versteht sich von selbst. Der erbitterte Widerstand gegen die neue Literaturbewegung hatte in Wahrheit hier, in der dargestellten Wirklichkeit, seine Ursache. Wegen ihrer Themen und Stoffe wurden die Naturalisten letztlich gehaßt und ihre Produkte nach Möglichkeit unterdrückt, nicht wegen ihrer abstrakten Kunstprinzipien. Ihre Nähe zum Sozialismus – das seit 1878 bestehende Sozialistengesetz war schließlich erst 1890 aufgehoben worden – empörte den Bürger, der

---

12. Einen Überblick über diese Programmliteratur vermittelt die von Erich Ruprecht edierte Sammlung *Literarische Manifeste des Naturalismus 1880–1892*, Stuttgart 1962.

vorgab (und zuweilen vielleicht sogar subjektiv ehrlich meinte), sich einzig an der Form, der Sprache der neuen Werke zu stoßen. Doch mag auch ein Gutteil Taktik in der Betonung des ästhetischen Charakters der naturalistischen Literaturrevolution gelegen haben. Wenn führende Publizisten wie Otto Brahm und Heinrich Hart mit aller Entschiedenheit die Autonomie der Kunst betonten und sich sogar zur Behauptung einer prinzipiellen Stoffindifferenz verstiegen, wenn die Vereine »Freie Bühne«[13] und »Freie Volks-Bühne«[14] allein künstlerische Absichten reklamierten, dann sicherlich nicht zuletzt, um die Verbindlichkeit der öden Regeldetri eines epigonalen Pseudoidealismus für die jungen Autoren zu bestreiten, die ›Forderungen‹ des ›großen Publikums‹ nach angenehmem Entertainment zu refüsieren und die Moralkonventionen des Spießertums als ›von außen‹ kommende Eingriffe in die ›Geistesfreiheit‹ abschütteln zu können. Außerdem galt es, einerseits der Zensur und der drohenden polizeilichen Kontrolle der Theatervereine[15] zu

13. Gegründet 1889 in Berlin von Schriftstellern und Kritikern als Besucherorganisation, um in geschlossenen Vorstellungen (die nicht der Zensur unterlagen) Stücke insbesondere der jungen Naturalisten herauszubringen, die vom Kommerztheater als zu riskant verschmäht wurden. Ein eigenes Ensemble und Haus besaß der Verein nicht. Die erste Spielzeit, 1889/90, brachte den eigentlichen Durchbruch des dramatischen Naturalismus in Deutschland. In einem verhüllten Abgesang des Vorstands nach zwei turbulenten, überaus erfolgreichen Jahren heißt es, der Verein könne nunmehr als Sieger abtreten, wenn nicht die Aufgabe bliebe, »Möglichkeiten freier Kunstbetätigung schaffen zu helfen«, sobald debütierenden Talenten vom Repertoiretheater keine Chance geboten würde (*Freie Bühne*, 2. Jg., 1891, S. 651 ff.).
14. Die »Freie Volks-Bühne« wurde nach der »Freien Bühne« im Jahre 1890 durch eine Initiative des (neben Bölsche aktivsten) Dichter-Publizisten Bruno Wille ins Leben gerufen. Der Verein wollte durch niedrigste Eintrittspreise (50 Pfg.) Angehörigen der untersten Volksschichten den Theaterbesuch ermöglichen. Über das Publikum, meist Arbeiter, vgl. Otto Brahm, *Der erste Winter der Volksbühne*, in: Freie Bühne, 2. Jg. (1891) S. 400 ff.
15. Ein Versuch des Berliner Polizeipräsidenten, die »Freie Volks-Bühne« als politisch zu etikettieren und dadurch polizeilich zu knebeln, führte zu einer gerichtlichen Auseinandersetzung, die zugunsten des Vereins aus-

entgehen, andererseits dem Nützlichkeits- und Parteilichkeitsdenken der organisierten Sozialdemokratie entgegenzutreten, der diese »freiheitlichen Sozialisten« zumindest nahestanden.

›Naturalismus‹ war ein Kampfruf, ein Losungswort mit aggressiv-polemischen Obertönen, eine Abbreviatur mit Signalwert. Wogegen die junge Künstlergeneration Front machte, war das spätklassizistische Epigonentum, die gesamteuropäische Akademie des ›Realidealismus‹ in Literatur und bildender Kunst. Die Dichterschule der Emanuel Geibel (1815–94) und Paul Heyse (1830–1914), gegen die sich in München vornehmlich der Angriff der Jungen richtete, war potenzierte Harmlosigkeit und fade Schönschreiberei, ästhetisch wie politisch. Es blühte damals jene Belletristik, von der Gorki spöttisch bemerkt hat, sie sei »mehr triste als belle«. Eine »massenweise parfümierte Goldschnittlyrik«, feinziselierte Noveletten, der gefühlvolle ›Frauenroman‹ und das seichte Salonstück (meist französischer Import) waren die bevorzugten Genres, die heute wohl nur noch den Literatursoziologen zu interessieren vermögen: Dichtung als Dienstleistungsgewerbe, das sich im besten Einvernehmen mit seiner Kundschaft befand und deren ›sittliche Anschauungen‹ voll und ganz respektierte, vorsichtig sich im engen ›Rahmen des Erlaubten‹ bewegte. Formen und Inhalte dieses literarischen Viktorianismus entsprachen sich durchaus. Affirmativ war die Literatur geworden: sie sollte und wollte den dritten Stand geschickt unterhalten, mit Maßen erbauen, vor allem aber ihn selber bestätigen. Fraglose Anerkennung der bestehenden Ordnungen und Anpassung an eine begrenzte Apperzeptionsbereitschaft hinsichtlich der psychischen wie sozialen Realität hießen die ungeschriebenen Gesetze für den bürgerlichen ›Dichter im Dienst‹. Was er bot, war gewiß litterature engagée, nur eben keine kritisch reflektierende im heutigen Wortverstand. Ihm gegenüber

ging. Vgl. Bruno Wille, *Die Freie Volksbühne und der Polizei-Präsident*, in: Freie Bühne, 2. Jg. (1891) S. 673 ff.

durften sich die Naturalisten mit Recht als Wahrer des
Eigenrechtes der Kunst ausgeben und die *ästhetische* Rele-
vanz eines verfeinerten Wirklichkeitssinnes, einer vertieften
Naturbeobachtung und einer differenzierten Psychologie betonen. Heinrich Hart, der contra Dühring darauf pochte[16],
daß die ebengenannten Wesenszüge des Naturalismus »unbedingt« der »dichterischen Methode, also dem Formalen«,
und nicht etwa dem ethischen und Erkenntnisgehalt, zuge-
hören, vertrat allerdings den milden, offen zu einem neuen
Idealismus tendierenden Flügel der in sich keineswegs ein-
heitlichen Bewegung. Die Sache der Kunst war auf jeden
Fall, entgegen dem oberflächlichen Anschein, bei den jungen
›Tendenzdichtern‹ in besseren Händen als bei den kanon-
frommen Epigonen der bourgeoisen Schicklichkeitsidylle.

Auf Literatur als eine Damenbeschäftigung, deren Maß
– wie ein Naturalist höhnte – der fünfzehnjährige Backfisch
bestimmte, wollten die jungen Autoren mit einer ›Kunst für
Männer‹ antworten, die sich nicht über die (oft grauenvolle)
Wirklichkeit des zeitgenössischen Daseins hinwegschwindelt,
sondern unerschrocken die Probleme der bürgerlichen Gesellschaft anpackt: die ›soziale Frage‹ (des Proletariats), die
›Frauenfrage‹ (der Emanzipation) und damit die sexuelle
Frage, die Erziehungsfrage, mit der die religiöse Frage zu-
sammenhing usw. An die Stelle einer Kunst des lügnerischen
schönen Scheins, etwa als die Macht ›edler‹, die Disharmo-
nien der Welt besiegender Gefühle, wollte der Naturalist
als ›Wahrheitsforscher‹ (wie er sich verstand) eine ›Wahr-

16. *Mit und ohne Dühring,* in: Freie Bühne, 4. Jg. (1893) S. 210 ff.
Hart setzte sich hier auseinander mit dem zweibändigen Werk von Dr.
E.[ugen] Dühring: *Die Größen der modernen Literatur populär und kri-
tisch nach neuen Gesichtspunkten betrachtet.* Leipzig: Naumann 1893.
Dühring (1833–1921), seit 1863 Privatdozent für Philosophie in Berlin,
Verfasser vor allem philosophischer und nationalökonomischer Werke,
befeindete gleichermaßen Juden, Christentum und Marxismus. – Vgl.
Friedrich Engels' Anti-Dühring: *Herrn Eugen Dührings Umwälzung der
Wissenschaft* (1878).

heitskunst‹ setzen, die zunächst erst einmal die volle ›Lebenswahrheit‹ an den Tag bringen soll. Leben verstanden als unreduzierte, nicht durch Tabus teilweise verdeckte äußere wie innere Realität, als soziale und ökonomische Situierung wie als moralische Verfassung – Wahrheit der Umweltschilderung und ›psychologische Wahrheit‹. Dem poeta laureatus alter Art, dem Genie eines (läppischen) Tiefsinns und (blutleeren) Feinsinns, dem Meister tranquillierender Illusionen und Routinier des Sentiments wollte der Naturalist als schlichter Erfüller des ›Wirklichkeitsbedürfnisses‹ von ›modernen Menschen‹ entgegentreten, als einer, der sachlich und ohne raffinierte Effekthascherei, jenseits jeder Spekulation auf die geheimen Herzenswünsche seiner Leser, auf der Bühne ohne billige Theatertricks und schauspielerische Schablone ›dem Leben selber folgen‹ will. Er hatte die ›Erfassung des zeitgemäßen Lebens‹ auf sein Panier geschrieben, die ›Darstellung eines Stücks Leben‹, und er trachtete als Bühnenautor, im doppelten Wortsinne ein ›Lebensstück‹ zu geben.

Als Wahrheitskunst empfand sich der Naturalismus im Gleichschritt mit der ›freien Wahrheitslehre‹, im Bündnis mit der ›autoritätslosen Wahrheitsforschung‹ der Wissenschaften seiner Tage, insbesondere des gegen kirchliche Lehrmeinungen verstoßenden Darwinismus und Monismus. (Noch um die Jahrhundertwende konnte Max Dreyer in seinem vielgespielten *Probekandidaten* den Hinauswurf eines jungen Biologielehrers, der die Darwinsche Lehre seinen Schülern vermittelte, zum Vorwurf eines vieraktigen Dramas machen.) Der Naturalismus verstand sich als eine neue Aufklärung, sein Abscheu richtete sich gegen alle Metaphysik und Mystik, gegen den alten Jenseitsglauben des Christentums[17] wie den

---

17. Die Religionsfrage wurde in der *Freien Bühne* immer wieder aufgegriffen, ja sie bildete neben der ›Frauenfrage‹ das am häufigsten und ausführlichsten behandelte Thema. Allein der 2. Jg. (1891) brachte längere Beiträge von Julius Hart (*Das Ende der Religion, Der Kampf des Christentums wider den Sozialismus, Alte und neue Sittlichkeit*),

jüngsten Wunderglauben des Okkultismus[18]. Aus dieser aufklärerischen Grundtendenz folgten seine Wertschätzung der
taghellen Vernunft wie sein Scherbengericht über »unsere
mystisch benebelten Zeitgenossen«, seine Liebe zur ›Erde‹
wie sein Nein zur Mystagogie jeder Couleur. Und in gleicher Weise gehört sein Anathema gegen jegliche fraglose,
d. h. bloß tradierte, nicht ständig aufs neue ausgewiesene
Autorität – den »vielen aufgehäuften Autoritätswust« – in
diesen Zusammenhang eines aufklärerischen ›Geisteskamp-
fes‹ für eine mündige Menschheit.

Die eminente politische Qualitas dieser Literatur liegt auf
der Hand. Der Bürger, welcher sich über ›Schmutz und
Fäule‹ der neuen Werke aufregte, der sein ästhetisches Gewissen beleidigt wähnte und den Parnaß von üblem Gestank
umwölkt sah, unterlag einer Selbsttäuschung. Es war nicht
nur sein ›Schönheitssinn‹, der da rebellierte, es waren nicht
einmal vornehmlich seine Geschmacksnerven, vielmehr riß
ihn eine Betroffenheit ganz anderer Art aus seinem Parkett-
sessel: er fühlte die ihn schützende politisch-soziale Welt
einschließlich deren wirtschaftlicher Basis in Frage gestellt,
und er vermißte die schuldige Reverenz vor seinen ›Idealen‹.
Ibsens *Nora*, Hauptmanns *Vor Sonnenaufgang* und Holz/
Schlafs *Familie Selicke* lösten bei ihren ersten Aufführungen

Gustav Landauer *(Religiöse Erziehung)*, Bruno Wille *(Christlicher
Anarchismus)* und Lou Andreas-Salomé *(Der Realismus in der Religion)*.
Gegenüber dem simplen totalen Ideologieverdacht des atheistischen
Marxismus zeichnen sich die Äußerungen der Naturalisten, die sich der
›freireligiösen‹ Zeitströmung zurechneten, zumindest durch Eigenstän-
digkeit aus.

18. Vgl. Fritz Küster, *Das Evangelium des Spiritismus*, in: Freie Bühne,
1. Jg. (1890) S. 846 ff.; Alexander Lauenstein, *Der Okkultismus auf
dem Wege zur Wissenschaft?*, in: Freie Bühne, 3. Jg. (1892) S. 634 ff.;
Arne Garborg, *Einiges über Spiritismus*, in: Freie Bühne, 4. Jg. (1893)
S. 314 ff., 472 ff., 554 ff. Selbst dieser in den USA und Europa sich
mächtig ausbreitenden Bewegung, die für die Naturalisten eine ausge-
sprochene Herausforderung darstellte, versuchte sich die *Freie Bühne*
vorurteilslos zu nähern, ja sie gab sogar einem Anhänger derselben aus-
führliche Gelegenheit zu einer Selbstdarstellung.

nicht deshalb wütenden Protest aus, weil ästhetische Gefühle, sondern weil sittliche Normen – sprich: die herrschende Moral – verletzt wurden. Das laute Geschrei über eine »Häßlichkeitskunst«, welche die dem »wahren Kunstwerk« gesetzten »Grenzen« überschreite, das Lamento über einen angeblichen »trostlosen Pessimismus« der Naturalisten und deren ausgepichte »Unsittlichkeit« war nichts als ein vehementer Ausdruck jener tiefsitzenden Unsicherheit, an der das Bürgertum selbst auf der Höhe seines Sieges und seiner materiellen Macht litt. Es gab eine levée en masse der »Kunstphilister«, ihre »ästhetische Orthodoxie«, ihr »philisterhaftes Bemoralisieren« des Künstlers und ihre unisone Forderung nach »Rücksicht auf das Ideale und Schöne und Ewige«, weil die Tragkraft ihres Wertgebäudes gering, die Belastungsfähigkeit des politischen Systems derart niedrig war: am Horizont der Zeit sah der Bürger die rote Flut steigen. Otto Brahm bemerkte 1890 anläßlich der Naturalismus-Debatte im bayerischen Landtag, das »ganze Zensurwesen« bilde »ein Rührmichnichtan« für *alle* politischen Parteien – denn nur die »neue Kunst« vermöge überhaupt wieder politisches Interesse zu erwecken, weil sie »die beherrschenden realen Mächte unseres Lebens, in ihrer Größe und ihrer Härte, aufzufassen weiß«.[19] Bloßer ästhetischer Degout hätte niemals die leidenschaftlichen Kämpfe um den Naturalismus ausgelöst, Kämpfe, wie sie in derartiger Heftigkeit kaum jemals in Deutschland um eine Stilbewegung öffentlich ausgetragen worden waren. Es ging fürwahr, mit Brahm zu sprechen, um »das geistige Fluidum, welches aus den Ideen der Zeit in die Kunst überströmt«, also um die Gehalte und Tendenzen des Naturalismus; und dieser sagte seinerseits der »triumphierenden Selbstzufriedenheit des Bourgeois, die mit Scheuklappen durch das Moderne geht und sich vermißt, große geistige Bewegungen aus der Welt nur so hinauszuweisen«, schonungslose Fehde an.

19. *Bairische Kammer und Naturalismus*, in: Freie Bühne, 1. Jg. (1890) S. 295 ff.

Nur massive Existenzangst, vielfach noch im Unterbewußtsein verborgen, erklärt die geradezu hysterischen Ausbrüche einer fanatischen Feindschaft und blinden Ungerechtigkeit. So wenn – Holz berichtete darüber[20] – in der Prostitutionsdebatte des Preußischen Abgeordnetenhauses am 17. April 1890 der Hofprediger Stoecker, ein namhafter Parlamentarier, gegen das (ihm übrigens bloß vom Hörensagen bekannte) naturalistische Theater mit den Worten vom Leder zog: »Früher hatte man die Meinung, daß das Theater eine moralische Kanzel sein solle, heute aber ist es ein intellektuelles Bordell.« Ein solches war ja weit eher das bürgerliche Theater der »fetten Gründerzeit«, in dem, wie Brahm spottete, Dumas fils und Schönthan als Götter eines »heiligen Tempels« thronen und »flotte Schwerenöter« ihr »forciert lustiges Unwesen« treiben lassen – ein im glatten Virtuosentum schwelgender Amüsierbetrieb, der in Schwänken und Moseriaden brillierte und dessen laszive Schlüpfrigkeit die Tugendwächter keineswegs alarmierte.[21] Strindberg fertigte das Publikum dieser wahrhaft »unmoralischen« Spektakel wie folgt ab: »Unsere Idealisten lieben gern den ›frohen Schmutz‹ und schlafen bei Paul de Kock[22], den sie für unschuldig halten, ein. Wenn man sich herabläßt, seine Figuren vom Rande der Straße zu holen, nicht um sie wie Mitmenschen an der Hand zu leiten, sondern um sie zu verhöhnen und sich über ihr Elend lustig zu machen, dann ist der Schmutz froh und berechtigt. Dann nennt man ihn Humor.« Und noch bitterer über diesen »Schmutz« bürgerlicher Pro-

20. Die ›dunkle Materie‹ im Abgeordnetenhaus, in: Freie Bühne, 1. Jg. (1890) S. 344 ff.

21. Raus!, in: Freie Bühne, 1. Jg. (1890) S. 317 ff.

22. Paul de Kock (1793–1871), französischer Erfolgsschriftsteller, dessen zahllose Romane (die Werkausgabe von 1902–05 zählt 299 Bände) meist auch ins Deutsche übertragen wurden. Zu Vaudevilles verarbeitet, kamen sie auch auf die deutschen Bühnen. Strindberg spielt auf das Lüsterne, erotisch Zweideutige und Frivole in diesen Sittenbildern aus dem Kleinbürgertum an, das für die ›doppelte Moral‹ charakteristisch war; der Name des Kotzebue des Seconde Empire steht hier für das ganze Genre des leichten französischen Boulevardtheaters.

venienz: »Noch eine andere Art von Schmutz wird von
guten Idealisten goutiert: das ist der vornehme Schmutz.
Der in klingenden Versen jedes Unglück verhöhnt, Loblieder
auf die Gewalt anstimmt und die Unduldsamkeit besingt.
Das ist die Sorte, die preisgekrönt wird.«[23]
Wie der Naturalismus als künstlerisches Phänomen in die
realistische Literaturlandschaft gehört, so als geistiges Ereignis in die große europäische Reformbewegung, die ›negativ‹
auf Moralentlarvung und Sozialkritik zielte, ›positiv‹ Bilder einer neuen Moralität und einer freieren, gerechteren
Sozietät entwarf. Daß dieser Realismus sich als humanistisch
engagiert verstand, gibt sich in Strindbergs Sentenz kund,
die »beiden größten Schmutzdichter der Welt«, Shakespeare
und Dickens, seien »zwei der hervorragendsten Wohltäter
der Menschheit« gewesen. Der schwedische Dichter durch-
schaute den Klassencharakter jener scheinbar treuherzig-
unbedarften Unterhaltungskunst, deren Konsumenten gegen
den Naturalismus den Vorwurf erhoben, mit Vorliebe das
Häßliche zu suchen: »Es ist wahr, daß wir durch die Salon-
komödie zu der Vorstellung erzogen wurden, daß die Menschen, die nicht mindestens zwanzigtausend Kronen Zinsen
haben, sich nicht zeigen können und daß Armut dasselbe ist
wie Mangel an Zinsen; wir haben den Glauben an diese
Ideale der Gesellschaft mit ausgeschnittener, feiner Wäsche
und sechs Ellen langen Schleppen verloren; sie haben uns
gelehrt, Ekel zu empfinden vor der Art von Schönheit, die
ihr Dasein auf Kosten anderer fristet.« Kurzum, der Naturalist verstand sich als »Kämpfer« nicht bloß auf engerem
ästhetischen Felde[24], vielmehr zugleich als das moralische und

---

23. *Realismus*, in: Freie Bühne, 1. Jg. (1890) S. 1241 ff.
24. W. Bölsche, ›*Widerstrebe nicht dem Übel*‹ *in der Literatur*, in: Freie
Bühne, 1. Jg. (1890) S. 889 ff., spricht von »erbitterten Gegensätzen«
zwischen Idealismus und Realismus, lehnt eine Versöhnung als »faulen
Frieden« ab und prophezeit für die Theatersaison 1890/91: »Der Kampf
wird toben und er soll toben. Und das ganze Jahrzehnt, das dieser erste
Winter einleitet, wird sein wie sein erster Akt: ein Jahrzehnt unerbitt-
licher Zuspitzung aller literarischen Probleme zum mörderischen Bruder-

soziale Gewissen der Zeit, und er scheute sich nicht, einer selbstgerechten Gesellschaft den Spiegel vorzuhalten. Letzterer war – das muß zur Ehre des Naturalismus festgestellt werden – eigentlich nie ein Zerrspiegel, und nach schrillen Tönen einer billigen Hetze wird man, entgegen den Klagen der sich betroffen Fühlenden, vergeblich suchen.

Das Skalpell einer bitterbösen Satire war im Naturalismus noch nicht am Werk. Im Gegenteil, wider den »Talmi-Idealismus« der »idealistischen Schönschreiber« führten die deutschen Naturalisten ihren eigenen sittlichen Idealismus ins Scharmützel. Dem Vorwurf, Tendenzliteratur zu produzieren, begegneten sie mit dem Argument, *jede* Dichtung sei tendenziös, insofern sie Ideen poetisch gestalte. Mit Recht wehrten sich diese Schriftsteller, die ›freireligiös‹ und ›freisinnig‹ waren, philosophisch auf einen (doktrinären) Materialismus und politisch auf den (parteigebundenen) Sozialismus festgelegt zu werden. Sie neigten zwar zur Sozialdemokratie (waren vereinzelt sogar Mitglied), doch wurden sie nie Parteiautoren. Selbst der Verein »Freie Volks-Bühne« wollte ursprünglich – nicht nur taktisch zwecks Vermeidung von Polizeiaufsicht – kein »sozialdemokratisches Theater« sein, wenn auch seine Leiter und Mitglieder »größtenteils Sozialisten« waren.[25] August Bebels *Die Frau und der Sozialismus* (1883), das »meistgelesenste sozialistische Buch«, fand bei der freien Geistesschar Zustimmung; umgekehrt aber wollte Wilhelm Liebknecht, prominenter Parteischriftsteller und neben Bebel Führer der deutschen Sozialdemokraten, nichts von den naturalistischen Dramatikern, Hauptmann

zwist.« Seine Voraussage eines »großen Sturms« bis zum Jahre 1900 sollte sich als falsch erweisen.

25. Wegen solcher Unabhängigkeit von der Partei wurde der Initiator der »Freien Volks-Bühne« ausgebootet, wobei Mißtrauen, ja Aversion des deutschen Arbeiters gegen den Intellektüellen deutlich sichtbar wurden. Aus Solidarität mit Wille verließen alle namhaften Autoren den Verein. Wille gründete darauf die »Neue Freie Volks-Bühne«, die sich größtenteils aus dem Bürgertum rekrutierte. Vgl. Julius Hart, *Der Streit um die ›Freie Volksbühne‹*, in: Freie Bühne, 3. Jg. (1892) S. 1226 ff.

eingeschlossen, wissen, und die Desavouierten vermuteten keineswegs falsch, daß die Parteileute lediglich an einer Schönmalerei unter neuem Vorzeichen, also an sozialistischen Lichtgestalten, nicht jedoch an schlechten Sozialisten – wie etwa einen Johannes Vockerath – Gefallen fänden.[26] Mit einem Wort, die jungen Naturalisten waren (in heutiger Terminologie) ›freischwebende Intellektuelle‹, d. h. lediglich ihrer eigenen Einsicht und ihrem Gewissen verpflichtete Köpfe; das Zugeständnis prinzipieller Unabhängigkeit des Urteils wollte ihnen aber sogar die organisierte Linke nicht machen.[27] Es kann kein Zweifel darüber bestehen, daß die junge Literatengeneration von 1890 entschieden auf der Seite des sozialen, moralischen und damit letztlich auch des politischen Fortschritts gestanden und ein neues Kapitel in der Geschichte der demokratischen Literatur ihres Landes geschrieben hat.

---

26. Brahm contra Liebknecht: *Naturalismus und Sozialismus*, in: Freie Bühne, 2. Jg. (1891) S. 241 ff., 625 f. Auf Robert Schweichels Attacke in der *Neuen Zeit* antwortete Julius Hart in der *Freien Bühne*, 2. Jg., S. 913 ff. – Nicht nur die naturalistische Dichtung und die »Freie Volks-Bühne«, sondern jede Teilnahme des Arbeiters an der Kultur wurde von engstirnigen Parteiideologen als »Bildungsspielerei« verdächtigt und scheel angesehen, vgl. Georg Ledebour, *Bildungsbestrebungen der proletarischen Bewegung*, in: Freie Bühne, 3. Jg. (1892) S. 1274 ff. – Gegen die Gleichsetzung von Sozialdemokratie und Sozialismus wandte sich Bruno Wille: *Sozialaristokratie*, in: Freie Bühne, 4. Jg. (1893) S. 914 ff. »Sozialbürokratie«, »Staatsallmacht« und »Staatswirtschaft«, zu der die Sozialdemokratie führen würde, wurde von den »individualistischen Strömungen« innerhalb des Sozialismus verworfen. Die Naturalisten neigten als Darwinisten eher zum »Sozialliberalismus« (Hertzka) oder »Freiheitlichen Sozialismus« (Benedikt Friedländer) und sind mit ihrer Staatsfeindschaft eher den anarchistischen Sozialisten zuzurechnen, die es seinerzeit in allen europäischen Ländern und den USA gab. – Äußerst scharf gegen die Partei, die »Nutzlosigkeit des Parlamentelns« und für die gewerkschaftliche Aktion: Ladislaus Gumplowicz, *Vom wirtschaftlichen Kampf*, in: Freie Bühne, 4. Jg. (1893) S. 1238 ff.
27. Dieselbe feindselige Ablehnung und damit Nichtintegration werden ein Menschenalter später die Expressionisten und Aktivisten erfahren.

Immanente Gesellschaftskritik in Gestalt einer ›Reproduktion‹ proletarischen Elends – die möglichst exakte Milieustudie ohne eigentliche Helden und meist auch ohne heftige personale Konflikte – bildete eine wichtige Seite des naturalistischen Theaters. Beispiele für solche weitgehend undramatischen Zustandsschilderungen besitzt die vorliegende Sammlung in den beiden Momentaufnahmen von Paul Ernst (*Im Chambre separée*, 1896) und Clara Viebig (*Eine Zuflucht*, 1905). Sie können überdies als Muster der pessimistischen Richtung im Naturalismus gelten, beschwören zwar nicht unmittelbar das Jammerleben des Industrie- oder Landproletariats, zeigen jedoch Opfer derartig korrumpierender Verhältnisse. In beiden Fällen sind es halbwüchsige Mädchen, bei Paul Ernst Girls in einem dubiosen Café chantant, am Rande der Prostitution, bei der Viebig Zöglinge einer Besserungsanstalt, der letzten Station auf dem Wege in die Asozialität. Die Begegnung dieser fast schon verlorenen Wesen mit den Abgesandten der ›guten‹ Gesellschaft – Damen vom »Verein zur Fürsorge für entlassene weibliche Strafgefangene« – ergibt nur einen Scheinkonflikt: es fehlt eine gemeinsame Sprache, eine Chance der Verständigung und damit einer Rettung der elenden Geschöpfe ist nicht gegeben. Der naturalistische ›Griff ins volle Menschenleben‹ fördert bei beiden Autoren den trüben Bodensatz der Großstadt zutage, proletarisierte Existenzen, die eine einzige stumme Anklage der Armut darstellen.

In die Welt des ›geistigen Proletariats‹, mit dem im späten 19. Jahrhundert ein Zeitproblem eigener Art auftauchte[28], führt Arthur Schnitzler mit dem Einakter *Die letzten Masken* (1901). Die Masken des erfolglosen, im Elend verkommenen Dichter-Journalisten Karl Rademacher fallen erst im Armenspital angesichts des Todes. Der Mann mit der trüben Lebensbilanz ersehnt geradezu in seiner Sterbestunde einen Konflikt, doch gelingt ihm nicht einmal die Abrechnung mit

28. Vgl. Heinrich Ströbel, *Das geistige Proletariat*, in: Freie Bühne, 2. Jg. (1891) S. 37 ff.

dem zum berühmten Schriftsteller arrivierten Jugendfreund; sie wäre ohnehin bloß ein Akt hilfloser Rache an dem angepaßten Erfolgsschreiber geworden. In dumpfer Ausweglosigkeit endet auch Georg Hirschfelds *Zu Hause* (1893). Schauplatz ist hier der Salon eines Berliner Kaufmanns, den Lebensgier und Untreue seiner Frau finanziell ruiniert und seelisch zerrüttet haben; der Sohn, nach mehrjähriger Abwesenheit nichtsahnend als frischgebackener Arzt zurückgekehrt, erliegt ebenfalls dem Vampir, der ihn zynisch ins Joch des raschen Geldverdienens spannt, damit seine berufliche Karriere vereitelt und ihm seinen Lebensplan zerschlägt. So wenig klassengebunden ein solches Schicksal erscheinen mag, denunziert der Autor in diesem Falle doch die Verkommenheit einer bestimmten Gesellschaftsschicht, nämlich das Parvenütum der wilhelminischen Ära.[29] Kampflos nimmt der Sohn das ihm zugedachte Los hin; der Fatalismus, mit dem er sich zur Mittelmäßigkeit verurteilen läßt, entspricht dem pessimistischen Grundton der in proletaroiden Bereichen angesiedelten Studien Paul Ernsts und Clara Viebigs.

Etwas Zwangsläufiges, Irreversibles haftet auch Otto Erich Hartlebens kleiner Offizierstragödie *Abschied vom Regiment* (1897) an. Doch während bei Hirschfeld das Motiv der Untreue dramaturgisch im Hintergrund bleibt, steht die brüchige Ehe als eine riesenhafte Lebenslüge im Zentrum von Hartlebens Drama, das in dieser Hinsicht Ibsensche Züge besitzt. Der Hauptmann Ernst Griesfeld, der wegen einer Liaison seiner Gattin mit einem Regimentskameraden aus der Garnison abgeschoben werden soll, hatte einst aus Konvention geheiratet, wie so viele unbemittelte Offiziere: um durch die Mitgift die Spielschulden der Leutnantsjahre loszuwerden und sich für die Zukunft zu salvieren. Die Stunde der Wahrheit bleibt auch ihm nicht erspart. Die be-

---

29. Die ruinöse Repräsentationswut eines über seine Verhältnisse lebenden mittleren Bürgertums war ein zeittypisches soziales Phänomen, das bei der architektonischen Anlage der Wohnung begann und tragikomische Formen annehmen konnte.

leidigte Frau, längst zur Erkenntnis des an ihr begangenen
Betruges gekommen, selber mehr ein Opfer der Institution
Konventionsehe als eine Täterin, reißt durch ihre unbarm-
herzige Kälte (die nichts als Frustration ist) den in seiner
Ehre beleidigten Offizier in den Tod.[30] Ein gestörtes Verhältnis zwischen den Geschlechtern – hier einer lebenshungri-
gen jungen Frau und ihrem erheblich älteren Gatten – be-
wirkt im Grunde auch in Wilhelm Weigands Familientragö-
die *Der Vater* (1894) die Katastrophe; sie erscheint zwar
sozialdarwinistisch motiviert, nämlich vom Lebensunwert
des Schwachen, Kranken und von der Existenzschuld her, die
der Vermittler eines schlechten Erbguts auf sich lädt, doch
liegt wiederum ein Versagen der Frau als Mensch vor. Das
Modeproblem der Degeneration, Dekadenz, ›Entartung‹
hatte wie ein Alptraum auf dem ausgehenden Jahrhundert
gelastet und mehrfach dramatische Gestaltung gefunden,
beispielsweise in Ernst Rosmers[31] *Dämmerung* (1893). Die
unkritische Faszination von dieser wissenschaftlichen Schein-
frage, welche soziologische Gründe hatte, gehört zu den
heute kaum mehr genießbaren Seiten des Naturalismus; zumal sich ihre pauschale Parteinahme für das ›Gesunde‹[32],
ihr gänzliches Unverständnis für den Kulturwert sogenann-
ter ›Krankheit‹ mit jener erzbourgeoisen Gesundheitsideo-
logie berührt, die im letzten für die spätere Massenvernich-

---

30. Vgl. Thomas Stockmann, *Die leidige Ehre*, in: Freie Bühne, 1. Jg.
(1890) S. 1217 ff. Die Ehre wird hier als »eine der schlimmsten Herr-
schaftsformen der modernen Welt« angegriffen, die den Verehrenden
knechtet und den Verehrten korrumpiert, auf ästhetischem Gebiet letztlich zu den »ekelhaften Formen« eines »Geniekultus« führt. Für Stockmann war »jegliche Personenverehrung unpassend«: Sachlichkeit soll der
alleinige Antrieb des Künstlers sein.
31. Pseudonym für die österreichische Schriftstellerin Elsa Bernstein
(1866–1949).
32. In der auffallenden Häufigkeit, mit der prominente Theoretiker des
Naturalismus in ihren Schriften das Wort ›gesund‹ benutzten, unter-
schieden sie sich leider nur wenig von den Ideologen des Nationalismus
und Rassismus sowie den Panikmachern der Kulturkritik während der
letzten Vorkriegsjahrzehnte.

tung ›unwerten Lebens‹ verantwortlich gemacht werden muß.

Versöhnlich und zukunftsgetrost, also im Sinne der »Entwickelungsmoral« positiv schließen Alexander L. Kiellands »Charakterbild« *Auf dem Heimwege* (1890) und Rainer Maria Rilkes »Akt« *Höhenluft* (geschrieben 1897). In diesen dramatischen Skizzen tritt der von den Schlacken perfider bürgerlicher Moral gereinigte ›neue Mensch‹ entgegen. Er ist durch eine – seine – Hölle gegangen und hat im Leid seine Katharsis erfahren. Im geistigen Gesamtbild des Naturalismus kommt dieser in die Zukunft vorausweisenden neuen Moralität – jenseits der Vorurteile bürgerlichen »Moralfatzkentums« – eine nachhaltigere Bedeutung zu, als ihre nicht übermäßig häufige Behandlung nahelegt. Die Dichter befanden sich da im Einklang mit einer mächtigen Zeitströmung. Das Vorbild der angelsächsischen Societies for Ethical Culture hatte in Deutschland 1892 zur Gründung eines »Vereins für ethische Kultur« und einem »ethischen Konzil« in Berlin geführt. Diese ›ethische Bewegung‹[33] wollte die ›Biedermannsmoral‹ und sogar die – seit zweitausend Jahren von nur ganz wenigen Menschen wirklich gelebte, damit als unwirksam erwiesene – christliche Moral durch eine humanistische Sittlichkeit des ›Menschentums‹ (statt des ›Christentums‹) ersetzen. Die naturalistischen Autoren wurden zwar nicht erst durch diese Bewegung inspiriert, doch durften sie sich von ihr bestätigt fühlen.

Sowohl Kielland – der auch in Deutschland vielgelesene Norweger mag hier stellvertretend für die nordischen Vorbilder der deutschen Naturalisten stehen – wie Rilke wählen für die Protagonistenrolle eine Frau, der Norweger das reife

---

33. Sie wurde im 3. Jahrgang (1892) der *Freien Bühne* ausführlich von Th. Stockmann, Bölsche und H. Hart diskutiert. Vgl. im gleichen Jahrgang Christian Ehrenfels' antichristlichen Grundsatzbeitrag *Werdende Moralität*, S. 918 ff., 1049 ff., sowie im 4. Jahrgang Willy Pastor, *Die Moral der Moral*, S. 1029 ff., und Willes von Überdruß an der Moralkonjunktur zeugende Apologie der Unmoral *Moralische Stickluft*, S. 816 ff.

Weib, Mutter mehrerer Kinder, der ein Vierteljahrhundert
jüngere Prager Dichterjüngling das Mädchen mit dem un-
ehelichen Kind. Beide Frauen sind in ihrem Schmerz weit
über die moralischen Standards ihrer Herkunft, das mittlere
Bürgertum, hinausgewachsen. Frau Nordahl, deren Mann
wegen des bürgerlichen Kavaliersdelikts Urkundenfälschung
verurteilt wurde, findet die seelische Kraft, ihren aus dem
Zuchthaus ungeläutert entlassenen Lebensgefährten abzu-
weisen; sie schickt ihn auf seinen Damaskusweg, wo er die
fragwürdige Allerweltsmoral der Bourgeoisie überwinden
wird. Ihre Handlungsweise erscheint zunächst grausam, sie
ist in Wahrheit aber von der unbarmherzigen Konsequenz
eines großen sittlichen Aufschwungs. Rilkes Anna, die arme
Näherin, bleibt in ihrer Dachkammer, statt in die Arme der
Familie, die sie einst ihres Kindes wegen verstoßen hatte,
zurückzukehren; sie entscheidet sich für ihr Kind und damit
für ein schweres, einsames Leben, über dem allein die Sterne
der Freiheit und menschlichen Würde stehen werden. In der
Begegnung mit dem rohen, gefühllosen Bruder Max, der
selber soeben ein Mädchen ins Unglück gestoßen hat, erkennt
die junge Frau blitzartig, wie sehr sie in ihrer kläglichen
Mansarde auch moralisch ›Höhenluft‹ atmet. Die Anmerkung des damals zweiundzwanzigjährigen Autors zu dieser
Gestalt: »Alles verrät das Überwundenhaben«, darf nicht
resignativ verstanden werden – es ist vom Anlangen in
einem neuen Leben die Rede.

ALEXANDER L. KIELLAND

# Auf dem Heimwege

Charakterbild in einem Akt

Aus dem Norwegischen übersetzt
von Emma Klingenfeld

PERSONEN

Harald Nordahl
Frau Nordahl
Anna ⎫
Otto ⎭ *ihre Kinder*
Annas Bräutigam, *Rechtspraktikant*
Der Pastor
Jungfer Hansen *und Nähmädchen*

*Die Handlung spielt in einer kleinen norwegischen Küsten-
stadt.*
*Zeit: Die Gegenwart.*

*Ein großes Zimmer. Ausgangstür mitten im Hintergrund;
rechts davon eine Art Ladentisch, auf dem zugeschnittene
und genähte Matrosenkleider, Nähutensilien etc. liegen; an
der Wand Regale mit gestrickten Sachen und Strickwolle; zur
Rechten, Türe nach dem Nähetablissement; im Vordergrunde
rechts ein Fenster, dicht bei demselben eine große Nähmaschine; an der linken Wand die Tür zum Kinderzimmer.
Wenn der Vorhang aufgeht, sitzt Frau Nordahl an der Nähmaschine. Sie hat einen Brief in der Hand und näht während
des ersten Teiles der Handlung fleißig an einem groben
Stoff.*

## ERSTER AUFTRITT

*Frau Nordahl. Anna. Dann Otto.*

A n n a  *(kommt von links).* Jetzt sind die Kleinen einge-
schlafen. Unser Hansel war gar so lieb. Er plapperte fort-
während vom Papa, bis ihm die Augen zufielen.

F r a u  N o r d a h l  *(reicht ihr den Brief).* Wir haben eine
Bestellung von 50 ungebleichten Matrosenjacken – bis am
15. nach Bergen zu liefern. Geh zu Jungfer Hansen hinein
und bitte sie, die Arbeit sofort instand zu setzen.

A n n a.  Ja – Mutter! *(Geht ab nach rechts und kommt sogleich wieder.)*

O t t o  *(kommt von der Ausgangstür hereingestürmt).* Mutter, Mutter! Ist's wahr, daß der Vater auf dem Heimweg
ist von – von, du weißt schon?

F r a u  N o r d a h l.  Vom Zuchthaus – meinst du? Ach,
mein Junge, ich weiß nicht.

A n n a.  Aber Mutter! Wie kannst du nur so sprechen? Das
Dampfschiff kann ja jeden Augenblick erwartet werden.
Halfdan kommt, uns abzuholen: wir wollen dem Vater
bis an die Brücke entgegengehen.

O t t o.  O ja! nicht wahr, Mutter? Und nun wirst du auch
nicht mehr so traurig und niedergeschlagen sein; denn nun

hat der Vater ja die häßliche Zeit überstanden – nun ist alles vorbei!

F r a u  N o r d a h l. Hab ich dich gelehrt, daß alles vorbei sei, wenn die Strafe überstanden ist?

O t t o. Nein! Aber du erzähltest mir ja selbst, wie brav der Vater im übrigen ist, alle Menschen beklagen – seinen Fehler. Und wir sind ja alle so schwach.

F r a u  N o r d a h l *(aufmerksam)*. Schwach! – Wo warst du heute nachmittag?

O t t o. In Petersens Garten mit den andern Jungen.

F r a u  N o r d a h l. Wohnt nicht der junge Pastor bei Petersens?

O t t o. Ja.

F r a u  N o r d a h l. Sprachst du mit ihm?

O t t o. Ja. Er rief einige von uns zu sich hinein. Er sprach mit uns, und dann bekamen wir Kuchen.

F r a u  N o r d a h l. Und da hörtest du, daß dein Vater erwartet wird; und da lerntest du wohl auch, daß die Menschen so schwach sind?

O t t o *(schweigt)*.

F r a u  N o r d a h l. Komm her mein Junge! Laß dich einmal überhören.

O t t o *(stellt sich vor sie hin)*.

F r a u  N o r d a h l. Was ist dein Vater?

O t t o. Ein Verbrecher.

F r a u  N o r d a h l. Hältst du es nicht für eine Schande, der Sohn eines Verbrechers zu sein?

O t t o. Nein! wenn ich nicht selbst Böses tue, so brauch ich mich nicht zu schämen.

F r a u  N o r d a h l. Aber merkst du nicht, daß die Menschen das Verbrechen deines Vaters als eine Schande für dich betrachten?

O t t o. Ja, manchmal. Aber dann weiß ich, daß die Menschen mich ungerecht behandeln; und ich leide Unrecht für jemand, den ich liebhabe.

F r a u  N o r d a h l. Hast du denn deinen Vater lieb?

O t t o *(lebhaft).* O ja – schrecklich lieb! Und wenn ich daran denke, daß *er,* der so gut und edel war, so tief fallen konnte, bekomm ich einen wahren Schrecken vor dem Bösen – und –

F r a u   N o r d a h l *(hilft ihm).* Und darum willst du –

O t t o. Darum will ich mich hüten, den geringsten Fehltritt zu tun; denn wenn ich immer grundehrlich bleibe, kann ich meinem armen Vater aufhelfen und ein guter Sohn sein.

F r a u   N o r d a h l *(küßt ihn).* Du bist ein gescheiter Junge! Von heut an sollst du dir den andern merken: Nimm dich in acht vor den Leuten, die beständig davon sprechen, wie schwach wir gegenüber der Versuchung sind! – So, nun geh hinein und mach deine Schulaufgaben; aber sei stille – die Kleinen schlafen.

O t t o *(zögernd).* Aber – wenn nun der Vater doch käme?

F r a u   N o r d a h l. Höre, Otto – du weißt, ich habe dich niemals angeführt; du weißt, ich will weiter nichts, als dich brav und glücklich machen. Hier meine Hand darauf, daß ich auch heute so handle, wie ich es für dich am besten halte. Nicht wahr – du baust fest auf deine Mutter?

O t t o *(fällt ihr um den Hals).* Ja, ja, Mutter!

F r a u   N o r d a h l. So ist's recht! – Geh nun hinein. Ich verspreche dir, daß ich dich holen werde, wenn – wenn dein Vater wirklich heimkehrt.

O t t o *(ab nach links).*

## ZWEITER AUFTRITT

*Frau Nordahl. Anna. Später der Rechtspraktikant.*

A n n a. Wie wunderlich du doch bist, Mutter! Wenn ich dich nicht so gut kennte, müßte ich fast glauben – wie so viele andere – daß das Unglück deinen Sinn verhärtet hat. Du weißt ja recht gut, daß der Vater heut abend mit dem Dampfschiff kommt, und wir glaubten ganz bestimmt, daß du uns zur Landungsbrücke begleiten würdest.

F r a u  N o r d a h l. Nein, Anna! das werd ich nicht.

A n n a. Aber, beste Mutter! Ich bin überzeugt, daß jedermann denken wird – – Doch da hör ich Halfdan! Der wird dich schon überreden.

P r a k t i k a n t *(kommt)*. Guten Abend, Frau Nordahl! Meinen Glückwunsch zum heutigen Tag! Das Dampfschiff ist im Fjord; wir müssen uns sputen.

A n n a. Denk dir, die Mutter will nicht mit uns nach der Landungsbrücke gehen.

P r a k t i k a n t. Ach kommen Sie doch mit! Das wird einen guten Eindruck machen. – Ich kann mich übrigens wohl in Ihre Gefühle hineinversetzen. Indes müssen Sie bedenken, daß es sich darum handelt, der Heimkehr Ihres Mannes ein so respektables – so – so milderndes Aussehen wie möglich zu geben. Kommen Sie nur, Frau Schwiegermutter!

A n n a *(nimmt ihren Hut)*. Ach ja, liebe, gute Mutter, laß dich erbitten! Der Pastor kommt auch und begleitet –

F r a u  N o r d a h l *(sie unterbrechend)*. Die Familie des Verbrechers.

P r a k t i k a n t. Sehen Sie, Frau Nordahl, die Stellung Ihres Mannes in dieser Stadt wird kaum so prekär werden, wie Sie vermuten. Denn, sehen Sie, in einer so kleinen Stadt wie diese, wo alle Menschen einander – wie man zu sagen pflegt – in- und auswendig kennen, wird es wenig Handelsleute geben – denen man nicht eine oder die andere etwas gewagte Benützung der Umstände nachsagen könnte. Und sehen Sie – diese gegenseitige Kenntnis von der allgemeinen Unvollkommenheit mildert gewissermaßen – –

F r a u  N o r d a h l. Darf ich mir die Frage erlauben, ob Sie je ein schlimmes Wort über mein Geschäft vernahmen?

P r a k t i k a n t. Über Frau Nordahls Nähanstalt? Nein; gewiß, verehrte Frau, darüber hört man nichts als Gutes und Rühmliches, aber – sehen Sie – Sie sind eine Dame; Sie sind, trotz Ihres ansehnlichen Umsatzes, nicht Mitglied von – was ich die hiesige Handelswelt nennen möchte; in dieser aber muß sich Ihr Mann seinen Platz wieder erobern – und ich glaube, er vermag es.

Frau Nordahl. Wenn Sie aber mit Ihrer Schilderung unserer Handelswelt recht haben – scheint Ihnen denn ein Platz darin wirklich eine so große Eroberung?

Praktikant *(verwirrt)*. Hm! – Lassen Sie uns nicht von der Sache abkommen. Die Humanität der Gegenwart fordert Beistand und Stütze für den Unglücklichen, den die Gesellschaft strafen mußte. Und sehen wir nun sogar Fernerstehende einem solchen Manne entgegenkommen, wie viel mehr geziemt es uns, seinen Nächstangehörigen, in dieser rühmlichen Bestrebung voranzugehen! Sehen Sie zum Beispiel – *(deutet zum Fenster hinaus)* dort auf der Straße stehen drei unserer ersten Kaufleute. Ich weiß, daß sie beschlossen haben, wenn auch Herrn Nordahl just nicht zuerst zu grüßen, so doch seinen Gruß zu erwidern; und das find ich hübsch – sehr hübsch von den Herren.

Frau Nordahl. Ich muß gestehen – immer mit Ihrer Schilderung des hiesigen Handelsstandes vor Augen –, daß ich nicht finde, die Herren da drunten vergeben ihrer Ehre etwas, indem sie meinen Mann grüßen – wenn selbst zuerst.

Praktikant. Hm! Ja sehen Sie – Sie gehen um die Sache herum, Frau Nordahl. Übrigens begreif ich recht gut, wie Sie mit ihrer seltenen – fast möcht ich sagen übertriebenen Ehrlichkeit ein größeres Opfer bringen als jene Herren. Aber dafür stehen Sie auch in einem ganz andern Verhältnis zu – zu dem Betreffenden.

Frau Nordahl *(heftig)*. Wissen Sie aber auch, was das heißt? Welche Forderung Sie an mich als Frau stellen?

Praktikant *(verblüfft)*. Sie erschrecken mich. Sollt' es Ihre Absicht sein, nicht einmal hier in Ihrem Hause Herrn Nordahl als Ihren Mann zu empfangen?

Anna. O nein, Mutter! das meinst du gewiß nicht.

Frau Nordahl. Dies Haus ist mein; die Schuld meines

Mannes ist bezahlt; kein Fremder hat hier etwas zu fordern. Unsere Gesetzgebung gibt meinem Mann ein Recht auf meinen Erwerb – mag er den nehmen! aber meinen guten Namen, meine ehrenhafte Stellung und meine eigene Person soll er in Frieden lassen! *(Näht eifrig weiter.)*

A n n a *(sich nähernd)*. Aber liebste Mutter, sagtest du nicht selbst, die wahre Reue könne die Seele des Verbrechers reinigen und ihn wieder aufrichten?

F r a u   N o r d a h l *(mild)*. Ja, mein Kind. Ein Mann kann sich von einem solchen Fall erheben; – und kehrt dein Vater als solch ein Reuiger zurück, dann steht ihm mein Haus offen und mein Herz.

A n n a. Und glaubst du nicht, daß er in dieser Zeit tief bereut hat?

F r a u   N o r d a h l. Du weißt, ich hörte auf, an ihn zu schreiben, weil mir schien – doch gleichviel! Wenn er heimkommt zu mir, direkt vom Zuchthaus – nein, nein, nein!

A n n a. Mutter – Mutter!

F r a u   N o r d a h l *(reicht ihr die Hand)*. Wenn ein Mensch lange Zeit all seine Kräfte darauf wandte, einen einzelnen Fall zu ergründen und zu durchdenken, dann wird seine Überzeugung endlich zur wohlverschanzten Festung und die Worte werden zu scharfen Waffen. Darum ist meine Rede hart und verletzend; doch glaube mir, mein Kind, ich bedarf auch all meiner Kraft für den bevorstehenden Kampf.

P r a k t i k a n t *(ernst)*. Liebe Schwiegermutter, ich muß gestehen, ich verstehe Sie nicht. Doch weiß ich zum Glück, daß Ihr Herz mild ist, wie hart Ihre Worte auch zuweilen sind. Auf dies edle Herz setzen wir unser Vertrauen, und wir hoffen, daß es Sie recht leite. Komm, Anna – wir wollen deine Mutter jetzt allein lassen. *(Indem er mit Anna durch die Ausgangstür abgeht, begegnet er dem Pfarrer und flüstert ihm ein paar Worte ins Ohr.)*

## DRITTER AUFTRITT

*Frau Nordahl. Der Pastor.*

P a s t o r. Guten Abend, Frau Nordahl! Auf meinem Weg
nach der Landungsbrücke wollte ich ein wenig bei Ihnen
vorsprechen an diesem Tage, der ja reich für Sie an tiefen,
ergreifenden Eindrücken sein muß. Ihr Schwiegersohn
sagte mir soeben, daß Sie nicht mitkommen wollen –?

F r a u  N o r d a h l *(schüttelt verneinend das Haupt und
näht weiter).*

P a s t o r *(bedächtig).* Nun wohl, Frau Nordahl! Es wäre
mir zwar lieber gewesen, wofern Sie sich überwunden
hätten zu diesem Empfang – sozusagen vor den Augen
der Gemeinde; doch will ich in dieser Hinsicht nicht weiter in Sie dringen. Ich kann mir ja vorstellen, daß Sie in
diesem Augenblick der Erwartung nicht ganz das nötige
Gleichgewicht des Gemütes besitzen. Es wird Ihrem – vielleicht etwas strengen Sinne schwerfallen, Ihren Ehegatten
mit jener völligen Vergebung, Zärtlichkeit und Schonung
aufzunehmen, wie es uns geziemt, einen gefallenen Bruder
auf den rechten Weg zu führen –

F r a u  N o r d a h l. Entschuldigen Sie, daß ich Sie unter-
breche, Herr Pastor! Doch – nicht wahr? – Sie wissen,
daß ich im allgemeinen nicht ohne reifliche Überlegung
handle?

P a s t o r. Das weiß ich.

F r a u  N o r d a h l. Und daß ich imstande bin, eine ernste
Sache gründlich zu erwägen?

P a s t o r. Jeder, der Sie kennt, muß Ihren Verstand und
Ihre Urteilskraft bewundern.

F r a u  N o r d a h l. Wenn ich also einen Beschluß gefaßt
habe in einer ernsten Sache – einer Sache, die im aller-
eigentlichsten Sinne meine Lebenssache ist – glauben
Sie dann nicht, Herr Pastor, daß ich ein gewisses Recht habe,
meinen eigenen Weg zu gehen?

P a s t o r. Ach, beste Frau! Wie oft sind nicht die Wege der

Menschen töricht, selbst wenn alles noch so wohl erwogen scheint! Wie oft täuschen wir uns selber, wenn wir auf unsern natürlichen Verstand bauen; wie sehr bedürfen wir alle Rat und Ermahn –

F r a u  N o r d a h l  *(fällt ihm ins Wort)*. Kennen Sie das Sprichwort: Ein Narr ist klüger in seinem eigenen Haus als ein kluger Mann in dem eines andern?

P a s t o r. Das Sprichwort kenn ich nicht; aber wohl fühl ich den Stachel in Ihren Worten. Doch kein Fremder ist's, der sich in Ihr Haus drängt; nicht unberechtigt komm ich zu Ihnen: ich stehe hier als der Priester des Ortes, als Ihr Seelsorger!

F r a u  N o r d a h l. In einem so ernsten Augenblick, wie dieser, kann es Ihnen wohl nicht beifallen, irgendein persönliches Vormundschaftsrecht über mein Seelenleben geltend zu machen – einzig und allein aus dem Grunde, weil die Regierung Ihnen just in dieser Gegend Ihren Lebensunterhalt anwies.

P a s t o r  *(sich bezwingend)*. Ich kenne Ihre trotzige Gesinnung gegen die Staatskirche; aber Sie mißverstehen mich. Nicht eindrängen will ich mich in Ihr Vertrauen; ich – Doch *(deutet zum Fenster hinaus)* dort kommt er! Man grüßt ihn – wie erhebend! Oh, Frau Nordahl! konnten Sie einen Augenblick Ihr Herz gegen ihn verschließen, so lassen Sie sich jetzt erweichen! – Ich will ihm entgegengehn; die Gemeinde soll ihren Seelsorger in Dessen Fußstapfen treten sehen, der mit Zöllnern und Sündern bei Tische saß. *(Ab durch die Tür im Hintergrund.)*

VIERTER AUFTRITT

*Frau Nordahl. Jungfer Hansen und mehrere Nähmädchen.*

M e h r e r e  N ä h m ä d c h e n  *(kommen von rechts und gehen durch die Ausgangstür ab, indem sie grüßen)*. Gute Nacht, Frau Nordahl!

J u n g f e r  H a n s e n  *(die zuletzt auftritt)*. Gute Nacht,

Frau Nordahl! Sollen wir morgen zur gewöhnlichen Zeit kommen?

F r a u  N o r d a h l. Gewiß. Sie erhielten doch die neue Bestellung? Können Sie bis zum 15. fertig werden?

J u n g f e r  H a n s e n. Ja, mit einer kleinen Beihülfe; und wenn Sie selbst Zeit finden –?

F r a u  N o r d a h l. Ich werde das Zuschneiden besorgen – sorgen Sie nur für die nötige Hülfe!

J u n g f e r  H a n s e n. Jawohl, Frau Nordahl! Also morgen früh um sechs.

F r a u  N o r d a h l. Ja – wie gewöhnlich! Gute Nacht!

*(Jungfer Hansen ab. Pause. Frau Nordahl erhebt sich und blickt gespannt nach der Tür.)*

## FÜNFTER AUFTRITT

*Frau Nordahl. Harald Nordahl.*

N o r d a h l *(tritt hastig auf und stürzt mit ausgebreiteten Armen seiner Frau entgegen).* O Marie! Endlich hab ich dich wieder.

F r a u  N o r d a h l *(weicht mit einem Ausdruck der Enttäuschung zurück).*

N o r d a h l. Marie! Wie nimmst du mich auf? Hat Anna also doch recht gesehen? *(Blickt sie forschend an.)* Du, du willst die einzige sein, die voll Härte mich in den Staub tritt, während die andern – fast wetteifern, mir die Hand in meinem Elend zu reichen; sowohl der Pastor als auch der Bürgermeister und unser Schwiegersohn, ja, Konsul Hessel sogar – einer von denen –

F r a u  N o r d a h l. Deren Namen du unterschriebst.

N o r d a h l *(gereizt).* Daß du das Herz hast, Steine auf meine Bürde zu häufen!

F r a u  N o r d a h l. Vom Zuchthaus her und gleich zu mir!

N o r d a h l *(mit steigender Heftigkeit).* Wohin sollte ich mich wenden? Bei wem durfte ich Trost erwarten, wenn nicht bei der, die durch heilige Bande an mich geknüpft

ist! Mein Verbrechen war groß – ich weiß. Doch glaube
mir, in deinen Augen sieht es noch größer, noch häßlicher
aus, als es war; denn du verstehst dich auf diese Dinge
nicht; du weißt nicht, wie haarfein die Grenze ist, welche
das Strafbare von dem scheidet, was ein Kaufmann mit
Benutzung der Umstände sich zu seinen Gunsten erlauben
darf. So fein ist diese Grenze, daß, ist man erst einmal an
sie herangekommen, man kaum den Punkt bemerkt, wo
man sie überschritt. Und wird man endlich gewahr, daß
man darüber hinaus kam, dann geht's unaufhaltsam zu –
immer weiter abwärts. Darum ärgerte ich mich in meinem
stillen Sinn, daß die Herren da drunten *(deutet zum Fenster hinaus)* mich mit so großer Herablassung grüßten.
Denn ich kenne sie; ich kenne diese noble Kunst, ein ehr-
licher Mann zu sein! Ein wenig vorsichtiger, ein bißchen
schlauer sind sie; aber weiß Gott, ob sie viel besser sind
als ich!

F r a u   N o r d a h l   *(ruhig).* Du kennst jemand, in dem
nicht Falsch noch Unredlichkeit ist, der dein wahres Wohl
will, der dir helfen und dich bessern wird – wofern du
auf die rechte Weise kommst.

N o r d a h l   *(setzt sich).* Ach ja! Das hört' ich oft genug
vom Gefängnisprediger. Du meinst unsern Herrgott.

F r a u   N o r d a h l. Ich meine dein Weib.

N o r d a h l. Aber du wagst mich ja gar nicht anzurühren.

F r a u   N o r d a h l. Du kommst nicht auf die rechte Weise.
*(Pause. Nordahl versucht, sie anzusehen, schlägt aber die
Augen nieder.)*

F r a u   N o r d a h l. Hör mich an. Du sagst, ich verstehe
mich nicht aufs Handelswesen. Als ich dich heiratete,
verstand ich von diesen Dingen nichts – darin hast du
recht. Ich war ja, wie die Frauen hierzulande, in völliger
Unwissenheit über das praktische Leben erzogen. Ich
kannte nur eins: einen so großen Abscheu vor Unehrlich-
keit, daß, würdest du dein Verbrechen im Schlafe verraten haben – glaube mir, ich hätte mich zur Polizei geschli-

chen und dich im eigenen Bette greifen lassen. Doch du
verrietest dich nicht. Nicht einmal im Traume fiel es dir
ein, daß deine Frau, die du sorglos in einem Schein von
Reichtum leben ließest, ein Verlangen haben könnte, deine
wahre Lage zu kennen – geschweige, daß du darauf ver-
fielst, Rat und Hilfe bei ihr zu suchen. Hättest du damals
auch nur einen Begriff gehabt von der Stellung, die deiner Frau gebührte, so wär' es nie gekommen, wie es kam.
Denn – jetzt hab ich mir die mangelnden Kenntnisse an-
geeignet; jetzt zähl ich selbst mit zur Kaufmannschaft;
mein Geschäft ist größer als das deinige zu seiner besten
Zeit, mein Kredit ist gut und meine Verbindungen sind
solid. Vorgestern – *mit Willen* tat ich's nicht eher – ist der
letzte Rest deiner Schuld abbezahlt worden, und, was das
Wichtigste: nicht der kleinste Fleck ist meinem Geschäfte
nachzuweisen vom ersten Tage bis heute.

N o r d a h l. Das weiß jeder, der dich kennt, Marie!

F r a u  N o r d a h l. Wohlan! Scheint dir nun – rein ge-
schäftlich gesprochen –, es sei ganz in der Ordnung, daß
du direkt vom Zuchthause in meine Firma eintrittst als
natürlicher Kompagnon – glaubst du wirklich, das fordern
zu können?

N o r d a h l *(das Haupt senkend)*. Nein – aber –

F r a u  N o r d a h l. Kannst du dir nicht auch denken,
wie schmerzlich es für deine Frau sein muß, dich von
deiner Strafe zurückkehren zu sehen, ohne daß du etwas
anderes lerntest als das eine: die Kunst, ehrlich zu sein,
bestehe nur in etwas mehr Schlauheit und Vorsichtig-
keit –?

N o r d a h l. Ja, ja, Marie! Du hast recht.

F r a u  N o r d a h l. Und was sollte aus den Kindern werden, die aufwachsen bei einem Vater mit solcher Vergangenheit und mit solchen Grundsätzen?

N o r d a h l *(verzweiflungsvoll)*. Nein, nein! das darf nicht
geschehen! Nicht die Kinder! Rate mir, hilf mir – liebe
Frau!

F r a u  N o r d a h l. Ja, ich will dir helfen, du armer Mann! Du sollst noch dahin kommen, deinen Kindern ins Auge sehen zu können; denn jetzt entdeckte ich eine Spur von meinem alten Harald. *(Naht sich ihm mit ausgestreckten Händen. In demselben Augenblick geht die Tür auf, und der Pastor tritt ein, gefolgt von dem neuen Brautpaar.)*

## SECHSTER AUFTRITT

*Die Vorigen. Der Pastor. Anna. Der Praktikant.*

P a s t o r *(salbungsvoll)*. Wir konnten dem Drang unseres Herzens nicht länger widerstehen, unsere Freude einzumischen in das Entzücken dieser gesegneten Stunde des Wiedersehens.

F r a u  N o r d a h l *(zurücktretend)*. Herr Pastor! mein Haus ist meine Burg!

P a s t o r. Wie, sollte das Unmögliche dennoch möglich sein? *(Zu Nordahl.)* Ihre Frau ist also nicht –?

N o r d a h l *(unsicher)*. Herr Pastor, meine Frau hat recht.

P a s t o r. Ist es möglich? Dieser arme, gefallene Bruder kommt in der Hoffnung auf Liebe und Nachsicht; Freunde, ja Feinde scharen sich um ihn, begierig, ihm ihre Teilnahme zu zeigen – doch die einzige, der gegenüber er nach göttlichen und menschlichen Gesetzen ein Recht hat, alles zu fordern – sie allein empfängt ihn mit Vorwürfen, mit harten Worten!

A n n a *(nähert sich Frau Nordahl)*. O Mutter! Kannst du ihm nicht vergeben?

P r a k t i k a n t *(flüstert Anna zu)*. Glaubst du nicht, die Nähe der Kinder würde sie versöhnen?

A n n a *(halblaut zu Frau Nordahl)*. Darf ich Otto rufen?

F r a u  N o r d a h l *(schüttelt verneinend das Haupt)*.

P a s t o r. Wie! Darf man einem Vater verweigern, seine eigenen Kinder zu sehen?

N o r d a h l *(unwillkürlich)*. O ja – die Kinder!

F r a u  N o r d a h l  *(sinkt in den Stuhl).* Ach! jetzt nehmen
sie mir ihn wieder, Stück um Stück!

P a s t o r  *(gebieterisch).* Wahrlich, ich fürchte dies harte
Weib nicht! Es gibt etwas, das über Vater und Mutter
steht: ich fühle die Kraft meines Berufes in mir! *(Ruft
hinein in das Kinderzimmer.)* Komm herein, Otto! Dein
Vater ist heimgekommen!

## SIEBENTER AUFTRITT

*Die Vorigen. Otto.*

F r a u  N o r d a h l  *(erhebt sich bei Ottos Eintreten).*
Komm her, Otto! *(Otto geht zu ihr.)* Bleib bei deiner
Mutter!

P a s t o r  *(heftig).* Hüten Sie sich, Frau Nordahl! Sie säen
Zwietracht in die innigsten Verhältnisse. Sie töten die
kindliche Pietät, unser letztes Bollwerk gegen den An-
sturm dieser bösen Zeiten. Darum sag ich zu diesem jungen Menschen: Siehe, hier steht dein Vater, dem du
– trotz allem – Achtung und Liebe schuldig bist. Siehe,
er befiehlt nicht – er bittet – er sehnt sich so inbrünstig,
dich an sein Vaterherz zu drücken!

O t t o  *(steht unentschlossen; der Praktikant macht ihm Zeichen, daß er zu seinem Vater gehen soll; Nordahl streckt
die Hand aus – da geht Otto ein paar Schritte auf ihn zu).*

F r a u  N o r d a h l  *(sinkt in diesem Anblick im Stuhl zusammen und schlägt die Hände vors Gesicht).* Allein!

P a s t o r  *(feierlich).* Endlich mußte auch dieses widerspen-
stige Herz sich beugen! *(Tritt vor sie hin.)* Ja, Frau
Nordahl – allein! Fürwahr, dies ist das Wort, das ent-
setzliche Wort, welches den niederschmettert, der die Wege
der Selbstgefälligkeit wandelt! Ach, meine Freunde! Das
menschliche Geschlecht ist schwach!

F r a u  N o r d a h l  *(fährt heftig empor).* Lüge – Priester!
So schwach sind die Menschen nicht; aber ihr und eures-
gleichen wollt sie dazu machen. – Gälte es, ein Mittel zu

erfinden, um den Willen bei jeder Versuchung zu lähmen, man könnte kein sichereres Mittel ausdenken als dieses: beständig dem Menschen vorzuwimmern: »Ach, wir sind alle so schwach!« Durch die Verdrehung einer schönen Lehre baut man eine Brücke von dem auftauchenden Gelüste hinüber zum Verbrechen selbst. Und auf demselben Wege führt man dann den Verbrecher zurück durch halbe Reue zu einer halb-ehrlichen Gesellschaft. Darum ist die Kluft zwischen einem ehrlichen Mann und einem Schwindler fast ausgefüllt in unserer öffentlichen Moral, und die Leute glauben, nur eine haarfeine Grenze sei es, die dazwischenliegt. Nein, so ist es nicht! Charakterschwäche, die Verbrechen zur Folge hat, wie das meines Mannes, ist nur ein trauriger Beweis dafür, wie eine schlaffe Nachsichtsmoral vermag, die besten Anlagen zugrunde zu richten.

*(Der Pastor, Anna und ihr Verlobter sind zurückgetreten; Otto steht hinter Frau Nordahl, seinem Vater gegenüber.)*

F r a u  N o r d a h l  *(halblaut).* Doch noch ist nicht alles verloren, ich sah einen Schimmer von Hoffnung. Noch vermag die Reue – *(Indem sie sich plötzlich gegen Nordahl wendet, fährt sie mit veränderter Stimme fort.)* Denn du hast *nicht* bereut! – Hättest du bereut in Kummer und Scham, dann wär ich die letzte, die du aufgesucht. In den fernsten Erdenwinkel hättest du dich verkrochen, froh, im verborgenen für diejenigen arbeiten zu dürfen, die du so grausam betrogen. Und wenn du dann dich so elend gefühlt, daß du an deine unschuldigen Kinder, an dein rechtschaffenes Weib nicht hättest denken können, ohne zu erröten; wenn du fast nicht gewagt hättest, mir zu schicken, was du dir mit Müh' und Schweiß verdientest – dann! – dann hätt' ich meine kleine Schar um mich gesammelt und wäre fortgeeilt über See und Land, zu dir – zu dir, du geliebter Mann! Denn ich liebe dich noch mit aller Zärtlichkeit wie einst: ich liebe dich mit der unerschütterlichen Treue der Gattin, ja mit der liebevollen

Sorge der Mutter für ihr armes, verirrtes Kind. So ist
meine Liebe! – Und darum kämpf ich diesen harten
Kampf für dich, kämpfe dafür, daß du dich selbst wie-
derfindest; denn ich bin noch etwas mehr als deine Gattin
vor dem Gesetz – ich bin dein einziger, aufrichtiger, uner-
schrockener Freund!

N o r d a h l *(macht einen Schritt nach der Ausgangstür).*
Marie! Jetzt versteh ich dich. – Ich danke dir!

F r a u   N o r d a h l *(ihm entgegengehend).* Ich hab ihn
wiedergewonnen! *(Mit ausgebreiteten Armen.)* Mein einzig geliebter, teurer Mann!

N o r d a h l *(vor ihr niederkniend).* Vergib, vergib!

F r a u   N o r d a h l *(beugt sich zu ihm nieder und legt ihm
die Hand aufs Haupt).* Ich vergebe dir und segne dich!
Ich gebe dir mit – die Liebe deiner Kinder und deiner
Gattin. Sie umgebe dich, wo du immer weilst; sie umwehe
dich wie eine reine Luft; sie trage dich über Abgründe und
gebe dir Frieden in deiner letzten Stunde, wenn sie schlagen sollte, bevor wir uns wiedersehen!

N o r d a h l *(gegen die Tür gehend).* Leb wohl, Marie! Lebt
alle wohl!

A l l e *(murmeln).* Leb wohl, leb wohl!

*(Die Kinder weinen.)*

F r a u   N o r d a h l. Leb wohl! – Bald sehen wir uns wieder! *(Da Nordahl sich der Ausgangstür zuwendet, ruft sie
ihm halblaut nach.)* Harald, willst du nicht durch das
Kinderzimmer gehen?

N o r d a h l *(sendet ihr einen dankbaren Blick und geht
rasch ab nach links).*

O t t o *(Frau Nordahl hastig bei der Hand fassend).* Mutter,
Mutter! Soll er denn jetzt wieder von uns reisen?

F r a u   N o r d a h l *(streicht ihm übers Haar).* Nein, mein
Junge! Jetzt ist dein Vater auf dem Heimwege.


*Der Vorhang fällt*

GEORG HIRSCHFELD

# Zu Hause

Schauspiel in einem Akt

PERSONEN

David Doergens
Frau Doergens
Ludwig ⎱
Arthur ⎰ *ihre Söhne*
Sanitätsrat Magnus
Hermann Selig
Josef Schlösser
Anna, *Hausmädchen* ⎱
Caroline, *Köchin* ⎰ *bei Doergens*

*Szene: Der Salon beim alten Doergens. – Reich, mit ge-*
*schmacklosem Prunk. Stilloses Meublement. Dicke Teppiche.*
*Es ist Abend, die Wanduhr zeigt 9. Dumpfe Kaminwärme*
*im Zimmer. An einem der Fenster ist der Vorhang zurück-*
*gezogen. Die Scheiben sind dicht gefroren, es schneit drau-*
*ßen. Alles in allem ein Winterbild.*
*Anna (Hausmädchen aus dem Berliner Westen, herber, dä-*
*monischer Zug um den Mund, frecher Blick, Scheinbildung –*
*deckt den Tisch mit Silber und feinem Geschirr, welches sie*
*dem Büffet entnimmt). Caroline (dicke, rote Landköchin,*
*kniet am Kamin und schürt das Feuer).*

C a r o l i n e. Wissen Se, Anna –
A n n a. Was?
C a r o l i n e. Wenn's heut wieder dreien wird, leg ich mir
   hin.
A n n a. Wird heut nicht so spät.
C a r o l i n e. Sie haben Ahnung. Wenn der dicke Magnus
   kommt, der quatscht sich doch sicher bis halb dreien fest.
A n n a *(mit scharfem g)*. Die gnädige Frau hat mir extra
   gesagt – erst wird gegessen und dann wird gegangen.
C a r o l i n e. Ne – erst wird ge–spielt!
*(Pause.)*
A n n a. Sind Sie fertig?
C a r o l i n e *(steht auf)*. Wenn's nu nich heiß jenug is ...
   Bullenhitze – was? *(Da Anna nicht antwortet.)* Wissen Se,
   man is schon jar keen Mensch mehr. Nacht fir Nacht um
   de Ohren schlagen, erst noch abwaschen, um vier ins Bett
   und dann um halb sieben schon wieder uf und 'n Herrn
   Kaffee machen –
A n n a *(zischt)*. Halb sieben! Ich würde ihm was –
C a r o l i n e. Was soll man machen.
A n n a. Wenn Sie solch Schaf sind und's tun! Ihnen ist doch
   nicht zu helfen!
C a r o l i n e. Na er muß doch Kaffee kriejen.
A n n a *(allmählich in den Pöbelton verfallend)*. Dann soll

er'n sich alleine heiß machen und nicht schon am frühen
Morgen, wenn er in seine faule Kundschaft muß, die Leute
aus'm Bett bringen! Wozu haben wir denn unsern Selbst-
kocher? Lass' er sich doch mal die Finger verbrennen,
nachher wird er's schon lernen!

Caroline. Nu was – hab ich's so lange jemacht ... Is
doch schließlich schlimm für so'n Mann – am frihen Mor-
jen, wenn's noch janz dunkel is uf de Straße, muß er in de
Kälte raus, und die andern lijen bis halb elwen warm
in 's Bett.

Anna *(steckt Brötchen in die Servietten).* Ach Gott, wir
sind ja froh, wenn wir'n los sind! Wir sind ja froh! Was
tut denn die gnädige Frau damit, wenn er hier rumstän-
kert und womöglich noch auf die Möbel spuckt! Wir
haben schon am Sonntag genug! Das fehlte noch! Die
gnädige Frau hat soo recht! –

Caroline *(halblaut).* Ach sein Se still. Er is'n janz juter
Mann.

Anna *(lacht).* Nu ja natürlich! Das weiß man ja – wenn
*Sie* nicht wären, wo hätte da der Herr Doergens hier noch
'ne Partei!

Caroline. Partei. Quasseln Se doch man nich. For *Ihre*
Partei dank ich. Sie stehn doch man bloß 'n janzen Tag
hinter de Frau ihren Frisierstuhl und flistern ihr Dreck in
de Ohren.

Anna. Ach meinen Sie? Daß Sie das bloß nicht mal zu
deutlich merken!

Caroline. Ach Sie meinen von wejen rausjraulen? Ne,
ne, mein Engel, da haben Se nu keen Jlick, wissen Se.
Dazu koch ich unser Frau zu jut und zu billig. For siebzig
Daler 'ne perfekte Kechin, die ooch noch 'n kranket Kind
zu versorjen hat, des find't se nich jut uf'n Weihnachts-
marcht.

Anna. Allerdings! Ne – Köchin!

Caroline *(nachahmend).* Nu jaa – 'ne Kechin! Sie halten
sich wohl for'n Ende mehr? Jloben Sie man, ich wär' schon

längst hier raus, ich wär' schon längst in meene Heimat,
wenn –

**A n n a.** Wo sind Sie doch her? Ach richtig – aus Potsdam!

**C a r o l i n e.** I jewiß bin ich aus Potsdam! Und woher Sie
sind, das werden Se wohl von alleene nicht wissen!

**A n n a.** Ich verbitt mir das.

**C a r o l i n e.** Ach Jott, ach Jott, lassen Se man die Bilder
stecken! Zieht ja nich! Ne, ich sag janz offen raus: Wenn
der Mann mir nich leid täte und das arme Wurm, die Trude
– ich wär' schon lange raus aus dem Drecknest – lange!

**A n n a.** Interessant für die Frau. Sehr interessant.

**C a r o l i n e.** Ja! Ja! Bringen Se's an! Um Jottswillen
bringen Se's an! Sie behalten's ja doch nich bei sich! Rausjraulen können Se mir doch nich – dazu koch ich zu billig
und zu jut!

**A n n a** *(voll Gift, sich in den Hüften wiegend).* Allerdings ... es ist ja sehr begreiflich ... warum Sie sich hier
so heimisch fühlen. Wenn man die Ehre und den Vorzug
hat, vom Herrn so – begünstigt zu werden –

**C a r o l i n e** *(steht erst sprachlos, dann brüllt sie los).* Oller
Pöbel!! *(Ab, schmeißt die Tür zu.)*

**A n n a** *(lacht ihr nach).*

**F r a u   D o e r g e n s** *(Anfang der Vierzig, frühere Schönheit, scharf griechisches Profil, der Blick etwas finster und
verschleiert, krampfhaft liebenswürdiger Zug um den
Mund, Teint und Taille von künstlicher Jugendlichkeit.
Sie tritt von links ein. In heller Gesellschaftstoilette, pro-
nonciert vornehm).* An–na. Was – ist denn wieder?

**A n n a** *(plötzlich in ihrem ›gebildeten‹ Ton).* Ach nichts,
gar nichts, gnädige Frau. Die Caroline – gnädige Frau
wissen ja – wenn sie gekocht hat, steigt ihr das Blut immer ein bißchen –

**F r a u   D o e r g e n s** *(nervös).* Genug ... es ist gut. Ver-
meiden Sie das, Anna. Das Geschrei macht mich nervös.
Caroline ist brauchbar. Man kann ihr etwas sagen – ohne
Geschrei.

A n n a. Gnädige Frau mißverstehen das – Caroline ist immer so leicht gereizt –

F r a u  D o e r g e n s *(mit Ansehen)*. Es ist gut – *(Nach einer Pause sanft.)* Ist alles fertig?

A n n a. Jawohl, gnädige Frau.

F r a u  D o e r g e n s. Ein Couvert mehr?

A n n a. Ja. Herr und Frau Sanitätsrat Magnus kommen doch wohl, und der junge Herr Magnus –

F r a u  D o e r g e n s. Der junge Herr Magnus kommt nicht. Das Couvert ist für jemand anders bestimmt.

A n n a. Für Herrn Schlösser?

F r a u  D o e r g e n s. Unsinn. Für den wird doch jeden Abend gedeckt. Sie wissen doch – Herr Schlösser. Muß ich Ihnen das erst jedesmal sagen?

A n n a. Nein, nein. Ich will schnell noch ein Couvert –

F r a u  D o e r g e n s *(setzt sich links)*. Sie können auch wissen, für wen das Couvert bestimmt ist. Eigentlich sollte es für jeden eine Überraschung sein – für jeden. Aber da Sie eine verständige Person sind ... Das Couvert gehört meinem Sohn.

A n n a. Herrn Arthur?

F r a u  D o e r g e n s. Unsinn. Wär' das eine Überraschung? Dem älteren jungen Herrn gehört's, dem Herrn Doktor!

A n n a. Herrn Ludwig? Aber verzeihen gnädige Frau, der Herr Ludwig ist doch, denk ich, in Straßburg?

F r a u  D o e r g e n s. Augenblicklich ist er auf der Bahn, und nachher wird er hier am Tisch sitzen.

A n n a. Ach – ach Gott – das freut mich aber – das ist doch eine Überraschung – verzeihen gnädige Frau – aber ich freu mich so –!

F r a u  D o e r g e n s. Bitte – ich weiß das.

A n n a. Und Doktor ist der Herr Ludwig geworden?

F r a u  D o e r g e n s. Sie hören. Er ist praktischer Arzt, hat drei erste Preise erhalten. Die Straßburger Professoren wollten sich gar nicht von ihm trennen!

A n n a. *Das* kann ich mir denken! Ich erinnere mich ja noch so gut an den Herrn Ludwig! Solch schlanker, hübscher, junger Mann! Das wußt' ich ja, daß es der Herr Ludwig noch zu was Großes bringt!

F r a u  D o e r g e n s  *(leichthin).* Sie kannten ihn?

A n n a.  Freilich, gnädige Frau, freilich! Er war doch noch zwei Tage in Berlin, wie ich hierherzog. Nein, das dacht' ich mir! Wie haben denn gnädige Frau bloß die schöne Nachricht bekommen?

F r a u  D o e r g e n s.  Herr Arthur brachte mir eben die Depesche. Mein Sohn kommt ganz überraschend.

A n n a.  Nein, ist das hübsch! Und der Herr Doktor bleibt jetzt hier?

F r a u  D o e r g e n s  *(renommierend).* Natürlich. Er übernimmt seine Berliner Praxis!

A n n a.  Seine Berliner Praxis? Ach ist das hübsch! Nun will ich doch gleich dafür sorgen –

F r a u  D o e r g e n s  *(plötzlich wieder finster und nervös).* Jawohl. Das Bett muß aufgestellt werden. Sorgen Sie dafür.

A n n a.  Da kommt Caroline! Darf ich's ihr erzählen? Ach bitte – gestatten mir gnädige Frau?

F r a u  D o e r g e n s.  Meinetwegen. Aber klatschen Sie nicht zu lange.

A n n a.  Nein, nein.

F r a u  D o e r g e n s  *(ab nach links).*

C a r o l i n e  *(kommt aus der Mitte zurück, mit finsterem Blick auf Anna).* War sie nich eben hier?

A n n a  *(macht ihr Zeichen und Blicke nach der Tür, wo Frau Doergens abging).*

C a r o l i n e  *(nicht verstehend).* Was jlupen Se denn?

A n n a  *(ganz leise zischend).* Horcht!

C a r o l i n e.  Was?

A n n a  *(wie vorhin).* Schaf! – Horcht!

C a r o l i n e  *(gleichgültig).* Ach so.

A n n a  *(geht unbefangen nach der Tür, putzt an der Klinke, horcht dabei).*

Frau Doergens *(ruft draußen wie aus größerer Ent-fernung).* An–na! Daß das – Bett nicht vergessen wird!

Anna *(ebenso).* Wie meinen gnädige Frau? – Nein, nein – bewahre, gnädige Frau!

*(Frau Doergens entfernt sich draußen mit hörbarem Ge-räusch.)*

Caroline *(tritt näher).* Is die Kommedie nu aus? Was jibt's denn wieder?

Anna. Mit Ihnen ist auch gar nichts aufzustellen! Gar nichts! Das hat sie doch nu wieder gemerkt!

Caroline. Ach hol' Sie der Deibel mit Ihrer Horcherei. Was wollten Se denn?

Anna *(immer noch halblaut, eifrig).* Ein Couvert soll noch aufgelegt werden.

Caroline. Wohl für den krummbeenigen Östreicher?

Anna. Unsinn. Für Schlösser ist schon gedeckt. Der Ältre kommt heute – der Ludwig!

Caroline *(gleichgültig).* So?

Anna. Sie haben ihn ja nicht mehr gekannt – was? Nein, Sie können ihn ja –

Caroline. Na ich kann'n mir denken. Wenn er so die zweete Uflage von Arthurn is –

Anna. Weiß ich nicht. Wahrscheinlich. Übrigens Arthur geht. Man muß ihn bloß richtig nehmen.

Caroline. Was will denn der Ludwig?

Anna. Dumme Frage –

Caroline. Na ja, Sie müssen's mir sagen, Anna – ich habe nich jehorcht.

Anna. Sie hören doch, er ist Doktor geworden. Kostet dem Alten wahrscheinlich wieder 'ne Stange Gold. Und Doktors haben wir hier in Berlin – mehr als zuviel. Da brauchen sie den! *(In Frau Doergens' Ton, immer eifriger und gehässiger werdend.)* ›Übernimmt seine Berliner Pra-xis!‹ Wenn man das hört! Keinen Pfennig hat er! Wahr-scheinlich Schulden! Fauler Junge wahrscheinlich! ›Über-nimmt seine Berliner Praxis!‹

C a r o l i n e *(verwundert)*. Herrjott, Herrjott, hat er Ihnen
denn mal was jetan?

A n n a *(unbeirrt)*. Aber ich reim mir ja die ganze Geschichte
zusammen! Ich weiß doch! Leben kost' Geld! Jeden
Abend Gesellschaft bis in de Nacht um vier, das kommt
nicht raus beim Alten! Da muß der Junge ran! Verstehn
Se? Der soll für den Riß stehn! ›Praxis!‹ Das kennt man
schon!

C a r o l i n e. Na so'n junger Dokter hat doch ooch nischt.

A n n a. Hat nichts. Das verstehn Sie nich. Dann geht de
Mama auf Raub aus! Dann muß 'ne Schwiegertochter
'ran! Er is doch Doktor – das zieht!

C a r o l i n e. Ach so meinen Sie.

A n n a. Ja. Und nu wird er hier doch wahrscheinlich wohnen sollen, damit die Miete rauskommt! Na das wird
heiter! Das wird heiter, sag ich Ihnen! Da können wir uns
immer so langsam auf Wassersuppe gefaßt machen!

C a r o l i n e. Wär' mir schon lieber als das Luderleben de
Nacht durch.

A n n a. So? Na wollen uns sprechen. Kostet ja auch alles
zuviel Geld. Die Frau allein – die braucht ja noch das
wenigste. Nu ja – Toiletten! Das muß 'ne moderne Frau
haben! Und Arthur – nu ja – 'n junger Mann muß leben!
Aber der Krüppel da drüben – *(sie deutet mit ihrer ma-
geren Faust nach rechts)* wo kuriert und kuriert wird –
wo in die Bäder geschickt wird – und wo doch nichts bei
rauskommt – das kostet Geld! Und er? Du lieber Gott – er
is doch ein Fatzke! Puckelt sich ab und verdient nichts!
Der! *(Sie tritt im Eifer des Klatschens immer näher an
Caroline heran – diese weicht langsam, in instinktivem
Grauen vor ihr zurück.)* Ich sage Ihnen, der Herr Doktor
kann sich freuen! Die auf'm Pelz haben! Gott soll mich
bewahren! Aber ich durchschaue ja auch, wer ihn so plötzlich nach Berlin gerufen hat. Der Alte! Kein andrer wie
der Alte! Sehn Sie das auch? Was? Na, das sehn Sie nicht!
Nich wahr? Nu ja Sie! Sie Unschuldslamm! Er braucht

einen Schutzmann! 'n Schutzmann braucht der Alte!
Schlösser und sie – da traut er sich nicht ran! Da ruft er'n
Schutzmann! 'n Schutzmann! Haha!! *(Sie gibt ihr lachend
einen Backenstreich und ab. – Caroline steht noch eine
Weile auf demselben Fleck, schüttelt halb angeekelt, halb
verwundert den Kopf.)*

F r a u  D o e r g e n s  *(von links)*. Caroline –

C a r o l i n e  *(fährt auf)*. Ja! Was'n, jnädije Frau?

F r a u  D o e r g e n s  *(sanft)*. Liebe Caroline, ist alles fertig?

C a r o l i n e. Ja, brauch' bloß jejessen zu werden.

F r a u  D o e r g e n s. Gut. Hat Borchardt geschickt?

C a r o l i n e. Ja, der Diener, oder was er is, steht noch
draußen mit de Rechnung.

F r a u  D o e r g e n s. Reißen Sie die Quittung ab, und geben Sie dem Menschen eine Mark.

C a r o l i n e. Eene Mark? Ne, des is doch aber wirklich zu
viel, jnädije Frau. Und außerdem so'n Flaps, wie der Kerl
is –

F r a u  D o e r g e n s  *(mit strengem Blick)*. Er bekommt
eine Mark. – Wie sieht die Majonnaise aus?

C a r o l i n e. Ach, jut. Bei Borchardt'n sieht se immer jut
aus.

F r a u  D o e r g e n s. In der Küche sind Sie also fertig?

C a r o l i n e. Ja.

F r a u  D o e r g e n s  *(plötzlich in hetzendem, feindseligem
Ton)*. Aber dann beeilen Sie sich doch, Caroline! Gertrud
muß doch gebadet werden! Heut ist doch Mittwoch! Alles
muß man Ihnen erst sagen!

C a r o l i n e. Herrjott, ich weeß ja. 's Wasser is ja schon
fertig. Muß mir bloß eener das Trudchen halten, wenn ich
injieße. Mit eenen Arm krieg ich's nich fertig.

F r a u  D o e r g e n s  *(geht achselzuckend nach rechts)*. Ja –
Anna muß mich frisieren.

C a r o l i n e. Jott – noch mal?

F r a u  D o e r g e n s. Geht Sie nichts an. Unterlassen Sie
alle unbescheidenen Fragen. Verstanden?!

Caroline. Nu ja – ich meene man bloß –

Frau Doergens. Legen Sie Gertrud solange aufs Sofa. Daß aber die Maschine nicht wieder entzweigeht. Zehn Mark kostet das Vergnügen.

Caroline. Ne übrigens – mit die Maschine – Kinder Jottes, is des 'ne Quälerei. 'n janzen, langen Tag in dem Panzer liejen – ne –!

Frau Doergens. Gott, überlassen Sie doch das den Leuten, die's verstehn. Die Maschine hat Sanitätsrat Magnus gekauft. Überhaupt das einzige Mittel, um Gertrud aufrecht zu halten. Vierhundert Mark hat sie gekostet – vierhundert Mark! *(Sie reißt ein Brötchen aus der Serviette, beißt ab und kaut mit großem Appetit.)*

Caroline *(ballt heimlich ihre dicken, roten Fäuste – rechts ab).*

Frau Doergens *(läßt sich, sobald das Mädchen hinaus ist, auf die Chaiselongue fallen und lehnt den Kopf weit zurück. Sie starrt schweigend in die Gasflammen. Ihr Auge erhält hierbei einen toten und doch sprühenden Ausdruck, die Stirn zieht sich in Falten, der krampfhaft liebenswürdige Zug um den Mund bleibt).*

Arthur Doergens *(kommt durch die Mitte, schlägt nachlässig und mit einem Knall die Tür hinter sich zu. Er ist neunzehn Jahre alt, ziemlich klein, untersetzt. Wiener Kellnerfrisur. Breites, trotz der Jugend schon arg verlebtes Gesicht; müde, lüsterne Augen; hypermodern gekleidet; hellgrauer Gigerlüberzieher, weite Hosen, spitze Stiefel. Er wirft beim Hereintreten Hut und Stock aufs Sofa.)* Na, Mama? Bin noch jarnich aus'n Sachen gekommen!

Frau Doergens *(gähnt).*

Arthur *(davon angesteckt).* Ä–ch. Ja, ja. – Nu? Is heut wieder Feez?

Frau Doergens. Wirf mir bitte deine Sachen nicht so im Zimmer herum.

Arthur. Ach so – pardon! pardon! *(Ruft krähend.)* Anna!

A n n a *(erscheint hinten)*. Herr Arthur?

A r t h u r. Ach Anna – Sie wissen ja – zu Ihnen is mein liebster Jang! Tragen Sie mir mal de Sachen raus.

A n n a *(nimmt pflichtschuldigst lachend seinen Hut, Überzieher und Stock, geht damit wieder ab)*.

*(Pause.)*

A r t h u r *(gähnt)*. Ä–ch. Ja – ja. Also heute werden wir das Verjnüjen haben – unsern Herrn Doktor – bejrüßen zu können.

F r a u  D o e r g e n s. Du könntest übrigens noch nach dem Bahnhof raus und ihn abholen.

A r t h u r. Abholen? Bist wohl närrisch, Mama? Abholen. Das fehlte noch. Bin müde wie'n Hund. Den jroßen Menschen abholen.

F r a u  D o e r g e n s. Er wird sich aber wundern, wenn niemand draußen ist.

A r t h u r. Na denn wundert er sich. *(Zwischen den Zähnen.)* Wird sich überhaupt noch über manches wundern.

F r a u  D o e r g e n s. Tu mir'n Gefallen, Arthur, und fahr raus.

A r t h u r *(streckt sich behaglich aus)*. Ne, Mama. Wird nich verzappt. *(Er steckt sich eine Zigarre an. Pause.)* Apropos – wie jeht's Trude?

F r a u  D o e r g e n s *(kalt)*. Gut.

A r t h u r *(rauchend)*. Übrigens – da is was für sie in meinem Überzieher – linke Seitentasche – – Katzenzungen – darf se essen – was?

F r a u  D o e r g e n s. Immer das unnötige Geldverquadddeln! Wozu, möcht ich wissen. Was sie bekommen muß, kriegt sie doch.

A r t h u r. Nu was – Katzenzungen. *(Pause.)* Du – apropos – Mama!

F r a u  D o e r g e n s. Hm?

A r t h u r. Ich glaube, Papa weiß noch gar nicht, daß Ludwig kommt?

F r a u  D o e r g e n s *(kurz und schroff)*. Er wird's schon

hören. Er ist doch den ganzen Tag nicht zu finden! Da
kann er auch nicht verlangen, daß man ihm nachschickt.

A r t h u r.  Hm – na – wenn er's man nich krumm nimmt.

F r a u  D o e r g e n s.  Ach krumm. Spaß! Großes Wiedersehen!

A r t h u r.  Nu ja. Ich meine bloß, er hätte ihn vielleicht vom
Bahnhof abgeholt.

F r a u  D o e r g e n s.  Ja da ist doch nun nichts zu machen.

A r t h u r.  Nu – ja. *(Pause.)* Ist Schlösser schon hier?

F r a u  D o e r g e n s  *(sieht ihn etwas von der Seite an,
dann gleichgültig).* Nein.

A r t h u r.  Ich traf ihn vorhin – wird wohl bald raufkom-
men.

F r a u  D o e r g e n s.  Hast du ihm schon erzählt –?

A r t h u r.  Ja gewiß. *(In Schlössers Ton.)* ›Freit mich uhn-
gemein!‹ Kinder ne – der Herr von Schlösser – is'n Or-
jinal! *(Er lacht.)*

F r a u  D o e r g e n s.  Ganz guter Kerl.

A r t h u r  *(pafft).* O ja – 's jeht.

*(Es klingelt draußen.)*

F r a u  D o e r g e n s.  Ob das schon Magnussens sind?

A r t h u r.  Ne – der olle Pustekohl – was denkste denn –
der kriegt doch de Klingel nich so weit raus! Schlösser is es
auch nich. *(Er streckt sich wieder aus.)* Wird Papa sein.

F r a u  D o e r g e n s.  Caroline kann aufmachen.

*(Es klingelt zum zweiten Mal.)*

A r t h u r.  Wo bleibt denn das Frauenzimmer?

F r a u  D o e r g e n s.  Caroline!

C a r o l i n e  *(schnell von rechts).* Herrjott ja. *(Zurücksprechend.)* Nu ja, mein Schnuteken – nu jachen, mein Trude-
ken – ich komm ja jleich wieder – jleich komm ich wieder!

*(Es klingelt zum dritten Mal.)*

A r t h u r  *(stampft mit dem Fuß auf).*

C a r o l i n e.  I du mein – *(Ab.)*

*(Man hört draußen die Tür öffnen und Schritte. – Pause.)*

F r a u  D o e r g e n s  *(fragend zu Arthur).* Er?

Arthur. Natürlich.

*(Caroline kommt wieder. Hinter ihr, noch im Überzieher, verfroren, Schnee auf dem Hut, David Doergens, in jedem Arm ein kolossales, fast mannshohes Paket.)*

Caroline. Na nu jeben Se mir man erst de Pakete her, Herr Doerjens –

Doergens *(ist Mitte Fünfzig. Verfallen. Schmutzig-graumelierter Bart und reinweißes Haupthaar. Er geht vornübergebeugt. Teint gelblich, Augen durch einen starken Schnupfen wässerig und verschwommen, die Nase von Kälte gerötet. Er spricht fahrig, verwirrt und doch voll Eifer, fast bittend).* Na – na – nu bloß vorsichtig – nich doch – unten fassen – unten – oben is naß – da is Schnee drauf – fassen Se doch unten an – Herrgott – unten!!

Caroline. Jeben Se doch man her, Herr Doerjens – ich weeß ja schon – lassen Se man einfach los – ich halt's schon.

Doergens *(jammernd).* Sie halten's nich! Mein Gott – wenn ich noch'n Arm – *(Er bekommt die klammen Finger nicht los.)*

Frau Doergens *(halblaut und giftig).* Arthur. Hilf doch da mal.

Arthur *(richtet sich langsam auf).* Ja – wohl! Was denn?

Caroline *(hat beide Pakete).* Is schon jut. *(Sie trägt die Pakete in die Stube rechts.)*

Doergens *(zieht sich immer noch pustend und die Nase schnaubend den Überzieher aus).* Die Kälte – die Kälte – ne, ich sage schon ... *(Er gewahrt Frau und Sohn.)* Nabend.

Arthur. Nabend, Papa.

Doergens. Nabend. Wie geht's Trudchen? – *(Da er keine Antwort erhält, geht er, wie schon daran gewöhnt, auf den Spitzen ins Zimmer rechts.)*

Frau Doergens *(erhebt sich nervös).* Eh' er sich da wieder trennt! ... Ich bitte dich, Arthur – geh ihm nach und sag's ihm.

Arthur. Ne, ne, um Gotteswillen! Da hol ich ihn nich raus, Mama.

Frau Doergens *(stampfend)*. Der Mann – es is 'ne Qual! –

*(Es klingelt draußen. Lebhaftes Stimmgewirr. Nach einer Weile öffnet Anna die Mitteltür – Sanitätsrat Magnus, Hermann Selig und Josef Schlösser treten unter lebhafter Begrüßung, Lachen etc. ein.)*

Arthur *(ihnen entgegen)*. Ah – mit einem Mal der janze, edle Kreis? Seid uns jejrüßt, ihr edlen Sänger!

Magnus *(klein, sehr dick, kurzgeschorener Vollbart, rotes Gesicht, kahler Kopf, lacht unausgesetzt)*. Na ... Kleener ... was? Hahaha – Zustand von Sänger! ... Was? ... Meinen Gruß, schöne Frau.

Frau Doergens. Oh, aber solo, Herr Rat?

Arthur. Tu mir doch'n Gefallen, Mama, und rede nich jetzt schon vom Schkat!

Magnus. Hahaha – janz juter Witz – wirklich janz jut ... für Ihr Alter! – – Ja, tut mir außerordentlich leid, gnädige Frau – außerordentlich – meine Frau – Sie wissen ja – bißchen Mijräne –

Frau Doergens. Doch nichts von Bedeutung?

Magnus. I wo! I wo! Ich habe mir auch schon erlaubt, Ersatz mitzubringen – Herrn Selig – Herrschaften kennen sich wohl schon?

Frau Doergens. O gewiß – sehr gut! Aus Ostende! Sein Sie uns herzlich willkommen!

Selig *(verbeugt sich)*. Es – üst allerdüngs – eine Freiheit – aber gnädige Frau –

Arthur. Keine Phrasen, mein Lieber! Sie sind uns willkommen! Spielen Sie Schkat?

Selig. Ja.

Arthur. Na also!

Schlösser *(nähert sich Frau Doergens)*. Gnädige Frau ...

Arthur. Aha.

F r a u  D o e r g e n s. Warum nur immer so spät, Herr Schlösser?

S c h l ö s s e r. Wenn es friher meglich gewesen wäre – aber ich will mich friher einrichten.

F r a u  D o e r g e n s. Tun Sie das.

*(Beide in lebhafter, etwas vertraulicher Unterhaltung.)*

M a g n u s. Ja nu aber de Hauptsache. *(Er drängt sich an Arthur vorbei zu Frau Doergens.)* Man muß doch jratulieren! Zum neuen Doktor! Was, schöne Frau?

F r a u  D o e r g e n s *(liebenswürdig)*. Danke! Danke! Woher wissen Sie?

M a g n u s. Na Arthur hat mir doch erzählt! Und heute sehn wir'n wieder? Na das is aber mal 'ne Freude! Wird ihm schon jefallen – wieder bei Mutter – wieder zu Hause!

F r a u  D o e r g e n s. Oh, Ludwig ist so selbständig.

M a g n u s. Mein Jott, 'n junger Mann! Hauptsache is, daß er was jelernt hat! Na an mir soll's ihm nich fehlen! An mir nich!

F r a u  D o e r g e n s. Zu liebenswürdig.

M a g n u s. Aber ich bitt Sie! Bin doch auch mal junger Arzt jewesen! – Na nu haben Se ihm wohl ein schönes, warmes Nest einjerichtet!

F r a u  D o e r g e n s. Ja, er wohnt bei uns.

M a g n u s. Kann ich mir denken! Nu fehlen bloß noch de Patienten. Aber das kommt auch. Köller hat sich ja wohl für ihn interessiert? Wie? Köller in Straßburg?

F r a u  D o e r g e n s. O sehr! Er wollte ihn ja am liebsten gleich dabehalten. Aber Sie wissen doch – man will seinen Jungen gern wieder bei sich haben –

M a g n u s. Na versteht sich! Was braucht er Straßburg? Berlin is auch nich zu verachten!

S c h l ö s s e r. Was sagt denn der Herr Gemahl zu dieser freidigen Iberraschung? –

A r t h u r *(sieht nervös nach rechts)*. Hm . . .

F r a u  D o e r g e n s *(kurz übergehend)*. Nun – er freut sich sehr.

M a g n u s. Is Doergens schon hier?

F r a u  D o e r g e n s *(wechselt Blicke mit Arthur)*. Ja –
freilich – ich begreife nicht – er ist vorhin zu Gertrud
hineingegangen –

M a g n u s. Nu da lassen Se'n – lassen Se'n.

A r t h u r. Ne, Sie wollen doch aber an Ihrem Schkat, Herr
Sanitätsrat!

F r a u  D o e r g e n s *(mit bösem Blick)*. Geh doch mal hinein, Arthur – sag ihm doch, daß die Herren hier sind.

A r t h u r *(zögert erst noch, geht dann hinein)*.

*(Verlegene Pause.)*

S e l i g *(will ein Gespräch beginnen)*. Der Wünter macht
süch übrigens schon söhr bemörkbar –

M a g n u s. Ja, wir sind im Dezember, mein Lieber.

F r a u  D o e r g e n s *(nickt freundlich zustimmend, sieht
aber nervös nach rechts)*.

D a v i d  D o e r g e n s *(kommt mit Arthur. Zurücksprechend)*. Na sei gut, Trudchen! Papa kommt gleich wieder!
Gleich! – Was willste denn, Arthur?

A r t h u r. Papa – die Herren sind –

D o e r g e n s *(erblickt die andern)*. Ach so! Pardon, meine
Herren – sein Se willkommen! Wissen Se, wenn ich bei
meiner Trude sitze – dann bin ich nich zu brauchen, dann
bin ich'n schlechter Wirt! . . .

A r t h u r *(raunt ihm zu)*. Du, Papa – Taschentuch raus –
Nase troppt.

D o e r g e n s *(schnaubt sich verlegen)*. Ja, ja – die Kälte –
was sagen Se zu der Kälte – is Ihnen sowas erinnerlich,
Magnus? Was? Ah – Selig! Hermann Selig! Na das is
aber –! Sieht man Sie auch mal wieder?

S e l i g. Ich bün ein Eundringling. Wönden Sü süch an den
Geheumrat – der hat schuld.

M a g n u s. Ach reden Se keinen Stuß, Selig! Übrigens –
was macht die Kleine?

S c h l ö s s e r *(mit leiser Ironie)*. Darf ich Sie auch be-
grißen, Herr Doergens?

D o e r g e n s *(zurückhaltend)*. Nabend, Herr Schlösser –
Sie entschuldigen schon. – Es jeht, Magnus, es jeht – man
muß zufrieden sein. Wollen Sie se sich nachher mal ansehn?

M a g n u s. Wenn Sie wünschen. Nötig ist es nicht.

S e l i g *(macht sich an Doergens heran)*. Ich höre übrigens –
es fündet heute ein freudiges Ereugnis bei Ühnen statt –

D o e r g e n s. Freudiges Ereignis? Wieso, mein Lieber? Wieso?

F r a u D o e r g e n s. Hm –

A r t h u r. Ja –

S e l i g. Ich meune –

M a g n u s. Ja wissen Sie denn das nich?

D o e r g e n s. Ich weiß gar nichts. Was is denn? *(Mit plötz-
lichem Schreck.)* Etwa was mit dem Jungen? Mit Ludwig?
Was?!

S e l i g *(beschwichtigend)*. Sü hören doch – ein freudiges
Ereugnis.

F r a u D o e r g e n s *(ärgerlich)*. Nu ja. Du warst doch
den ganzen Tag nicht aufzufinden. Heut nachmittag kam
eine Depesche von Ludwig – er kommt 9 Uhr 17, Friedrichstraße.

D o e r g e n s. – Wer kommt?

F r a u D o e r g e n s *(ungeduldig)*. Ludwig, sag ich dir
doch.

D o e r g e n s *(starr)*. Ludwig . . .? Aber – das ist doch gar
nicht – möglich – Heut abend? . . . Depesche? . . . Warum
weiß ich das nich?!

F r a u D o e r g e n s *(richtet sich auf)*. Ruhe! –

D o e r g e n s *(weicht vor ihrem Blick zurück)*. Ich – hatte
ihm doch geschrieben – wenn er's einrichten kann, soll er
nächsten Montag kommen. Wie kann er denn . . . Fehlt
ihm denn was?!

F r a u D o e r g e n s. Unsinn. *Du* magst ihm ja das geschrieben haben – *ich* habe ihm geschrieben, daß er heute
kommen soll.

D o e r g e n s *(sich bezwingend).* Ach – du hast ihm das geschrieben! So! Ja dann … Aber der arme Junge – da is er
nu den ganzen Tag über gereist – nu kommt er hier an –
kein Mensch auf'm Bahnhof – kein Mensch – *(Plötzlich
losbrechend zu Arthur.)* Warum bist du nich rausgefah-
ren?!!

A r t h u r *(erschrocken).* War schon zu spät, Papa.

D o e r g e n s. Ach Unsinn – zu spät. Zu faul warst du – –

F r a u D o e r g e n s. David – ich bitte um Ruhe!

D o e r g e n s. Ruhe, Ruhe, Ruhe. *(Zurückweichend.)* Nu
schön … Wenn ich's wenigstens noch jewußt hätte, dann
hätt' ich's doch möglich gemacht … hätt' mir den Jungen
geholt …

F r a u D o e r g e n s *(mit erzwungenem Lachen).* Mein
Mann ist zu komisch – was, meine Herren? Wenn Sie von
meinem Sohn nichts wüßten, Sie müßten wahrhaftig glauben, er bringt noch seine Amme mit!

S c h l ö s s e r. Hahaha!

S e l i g. Söhr gut. Sie müssen süch nücht so aufrögen, lüber
Herr.

D o e r g e n s. Ach sin Se still … ach pardon … ich habe
doch aufgeschrieben, wo ich'n Tag über zu finden bin –
das hab ich doch aufgeschrieben!

F r a u D o e r g e n s. Denkst du, ich habe immer gleich
einen Boten, um dir nachzuschicken? Aber ich glaube, die
Sache dürfte jetzt erledigt sein – die Herren wollen spielen.

D o e r g e n s *(zieht die Uhr).* Wenn er sich 'ne Droschke je-
nommen hat – dann kann er gleich hier sein – jeden Moment kann er hier sein – der Junge.

F r a u D o e r g e n s. David!

D o e r g e n s. Ach was David … ich friere wie'n Schneider.
*(Er geht unruhig auf und ab.)*

M a g n u s. Na wir sehn, Sie sind mit Ihrem Jungen beschäftigt, Doergens. Kommen Se, Selig – wir spielen 'ne
Partie Sechsundsechzig. Sind Sie dabei?

S e l i g. Ümmer. Das kann ja nicht teuer wörden.

A r t h u r. Können Sie'n Kiebitz brauchen, Herr Rat?

M a g n u s *(lachend).* Ja, Kleener! Aber nich zu jrüne Oogen machen! Was?

F r a u D o e r g e n s. Sie sind sehr freundlich, meine Herren – ich muß nur um Entschuldigung bitten – mein Mann –

M a g n u s *(leise).* Lassen Se doch. *(Laut.)* Doergens kommt nachher nach – was, Doergens?

D o e r g e n s. Ja – ja. Gewiß. Jleich!

F r a u D o e r g e n s *(öffnet die Mitteltür, man sieht in ein erleuchtetes, elegantes Spielzimmer).* Bitte – entrez messieurs!

M a g n u s *(vergnügt).* Danke! Danke! Nach Ihnen! Ach so! Sie spielen nicht Skat, schöne Frau! Ne, ne! Alle Frauen müssen Skat lernen – das jehört zur notwendigsten – Emanzipation – nich wahr – hab ich nich – *(Er geht schwatzend und lachend voraus. Selig folgt ihm, hinter diesem Arthur. Letzterer schließt die Tür.)*

S c h l ö s s e r *(mit vertraulicher Verbeugung zu Frau Doergens).* Darf ich vielleicht der Dame Gesellschaft leisten?

F r a u D o e r g e n s. So angenehm das auch wäre – ich muß Sie doch bitten, den Herren zu folgen, lieber Herr Schlösser. Ich muß noch für unseren Ankömmling sorgen.

S c h l ö s s e r. Ah ßo – der Herr Doktor! Frei mich sehr auf ihn! Der Herr Doktor hat natirlich greßre Rechte. *(Er wirft ihr einen Blick zu, den sie halb auffängt, halb zurückweist – ab ins Spielzimmer.)*

F r a u D o e r g e n s *(wendet sich zu Doergens, der der kleinen Szene mit Schlösser äußerlich unbefangen und doch von innerem Groll verzehrt zugesehen, kurz und schroff).* Du, gib mir Geld.

D o e r g e n s *(kleinlaut).* Sind die zwanzig alle?

F r a u D o e r g e n s. Wenn ich was haben will, werden sie wohl alle sein. Ich bitte aber schnell – das Mädchen hat ausgelegt.

Doergens. Caroline?

Frau Doergens. Nein. Anna.

Doergens *(in plötzlicher Raserei)*. Das Mensch soll nich auslegen!! Will ich nich haben!!!

Frau Doergens *(sieht ihn an mit vernichtender Kälte)*. Wieso? –

Doergens *(weicht langsam zurück)*. Tu mir doch'n einzigen Gefallen, Amalie, und laß die Dienstboten nich soviel auslegen. Sag mir's doch rechtzeitig. Das gibt doch bloß unnötigen Klatsch.

Frau Doergens. Danke für die Belehrung. Wenn du des Morgens kein Wirtschaftsgeld hinlegst, weggehst und den ganzen Tag über nicht zu finden bist, wo soll ich'n da was herkriegen? He? Vielleicht von Arthur?

Doergens. Arthur. Der wird was haben. Ich sage dir, der Junge kostet mich ein Geld – ich sage dir –

Frau Doergens. Weiß schon. Weiß schon. Was du ihm schon gibst.

Doergens *(in langsam steigender, verhaltener Wut)*. Wieviel wird denn gebraucht?

Frau Doergens. Zwanzig. Borchardt muß ich auch bezahlen.

Doergens. Zwanzig. Hm. Vierzig an einem Tag. Hm. Das ist ...

Frau Doergens *(scharf)*. Wie?

Doergens *(zieht sein Portemonnaie, öffnet es mit zitternden Händen)*. Hier sind – vierzehn – sechzehn – siebzehn – achtzehn – *(hält inne)* achtzehn. Da.

Frau Doergens. Ich sagte zwanzig.

Doergens. Ja liebe Amalie – ich habe faktisch nich mehr bei mir – hier sind noch zwei Mark – ich muß doch auch noch was zum Spielen haben – ich kann ja sonst in die allergrößte –

Frau Doergens *(nimmt hastig das Geld, verächtlich)*. Na! Zustand! –

Doergens *(geht ihr nach)*. Ich kann doch nich mehr tun,

als 'n janzen Tag – unterwegs – ich bin nich mehr –
so jung – ich – das Geschäft is auch nich – berühmt –
man muß froh sein – – ja wenn ich mir wenigstens
noch 'n Hausknecht hielte – aber man spart doch, wo man
kann –

F r a u  D o e r g e n s. Na beruhige dich – ich auch! Ich
auch!

D o e r g e n s. Wenn nur die vielen Gesellschaften nich wären. Jeden Abend. Das is ja gar nich zu erschwingen. Gott,
ich bin ja auch für Gesellichkeit. Wenn man so einmal in
der Woche – jemütlich –

F r a u  D o e r g e n s. Ja, du mußt schon entschuldigen –
ich will jetzt dem Mädchen Bescheid sagen. *(Wendet sich
nach links.)*

D o e r g e n s *(geht ihr nach, plötzlich in seltsam veränder-
tem Ton).* Es muß unbedingt – eine Änderung eintreten ...
unbedingt eine Änderung – eintreten.

F r a u  D o e r g e n s *(bleibt stehen).*

D o e r g e n s *(heiser).* Denn – so geht's nich weiter. Du hast
ja keine Ahnung ... Ich schlaf ja keine Nacht ... Keine
Nacht ... Die Sorgen ... Das frißt einen ja auf. Ihr – ihr
seid so leichtlebig, so – du und Arthur ... Ludwigs Studium mußte gemacht werden – das *mußte* – –

F r a u  D o e r g e n s. Ja natürlich – alles, was *mich* nicht
anbetrifft – da ist nichts zu reden, das muß sein.

D o e r g e n s. Dich nich anbetrifft? Dein Junge? ... Ich
habe wenigstens das Gefühl – was mein Kind betrifft,
geht auch mich an.

F r a u  D o e r g e n s. Und bei mir ist das natürlich nicht
der Fall! –

D o e r g e n s *(in heißer Bewegung).* Du – – du solltest mehr
bei Trudchen sein ... mehr für Trudchen sorgen ...

F r a u  D o e r g e n s *(mit schneidender Stimme).* Kein
Wort mehr!!

D o e r g e n s *(dicht vor ihr).* Kein Wort? ... Das arme
Kind? ... Du willst dahinleben ... im Taumel ... in –

alles ... und hast ein Kind, das langsam – zerfällt – vor
deinen Augen – zer ...

F r a u   D o e r g e n s  *(furchtbar)*. Wem sagst du das?!!

*(Tote Pause.)*

D o e r g e n s  *(weicht wieder langsam zurück)*. Es muß ...
eine Änderung eintreten ...

F r a u   D o e r g e n s  *(geht ab)*.

D o e r g e n s  *(in demselben Gedankengang, ohne zu bemerken, daß sie sich entfernt hat)*. Wenn Ludwig kommt
... vielleicht ... *(Pause.)*

C a r o l i n e  *(erscheint in der Tür rechts, ruft leise)*. Herr
Doerjens –

D o e r g e n s. Was –?

C a r o l i n e. Trudchen will Nacht machen.

D o e r g e n s.  Ja ... jawohl. Gleich. *(Er schleicht in das
Zimmer rechts. Kurz darauf hört man ihn dort mit über-
sprudelnder Zärtlichkeit sprechen.)* Na Gutennachtchen,
mein Herzchen ... schlaf wohl ... so ... ich wer' dir de
Hand über die Decke ziehen – so, mein Lebenchen ...
schlaf wohl. *(Pause. Die rechte Ecktür wird geöffnet.)*

A n n a  *(tritt herein, zurücksprechend)*. Na das wird aber
eine Überraschung sein, Herr Doktor – bitte, treten Sie
ein – hier bitte – Sie wissen wohl gar nicht mehr Bescheid?

L u d w i g   D o e r g e n s  *(tritt ein. Er ist vierundzwanzig
Jahre alt. Mittelgroß. Vollfrisches Gesicht. Blond und
kleiner Bartflaum an Mund und Kinn. Er trägt einen
grauen Reisemantel, bleibt in lebhafter Bewegung stehen)*.

A n n a. Ihr Gepäck habe ich draußen hingestellt, Herr Doktor. Es kommt nichts weg.

L u d w i g. Ich danke sehr ... ich ...

A n n a. Legen Sie doch bitte den Mantel ab – *(Sie will ihm
den Überrock aufknöpfen.)*

L u d w i g  *(leicht zurückschreckend)*. Ne, danke – das mach
ich mir allein – danke. *(Er zieht den Mantel rasch aus
und gibt ihn ihr.)*

A n n a  *(lächelnd)*. Soll ich's nun den Herrschaften sagen?

L u d w i g. Ach ja – bitte – das wär' wohl das beste –

A n n a. Dann will ich die gnädige Frau gleich benachrichti-
gen. *(Ab.)*

L u d w i g *(ruft ihr nach)*. Und meinen Vater! *(Pause. Er
kommt vorsichtig nach vorn, bleibt beim Anblick vieler
Gegenstände stehen und betrachtet sie mit stiller Freude;
andere Dinge, namentlich Prunkstücke, mit unbefangener
Bewunderung.)*

D o e r g e n s *(kommt vorsichtig, auf den Spitzen gehend,
von rechts zurück, sagt ganz leise)*. Machen Se de Lampe
aus, Caroline. *(Er steht rechts und mißt Ludwig mit blö-
dem, licht-verwirrtem Blick.)* Noch 'n Gast ... freut mich
sehr ...

L u d w i g *(tief bewegt von seinem Anblick, geht, die Arme
öffnend, auf ihn zu)*. Papa –

D o e r g e n s. Junge!! *(Er schließt ihn ans Herz. Pause.
Leise und zärtlich.)* Aber Jungchen – Jungchen – es hat
doch gar nich geklingelt? –

L u d w i g. Ich traf das Mädchen auf der Treppe – die
brachte mich rein.

D o e r g e n s. Ne – Junge – ich glaube, du bist noch ge-
wachsen – – wahrhaftig – nu sag mal, was machste denn
eigentlich?

L u d w i g. Und du, Papa? Du siehst ganz gut aus.

D o e r g e n s *(halblaut)*. Meinst du?

L u d w i g. Nu, wir haben uns doch drei Jahre nich gesehen –!

D o e r g e n s. Drei Jahre? ... Is nich möglich! Ja, es sind
drei Jahre. Warum bist du auch in den Ferien nie nach
Hause gekommen?

L u d w i g *(lachend)*. Ach, meine Ferien hab ich gebraucht,
Papa! Köller hatte auch während der Ferien für mich zu
tun! Da gab's kein Nachhausereisen. Da mußte eben geschuftet werden!

D o e r g e n s. Junge, Junge – wenn du dir bloß nichts jetan
hast mit dem vielen Arbeiten –

L u d w i g  *(fröhlich)*. Wie du siehst, nein! Jetzt bin ich dicke durch!

D o e r g e n s  *(betrachtet ihn mit naiver Bewunderung)*. Ja – Examen hat er gemacht, Doktor is er geworden – Junge, 's is wirklich alles mögliche!

L u d w i g. Vor allen Dingen bringe ich eine Empfehlung von Köller mit – das ist was wert! Köller is ja 'n reizender Kerl!

D o e r g e n s. Ja nich wahr? Wir sind dem Mann auch so verpflichtet!

L u d w i g. Und nu von mir abgesehen – was macht Mama?

D o e r g e n s. Danke, danke – alles in Ordnung.

L u d w i g. Und Arthur? Der neue Kaufmann? Sein Einjähriges hat er also glücklich gekriegt?

D o e r g e n s. Ja, das hat er bekommen.

L u d w i g. Na nu hat er's weg! Was lange währt, wird gut. – Und unser junges Huhn, unser Goldchen, Trudchen – was macht das Kind?

D o e r g e n s. Gott – ich danke dir, mein Junge. Mit Trudchen is es leider sehr traurig –

L u d w i g  *(herabgestimmt)*. So. Hm. Aus Mamas Briefen entnahm ich das nicht.

D o e r g e n s. Nu ja – Mama.

L u d w i g. Wie?

D o e r g e n s. Ich meine – Mama wird dir das wohl nicht alles so haben schreiben wollen – ich ja auch nicht, siehst du –

L u d w i g. Aber um Gottes willen ... Papa .. was ist denn?

D o e r g e n s  *(ganz leise)*. Für immer gelähmt.

L u d w i g  *(senkt den Kopf)*. Oh ... mein armes Trudchen. *(Pause.)* Macht Magnus gar keine Hoffnung?

D o e r g e n s. Ach Magnus. Der versteht ja nichts. Aber Leyden, Gerhardt, Rose, Senator – alle sind se gekommen – Hunderte haben se gekriegt – tun konnten se nichts.

L u d w i g  *(geht auf und ab, halblaut)*. Kinder – ist das schrecklich, ist das schrecklich. *(Pause.)* Wie trägt sie's denn?

D o e r g e n s. Ach Gott, wir haben sie ja natürlich noch nich so aufgeklärt. Weißt du, Ludwig, wenn einer keine Kraft hat, sich zu bewegen, dann wird er wohl auch keine Sehnsucht danach haben.

L u d w i g. Ja, ja.

D o e r g e n s. Aber was das für mich heißt – man hat getan, was möglich war – alles – man hat gearbeitet und arbeitet noch – für etwas, was man liebt, was lebt – und doch tot ist . . . Junge . . .!

L u d w i g *(erschüttert)*. Papa.

*(Pause.)*

F r a u  D o e r g e n s *(heiter von links)*. Nun, Herr Doktor?

L u d w i g *(wendet sich)*. Ach . . . liebe Mama! *(Er küßt sie in tiefer Ergriffenheit.)*

F r a u  D o e r g e n s. Herrgott, bist du feierlich.

L u d w i g. Feierlich? – Ja, Mama. Mir ist so.

F r a u  D o e r g e n s. So sind wohl die Doktoren alle?

L u d w i g *(blickt ihr ins Gesicht)*. Du bist heiter . . . Das freut mich. Ich freue mich überhaupt, daß ihr wohl seid. Arthur doch auch. Papa sagte mir nur eben von Trudchen – das tut mir so leid.

F r a u  D o e r g e n s *(leise zu Doergens)*. Mußtest du das gleich anbringen?

D o e r g e n s. Laß mich.

*(Etwas verlegene Pause.)*

L u d w i g. Und – wie geht's sonst? Mit wem verkehrt ihr denn? Ich bin ja jetzt ganz raus.

D o e r g e n s. Oh – nette Leute. Ganz nette Leute.

L u d w i g *(zeigt nach dem Spielzimmer)*. Sind da welche drin?

D o e r g e n s. Ja – 'n paar Freunde – spielen Skat. *(Er blickt verlegen vor sich hin.)*

F r a u  D o e r g e n s. Nun setz dich aber erst 'n bißchen, Ludwig – hast du gute Fahrt gehabt?

L u d w i g. Danke –

D o e r g e n s. Ja eben! Der arme Junge wird ganz kaputt sein – 'n ganzen Tag über gefahren –

L u d w i g. O nein, Papa – ich bin ganz frisch. Die Fahrt war gar nicht so schlimm. Ich dachte an euch –

D o e r g e n s *(ergreift seine Hand).* Ach ja.

L u d w i g. Das war überhaupt so komisch – so . . . Ihr wißt gar nicht – die ganze Zeit über war ich ja bei meinen Büchern – da hatt' ich keine Zeit, Heimweh zu kriegen – aber dann, wie's auf einmal hieß: jetzt bist du fertig, jetzt fährst du nach Haus – ich sage euch – da konnte mir kein Schnellzug schnell genug fahren!

D o e r g e n s *(warm).* Ach was.

L u d w i g. Ja wirklich, Papa – es ist eine ganz verdammte Geschichte, so drei Jahre woanders. Darum war mir eben der Gedanke so groß, so – wunderbar: Zu Hause! – Ich sehnte mich von Herzen danach und hatte nun beinahe Angst davor. Dann aber zwei Stationen von Berlin – da kam wieder die liebe Eitelkeit in mir auf. Du kommst doch als Doktor, man wird dich bewundern zu Haus . . . Zu kindisch – was? Na, da wurde ich wieder mobil.

D o e r g e n s *(mit erzwungener Heiterkeit).* Ja, nu biste wieder hier. Ja.

*(Pause.)*

L u d w i g. Ich wollte dich nur noch fragen – Du hattest mir doch geschrieben, Papa, ich sollte erst Montag kommen. Und dann bekam ich gestern von Mama einen Brief – per Eilboten – ich sollte heute schon nach Berlin fahren.

F r a u D o e r g e n s. Mir lag daran, daß du noch in dieser Woche kommst.

D o e r g e n s *(sanft).* Warum eigentlich, Amalie?

F r a u D o e r g e n s *(schroff).* Das werde ich dir später erklären. – Hast du nun alle Examen hinter dir, Ludwig?

L u d w i g. Ja. Ich muß allerdings noch viel lernen – kannst du dir ja denken, Mama –

F r a u D o e r g e n s. Lernen muß ein Arzt immer.

L u d w i g. Ja ... nun ich meine speziell ... Der Geheimrat
Köller in Straßburg hat sich doch für mich interessiert;
wie ich mich bei ihm verabschiedete, gab er mir noch so als
letzten Freundschaftsbeweis eine Empfehlung an Professor von Bergmann mit – das kann von kolossalem Nutzen
für mich sein.

D o e r g e n s. Kolossal!

F r a u D o e r g e n s. Ja – inwiefern denn?

L u d w i g. Nun, ich werde doch wahrscheinlich ein Jahr in
seiner Klinik arbeiten können. Was meinst du, was man
da noch praktisch lernt! Honorar könnte ich ja allerdings
noch nicht beanspruchen ...

F r a u D o e r g e n s. So. Ja hör mal. Das ist ja alles recht
gut und recht schön – aber dein Studium hat lange ge-
dauert und hat viel Geld gekostet.

D o e r g e n s *(geht peinlich berührt nach rechts).*

L u d w i g *(ruhig).* Billiger konnt' ich's nicht machen, Mama.
Du wolltest doch selbst, daß ich in eine Verbindung eintreten sollte.

F r a u D o e r g e n s. Nun ja, ja – ich mach dir ja auch
keine Vorwürfe. Ich meine nur, wie jetzt die Verhältnisse
liegen, wie die Zeit ist – man müßte zunächst darauf
sehen, was zu verdienen.

L u d w i g. Das will ich ja auch. Gewiß, Mama. Wenn ich
mit meinem Studium fertig bin.

F r a u D o e r g e n s. Du *bist* doch fertig.

L u d w i g. Äußerlich ja. Aber wenn du wüßtest – – Sieh
mal, ich will eben kein Stümper sein, Mama. Ich habe viel
vor – ich will – ich muß eben lernen! –

F r a u D o e r g e n s. Daran hindert dich doch aber niemand. Das kannst du ja auch, wenn du Arzt bist.

L u d w i g *(steht auf).* Was –? Du meinst – ich soll jetzt
schon praktizieren?

F r a u D o e r g e n s. Was verdienen sollst du. Arzt bist
du jetzt, Empfehlungen hast du – nun laß dich hier nieder
und bring dir was ein!

L u d w i g. Aber ich kann ja nichts! ... Wahrhaftig, Mama,
ich kann noch nichts!

F r a u  D o e r g e n s. Das wäre traurig.

L u d w i g. Wir verstehen uns nicht, Mama ...

*(Pause.)*

D o e r g e n s *(losbrechend)*. Das is auch nich zum Aushal-
ten! Quäl doch den Jungen nich schon, kaum, daß er zu
Hause is! Is es denn nich möglich, hier im Hause Frieden
zu haben! Is es denn nich möglich!!

L u d w i g. Aber Papa, bleib doch ruhig.

F r a u  D o e r g e n s *(höhnisch)*. Ja, nun fängt die Komödie an! Schau nur auf deinen Vater. Bildet ihr nur eine
Partei gegen mich – ihr beide! Ich störe euch nicht!

L u d w i g. Wie kannst du nur so bitter sein, Mama. Wir
können doch ganz ruhig miteinander reden. Was verlangst
du denn von mir?

F r a u  D o e r g e n s. Verlangen? Ich? Bin ich immer der
Sündenbock?! Da! Frag deinen Vater! Ich wer' mich hüten! Dir Vorschriften machen! Frag deinen Vater!

L u d w i g. Aber was denn? Mit dir ist nicht zu reden,
Mama –

D o e r g e n s. Ja, lieber Ludwig – mit mir auch nich!! *(Er
wendet sich in heftigster Erregung ab.)*

L u d w i g *(tritt langsam nach vorn. Eine unendliche Weh-
mut steigt in ihm auf. Er schaut abwechselnd, gleichsam
bittend, Hülfe suchend auf Vater und Mutter)*. Wahrhaftig ... das Wiedersehen hatte ich mir anders ausge-
malt ... ganz anders ... Dazu habe ich nu gearbeitet,
geschuftet ... die Ferien durch ... für mein Studium ...
habe alles in der kürzesten, in der denkbar kürzesten Zeit
durchgesetzt ... und dann finde ich euch so – ich weiß
nicht – so zurückweisend ...

D o e r g e n s *(sich vergessend)*. Mich?!

L u d w i g *(warm)*. Nein, Papa – du – das konnte ich mir
ja auch nicht denken – daß du gar kein Verständnis dafür
hast. Aber wie ich ankam auf dem Bahnhof – und kein

Mensch da, der mich erwartet – wahrhaftig, ich glaubte, ihr hättet mir was verheimlicht, es ist was passiert, was ich nicht wissen sollte –

D o e r g e n s. Aber lieber Junge, ich wußte ja nicht, daß du kommst. Mich hat ja kein Mensch benachrichtigt ... Ich war ja den ganzen Tag im Schneesturm auf der Straße ... ich – *(furchtbar ausbrechend)* ich bin ja 'n Hund!!!

L u d w i g *(bleibt stehen, sieht abwechselnd auf seine Eltern. Pause).*

F r a u D o e r g e n s *(kurz, mit schneidender Stimme).* Na ich sehe, ihr seid jetzt im rechten Fahrwasser. Hör nur deinem Vater zu, mein Junge, und bilde dir dann ein Urteil über deine Mutter! *(Sie will gehen.)*

L u d w i g *(tritt plötzlich und schnell an sie heran).* Nein, bleib hier, Mama ... ich bitte dich ... so kann's nicht bleiben. Ich bin älter geworden, Mama – umspringen lasse ich nicht mit mir! Sag mir, was du gegen mich hast: Ich habe dir nie was getan!

F r a u D o e r g e n s. Aber warum so tragisch? Ich habe nichts gegen dich. Weshalb auch? Du bist fleißig gewesen, du verstehst dein Fach – was soll ich denn gegen dich haben?

L u d w i g *(mit zitternder Stimme).* Wenn du es übers Herz bringen konntest, mich nach so langer Zeit, nach solcher Zeit – mich so zu empfangen –!!

F r a u D o e r g e n s. Nun, da siehst du wenigstens gleich, wie die Dinge bei uns stehen. Mein ›Empfang‹, wie du's nennst, war die Wahrheit! Was willst du denn mehr? Das hast du mir zu verdanken! Da! Frag deinen Vater! *(Sie geht ab.)*

*(Pause.)*

L u d w i g *(mit starrem Blick).* Papa – – kannst du mir erklären –

D o e r g e n s *(der seiner Frau mit haßsprühenden Augen nachgesehen, wendet sich zu ihm, packt mit heißem Griff seine Hand).*

L u d w i g *(erschrocken)*. Papa –!

D o e r g e n s *(mit mühsam ringender Stimme)*. Daß du kamst, war gut. Das war gut! Sie hat recht daran getan, daß sie dir schrieb, du solltest heut schon kommen. Noch einen Tag, eine Stunde länger – nein! Dann wär' es vorbei gewesen.

L u d w i g. Vor–bei? Was?

D o e r g e n s. Unser Leben hier – du hast keine Ahnung... mein armer Junge, es tut mir so leid – kaum bist du zurück, da kommt schon der ganze Ernst, der ganze Fluch schon über dich...

L u d w i g. Ist es was Geschäftliches?! Was im Geschäft?!

D o e r g e n s. Nein – ja, das auch – überhaupt ... wir leben in einem Sumpf ... ich kann's ja nich mehr aufbringen, was gebraucht wird – schon lange nich mehr – und da geht's denn immer tiefer, immer tiefer ... Rauskommen kann ich nich mehr ... immer geben ... den ganzen Tag lauf ich rum ... wie'n Hund ... bezähme mir nich das Geld zur Pferdebahn ... um was zu verdienen ... und abends ... wenn ich 'n paar Groschen habe ... dann muß ich abliefern ... wie'n Betteljunge ... Dann muß ich liebenswürdig sein mit den Schmarotzern, die sie sich einladet ... dann muß ich müde wie'n Hund die Nächte durchsitzen ... und komm ich ins Bett ... dann hält mich die Sorge wach ... bis ich wieder raus muß ... raus in die Kälte ... am frühen Morgen. Das sind unsere Verhältnisse! Das sollte ich dir sagen! Das!

L u d w i g. Aber um Gottes willen, Papa – ich kenne dich doch ... du weißt doch, was du willst – warum trittst du denn nicht auf – du bist doch Herr im Hause – du brauchst doch nur zu befehlen!

D o e r g e n s. Ach, das is ja das Gräßliche. Das weiß ich ja, daß du die Achtung vor mir verlieren mußt. Das weiß ich ja. Ich habe ja alles aufgegeben – alles.

L u d w i g *(schlägt die Hände vor die Stirn)*. Mein Gott.

D o e r g e n s. Früher – wie du fortgingst auf die Universität – da war's anders. Da hatte ich wenigstens zwei Sachen, wofür ich arbeiten konnte. Du und Trudchen. Trudchen war damals noch ziemlich gesund, konnte sich noch regen, mir noch entgegenlaufen, wenn ich aus'm Geschäft kam ... auf Arthur habe ich ja nie gerechnet – der is ja anders – der is wie die Mutter ... aber wie es nachher so schrecklich wurde mit Trudchen, so ganz schrecklich ...

L u d w i g. Das durfte dich doch aber nicht so niederdrücken, Papa!

D o e r g e n s. Mein guter Junge ... niederdrücken ... du sprichst, wie du's verstehst. Es war immerhin ein fürchterliches Unglück. Solch schönes Kind und so – vernichtet. Aber ein Vater muß darüber weg – du hast ganz recht. So lange solch armes Wesen lebt, hat er dafür zu arbeiten. Ich tat's ja auch ... ich tu's ja täglich ... bis ich nich mehr weiter kann. Aber ich hätte den Mut nich verloren, Ludwig – wenn ich Beistand gehabt hätte, irgendwelchen Beistand. Aber wie ich das Kind dahinsiechen sah ... wie mich der Schmerz so durchzuckte, daß ich alles außer mir vergaß – und wie ich deine Mutter von der Stunde an, wo die Ärzte die Hoffnung aufgaben, sich abwenden sah von dem unglücklichen Kind, abwenden, als wenn es nicht ihr Kind wäre ...

L u d w i g. Das ist nicht möglich!!

D o e r g e n s. Doch, Ludwig, doch. Ich hab's erlebt. Du willst Arzt werden – lerne daraus, daß so etwas möglich ist. Kein Blick für die Sehnsucht, für das Gefühl des Kindes, kein Verständnis für seine Schmerzen ... nur verletzt, beleidigt in ihrer Eitelkeit – so war deine Mutter.

L u d w i g *(tonlos)*. Eitelkeit?

D o e r g e n s. Eitelkeit. Daß sie solch ein Kind hatte, daß dies Kind ihre Tochter ist, ihre einzige Tochter – deshalb wollte sie es überhaupt nicht mehr kennen.

L u d w i g. Du bist zu bitter, Papa ...

D o e r g e n s. Bitter?! Nein, ich irre mich nicht ... Das is ein fürchterlicher Charakter! ... *Eitel* ... Damit ist sie erschöpft. – Wir haben ein gutes, treues Mädchen, die Caroline – ich sage dir, die Fremde hat zehnmal mehr Herz gezeigt als die eigene Mutter. Wenn die Anfälle bei Trudchen kamen – dann hat mich Caroline gerufen – dann saß ich bis zum Morgen an des Kindes Bett – bei mir wurde sie ruhig. *(Pause.)* Ludwig, ich würde mich ja nicht beklagen – ich würde dir ja das alles ersparen – es ist auch unrecht, daß ich's nich tue. Aber daß du ein falsches Bild von mir bekommst – das kann ich nich auch noch dulden. Ich bin verbraucht, ich bin nichts wert, ich habe meine Macht hingegeben – aber du weißt jetzt auch, warum.

L u d w i g *(nähert sich ihm, mit Herzlichkeit).* Du sagtest aber vorhin, du hättest *zwei* Dinge gehabt, woran du dich klammern konntest: Trudchen und mich. Trudchen hast du nicht verloren, denn du liebst sie ja. Und ich? –

D o e r g e n s *(ergreift seine Hand).* Nein, mein teurer Junge – verloren hab ich dich auch nicht. Du glaubst, es hat hier in deiner Familie niemand Verständnis dafür, was du getan, was du erreicht, was du für ein Streben hast. Sei überzeugt, Ludwig – *ich* weiß das alles zu schätzen.

L u d w i g *(läßt die Hand in der seinigen, wendet sich ab und sagt mit zitternder Stimme).* Freut dich das nicht? –

D o e r g e n s *(ausbrechend).* Junge ... es is ja mein Stolz!! – – *(Pause.)* Du willst mehr als ein Dutzend-Arzt werden ... Du willst was tun für deine Wissenschaft. Das weiß ich ja alles.

L u d w i g *(wie oben).* Freut's dich nicht? – –

D o e r g e n s. Aber ich weiß auch, daß ich nichts tun kann, nichts, um dir bei deinen Plänen zu helfen. Ich habe Verständnis dafür, daß du noch lernen mußt, daß das Verdienst noch nicht die Hauptsache für dich is. Aber ich selbst muß dich zwingen, um Geld zu arbeiten. Ich selbst.

L u d w i g. Du? Warum?

D o e r g e n s. Weil ich unsern Haushalt nicht länger bestreiten kann. Deine Mutter geht von keinem ihrer Genüsse ab – unter keiner Bedingung. Sie übt solchen Zwang auf mich aus ... du glaubst das gar nich. *(Ludwig läßt seine Hand los. – Pause.)* Übermorgen ist der Erste – sie wollte dich noch vorm Ersten in Berlin haben. Darum schrieb sie dir. Was für die Miete fehlt, sollen deine Ersparnisse decken –

L u d w i g. Aber das ist doch ganz selbstverständlich.

D o e r g e n s *(wild)*. Junge, Junge – sei nich so gut – das is hier nich angebracht – mit den Ersparnissen begnügt sie sich nich – du sollst deine Empfehlung bei Bergmann fallenlassen, bei uns wohnen, und damit du ein Drittel von der Miete bezahlen kannst, sollst du bei Magnus Assistenzarzt werden. Der alte, faule Ignorant mit seiner kleinen Praxis!

*(Pause.)*

L u d w i g. Und du meinst, Papa – es geht nicht anders, wenn wir weiter so leben wollen?

D o e r g e n s *(senkt den Blick)*. Nein ... es geht nich anders.

L u d w i g. Hm. – *(Nach einer Pause.)* Ich werde beides tun.

D o e r g e n s. Was?

L u d w i g. Ich werde für Bergmann schriftlich arbeiten und außerdem Assistenzarzt sein.

D o e r g e n s. Das kannst du nich –!

L u d w i g *(mit trübem Lächeln)*. Kann ich nicht? Du weißt noch nicht, was ich kann, Papa.

D o e r g e n s. Und du meinst, ich werde das annehmen? Solch Opfer? Daß du dich krank machst? Für was denn? Für das Haus hier? Für unser Leben? Unser Leben! Du hast 'ne Ahnung!!

L u d w i g. Unser Leben muß anders werden. Und es wird anders werden. Wo sollte das sonst hinaus? Vertrau mir nur, Papa – du bist alt – – *ich* werde für eine Änderung sorgen.

**Doergens** *(mit stierem Blick).* Das sagte ich mir auch mal ... das hatte mich auch immer aufgerichtet ... aber jetzt – – jetzt nich mehr ... und hier – bei uns – da willst du deine Kraft verlieren – deine frische, junge Kraft ... da willst du ebenso zerfallen wie Trudchen ... wie ich ... Ludwig!!! *(Er packt in Verzweiflung seine Hand.)*

**Ludwig** *(leichenblaß).* Nie war mir meine Aufgabe so klar wie grade jetzt.

**Doergens** *(in toller Erregung stammelnd).* Ludwig – tu's nich, Ludwig – es is hier nichts für dich – glaube mir – es wär' ja alles gut – wenn hier 'n Halt wäre – aber es is hier kein Halt. Ludwig – – wie Trudchen daliegen ist fürchterlich!! – es kommt auch schon über mich – aber du sollst raus – du sollst was werden – du mußt!!

**Ludwig.** Zunächst bin ich euer Sohn – nicht wahr?
*(Tiefe Pause.)*

**Ludwig.** Ich möchte Trudchen gern sehen. Schläft sie?

**Doergens** *(fährt sich über die Stirn).* Ja – sie schläft.

**Ludwig.** Können wir vorsichtig reingehen?

**Doergens.** Komm. *(Er öffnet lautlos die Tür rechts – geht auf den Spitzen voran – Ludwig folgt ihm.)*

*(Pause. – Aus dem Spielzimmer lautes Geräusch, Stimmengewirr: »As hätten Se spielen müssen! Sie können nich spielen!« »As lag. Ich weiß, was ich tue!« »Lächerlich!« – Der Lärm verstummt wieder. Die Tür des Spielzimmers wird vorsichtig geöffnet, Arthur kommt herein.)*

**Arthur** *(geht leise nach der Tür links, ruft halblaut).* Mama!

**Frau Doergens** *(erscheint links).* Was?

**Arthur.** Ludwig is wohl gekommen?

**Frau Doergens.** Ja.

**Arthur.** Hättst mich doch rufen sollen.

**Frau Doergens.** Ach was.

**Arthur.** Wo sind se denn?

**Frau Doergens.** Wahrscheinlich drin. *(Zeigt nach rechts.)*

A r t h u r. Natürlich.

*(Pause.)*

*(Doergens und Ludwig kommen leise von rechts zurück.)*

L u d w i g *(ergriffen)*. Es ist doch ein schönes Kind!

D o e r g e n s. Nicht wahr?

L u d w i g. Wie schade. – – *(Er erblickt Arthur.)* Nun, Arthur? Bist du auch da? Wie geht's dir denn?

A r t h u r *(gibt ihm die Hand)*. Danke dir! Und du? Na du siehst ja riesig schneidig aus mit deinem Schmiß. Doktor biste auch geworden – gratuliere nachträglich.

L u d w i g. Danke. Du bist jetzt im Geschäft – fühlst du dich zufrieden in deiner Stellung?

A r t h u r *(gähnt, lachend)*. Oh – ganz gut. Wenn die Börse man ooch zufrieden wäre.

L u d w i g. Hast du auch mit der Börse zu tun?

A r t h u r *(arrogant)*. Nu natürlich – nur.

*(Pause.)*

L u d w i g *(wendet sich zu Frau Doergens)*. Mama, eh' unsre Gäste wieder reinkommen, möchte ich dir den Entschluß mitteilen, den ich gefaßt habe.

A r t h u r. Entschluß? Bitte. *(Streckt sich aufs Chaiselongue aus.)*

L u d w i g *(sieht ihn an)*. Ich spreche mit Mama. – Hörst du, Mama?

F r a u D o e r g e n s. Bitte.

L u d w i g. Papa hat mir erzählt, wie unser Geschäft ist und wie unsre Verhältnisse liegen und daß er es allein so nicht weiter durchsetzen kann bei unserm Gebrauch. Wenn ich für meine Person auch andere Pläne für die Zukunft hatte, seh ich doch ein, daß ich zu unserem Unterhalt beitragen muß. Ich will also die Assistenzstelle bei Magnus übernehmen und bei Bergmann nur schriftlich arbeiten –

F r a u D o e r g e n s. Wird das honoriert?

D o e r g e n s *(tritt ihr näher)*.

L u d w i g. Das – weiß ich nicht. Ich glaube nicht. Aber du hörst ja, ich will auch die Assistenz annehmen –

**A r t h u r.** Und dann willste dich noch außerdem mit unnötigen Arbeiten schwächen, Mensch?

**L u d w i g.** Ich bitte dich, Arthur ... misch dich hier nicht
ein – das vertrage ich nicht. – Du siehst, Mama, ich gehe
auf alles ein, was ihr von mir wollt.

**F r a u   D o e r g e n s.** Gut.

**L u d w i g.** Aber ich habe eine Gegenforderung.

**F r a u   D o e r g e n s.** Die wäre?

**L u d w i g.** Ich sehe, was bei dem jetzigen Leben aus uns
geworden ist. Papa ist so furchtbar verändert – ich kann
es gar nicht sagen. Und ihr beide, du, Mama, und Arthur
– ihr seid auch ganz anders, als ich euch in der Erinnerung
hatte.

**A r t h u r** *(streckt die Beine von sich)*. Ach?

**L u d w i g** *(wirft ihm einen starren Blick zu, wendet sich
dann wieder zu seiner Mutter)*. Mit Trudchen ... das ist
ein so furchtbares Unglück – aber – ich will davon still
sein – das muß ertragen werden –

**F r a u   D o e r g e n s.** Komm nun bitte zu deiner Forderung.

**L u d w i g** *(nach einer Pause)*. Muß ich dir die erst nennen,
Mama?

**F r a u   D o e r g e n s** *(wechselt einen lachenden Blick mit
Arthur)*. Ja hör mal – Gedanken lesen kann ich nicht!

**L u d w i g** *(wieder mit einem kurzen Blick auf den Bruder)*.
Eigentlich ist es gegen mein Gefühl ... aber da wir uns
überhaupt nicht so leicht zu verstehen scheinen, will ich
dir sagen, was ich will. Ich will, daß dies – Vegetieren
aufhört, ich will, daß wir füreinander, nicht für den Ge-
nuß leben!

**A r t h u r** *(zwischen den Zähnen)*. Bravo.

**F r a u   D o e r g e n s** *(ironisch)*. Du willst viel.

**L u d w i g** *(zusammenzuckend)*. ... Ich denke nicht. Im
Vergleich zu dem, was ich dafür biete ... Ich gebe ja alles,
was ich habe. Meine ganze Kraft. Und verlangen tu ich
dagegen nur, daß ein geordnetes, zufriedenes Familien-

leben anfängt. Aufgeben sollst du nichts, Mama – du sollst
nur gewinnen. Glaubst du mir das?

Frau Doergens *(immer mit ironischen Blicken zu
Arthur hin).* Hm. Und wie malst du dir dies – geordnete
Familienleben aus?

Arthur *(unterdrückt einen Hustenanfall).*

Ludwig. Billig leben, für uns leben, keine großen Gesellschaften die Nächte durch mit gleichgültigen Menschen.

Frau Doergens. Du würdest also jedweden Umgang
verbieten?

Ludwig. Zu verbieten habe ich gar nichts. Ich würde aber
ein oder zwei gute Freunde, mit denen man mal des
Abends zusammen ist, genug finden.

Frau Doergens *(leichthin).* Da würde uns aber die
Wahl schwerfallen. Nicht, Arthur?

Arthur *(nach der Decke blickend).* Ja, Mama. Schlösser
müßte schon bleiben.

Doergens *(fährt bei diesen Worten empor – er trampst
ein paar taumelnde Schritte auf Arthur zu, schlägt die
Hände vors Gesicht und bleibt in krampfhaftem Zittern
stehen).*

*(Frau Doergens steht unbeweglich, mit starrem Lächeln links.
Arthur hat sich, von der Wirkung seiner Worte erschrocken,
aufgesetzt.)*

Ludwig *(blickt in wachsendem Begreifen auf die drei).*
Schlösser –? Wer ist das –?

Arthur *(beherrscht sich nicht mehr, bricht in ein ersticken-
des Gelächter aus).*

Frau Doergens *(zwingt sich, da sie ihn so lachen sieht,
ebenfalls dazu).*

Ludwig *(kommt langsam näher).* Ihr lacht ... ich weiß
nicht ... ihr lacht ... *(Sich plötzlich auf Arthur stürzend.)*
Du lachst!!!

Arthur *(läuft nach links).*

Doergens *(eilt Ludwig nach, in seiner alten Ängstlich-
keit).* Scht – scht – um Gottes willen!

Frau Doergens *(tritt vor Arthur)*. Halt!

Ludwig *(bleibt stehen)*.

*(Die Tür zum Spielzimmer wird geöffnet – Schlösser, Magnus und Selig erscheinen auf der Schwelle. Magnus sieht mißtrauisch auf die Gruppe.)*

Schlösser *(drängt sich an ihm vorbei und eilt mit treuherzig ausgestreckten Händen auf Ludwig zu)*. Ah – da ihst er ja! Na griß Gott, mein Lieber! Is doch was andres – wieder zu Hause – was?

*Ende*

WILHELM WEIGAND

# Der Vater

Drama in einem Akt

PERSONEN

Der Reichsfreiherr Karl von
  Babenhausen
Marie, *die Freifrau*
Heinrich, *Bruder des Freiherrn*
Professor Dr. Pauly
Die Wärterin
Ein Diener

*Ort der Handlung: Das Haus des Freiherrn in einem Villen-
vorort.*
*Zeit: November.*

*Ein mittelgroßes, hohes Familienzimmer. – Die Einrichtung
von einfacher Vornehmheit. – Die hellen, gewobenen Tape-
ten aus dem Anfang des Jahrhunderts zeigen zartfarbige
Darstellungen von Papageien, Paradiesvögeln usw. – Der
Boden ist mit einem persischen Teppich belegt. – In der
nicht zu breiten Hinterwand rechts und links je eine Fenster-
türe, beide auf einen Balkon führend. – Dazwischen ein
hoher Wandspiegel mit hellem, unvergoldetem Rahmen. –
Davor ein Sofa, ein Tisch, auf dem eine niedere chinesische
Lampe brennt, und moderne Polstersessel. – Links von der
Lampe liegen einige Broschüren. – In der linken Seitenwand
eine Doppeltür. – Daneben ein zierlicher Schreibtisch mit
kleineren Kunstgegenständen, einigen Photographien in sil-
bernem Rahmen, Schreibmappe, Tintenzeug, Likörservice;
darüber an einer roten, seidenen Schnur ein Pastell, das
Porträt eines Kindes. – In der rechten Seitenwand, mehr
nach hinten zu, eine Türe, die in die Gemächer der Freifrau
führt. – In der Mitte ein Marmorkamin, in dem ein Feuer
brennt. – Auf der Marmorbrüstung steht eine tickende
Standuhr und Leuchter. – Über dem Kamin das Brustbild
eines Herrn in mittleren Jahren. – Um den Kamin sind
Plüschsessel gruppiert.
Es ist eine halbe Stunde nach Sonnenuntergang. – Dämme-
rige Beleuchtung. – Draußen regnerische November-Sturm-
nacht.
Der Freiherr, ein hochgewachsener, schon leicht gebeugter
Mann, anfangs der vierziger Jahre, geht, die Hände in den
Taschen, mit nervösen Schritten im Zimmer auf und ab. – Er
ist im dunklen Anzug. – Seine Kopfhaare sind vollständig
ergraut. – Schnurrbart und leichter Knebelbart schwarz. – Er
hat müde, verschlossene Augen und verschlossene Züge. –
Die Freifrau, eine zarte Erscheinung, kaum über mittelgroß,
anfangs der Zwanziger, steht am linken Türfenster und
schaut in die Sturmnacht hinaus. –*

F r e i f r a u *(horchend).* Der Sturm wird immer ärger.

F r e i h e r r *(abwesend).* Wie meinst du? – Ach so! – Wir bekommen heuer einen frühen Winter.

F r e i f r a u *(wendet sich und macht einige Schritte. – Der Sturm fährt plötzlich klirrend gegen die Fenster. – Erschrocken).* Hast du's gehört? Mir war es gerade, als ob jemand an die Scheiben geklopft hätte. Dreimal!

F r e i h e r r *(horcht einen Augenblick, dann müde).* Der Sturm!

F r e i f r a u *(geht langsam auf ihn zu).* Ich bin gehörig erschrocken. – Dieses Wetter macht mich noch ganz nervös. Und gerade *heute* muß es so stürmen!

F r e i h e r r. Das ärgste ist, daß man nicht schlafen kann!

F r e i f r a u *(hinter dem Freiherrn stehend, leise).* Karl, bist du mir bös?

F r e i h e r r *(ohne sie anzusehen).* Ich? – Warum?

F r e i f r a u. Oh, du weißt recht gut, warum. – Ich weiß wahrhaftig nicht, wie du mir manchmal vorkommst; – so abwesend, so – *(seufzt).* Ich hatte mich schon so gefreut; aber wenn ich mich auf etwas freue, dann wird gewiß nichts daraus. – So geht es mir immer!

F r e i h e r r *(macht eine geringschätzige Bewegung).*

F r e i f r a u *(gereizt).* Ja siehst du, Karl, dir sind das alles bekannte Dinge; aber ich kenne noch gar nichts vom Leben, rein gar nichts! Und wenn es auf dich ankäme – –

F r e i h e r r. Ins Theater kannst du auch ein andermal gehen!

F r e i f r a u *(setzt sich in einen Sessel vor dem Kamin).* Jawohl, ins Theater kann ich auch ein andermal gehen! Jawohl, ich weiß, daß wir auch jetzt noch draußen auf dem langweiligen Lande säßen, wenn es auf dich angekommen wäre.

F r e i h e r r. Du vergißt, daß *ich* es war, der diesmal unsere Übersiedelung nach der Stadt beschleunigte.

F r e i f r a u. Jawohl, Huberts wegen!

F r e i h e r r *(gereizt)*. Willst du mir *daraus* einen Vorwurf
machen?

F r e i f r a u. Durchaus nicht! – Was fehlt dir, Karl? Du
hast dich in der letzten Zeit auffallend verändert. Du bist
ein ganz anderer Mensch geworden seit – – ja, seit wir
Hubert haben. Oh, ich habe dich genau beobachtet! Bist
du krank? Diese häufigen Anfälle von Schwindel – –

F r e i h e r r *(in das Wort fallend)*. Unsinn! Jeder Mensch
ist einmal unwohl.

F r e i f r a u. Früher warst du der heiterste Mensch von der
Welt; die reinste Lebenslust und Lebensfreude. Und
jetzt – –

F r e i h e r r *(ärgerlich)*. Muß denn immer gelacht sein!

F r e i f r a u. Wer spricht denn von Lachen! Ach ja! Ich
habe allerdings schon lange nicht mehr gelacht. – Du solltest dich mehr zerstreuen, Karl! Du brütest zu viel über
allerlei Dingen, und das tut dir nicht gut! Auf dem Lande hast du oft halbe Tage kein Wort mit mir gesprochen. – *(Mit einem schwachen Lächeln.)* Und weißt du,
was mir meine Brüder oft erzählt haben? – Du sollst
ja früher ein – Ausbund von Tollheit gewesen sein. – Und
jetzt –!–

F r e i h e r r *(mühsam seine Gereiztheit unterdrückend)*.
Jetzt bin ich Familienvater!

F r e i f r a u. Ach ja, das bist du! –
*(Pause.)*

F r e i h e r r *(immer ohne sie anzusehen)*. Ich begreife überhaupt nicht, wie du ans Theater denken kannst, während
dein Kind zu Hause krank liegt! Und der Arzt –

F r e i f r a u *(rasch)*. Der kommt doch heute nicht mehr!

F r e i h e r r *(kurz)*. Der Professor kommt. Er hat es mir
sagen lassen.

F r e i f r a u. Hat er das? – Aber das abscheuliche Wetter
kann ihn ganz gut verhindert haben; – oder ein Patient –

F r e i h e r r. Professor Pauly läßt sich nicht durch schlechtes
Wetter abhalten; ich kenne ihn. Er hat Papa schon be-

handelt. Und ich wünsche, daß du dabei bist, wenn –. Ich
will endlich einmal klarsehen – *(bricht ab).*

F r e i f r a u. Aber unser Hausarzt sagt doch –

F r e i h e r r *(leicht ironisch).* Jawohl, unser Hausarzt
sagt –! Ich habe gar nichts gegen den guten Mann; absolut
nichts. – Er weiß einen seltenen Tropfen nach Gebühr zu
schätzen und ist auch sonst gar kein übler Gesellschafter.
Verdenke es ihm auch durchaus nicht. Halte es jedoch für
meine Pflicht, eine Autorität zu Rate zu ziehen. Ich will
sehen, ob meine Vermutungen richtig sind.

F r e i f r a u. Du hast Vermutungen?

F r e i h e r r. Ach was! Du machst dir deine Gedanken und
ich mir die meinen. *(Geht an den Seitentisch und schenkt
sich ein Glas Likör ein, das er rasch austrinkt; dann gießt
er ein zweites Glas voll, das er aber stehenläßt. Brummt
unverständlich und geht dann an die rechte Seitentüre und
horcht.)*

F r e i f r a u. Hubertchen schläft!

F r e i h e r r *(geht an das Fenster und blickt hinaus).*

F r e i f r a u. Mit dir weiß man nie, woran man ist! Hubert
geht es in der letzten Zeit wirklich viel besser. Die
Krämpfe werden immer seltener und manchmal hat er
einen Glanz in den Augen – einen Glanz – –! Und was
liegt denn daran, wenn er etwas später sprechen lernt!
Mama kennt ein paar Kinder, die erst mit vier Jahren
sprechen lernten – Hm! die Baronin wird es mir recht
übelnehmen, wenn ich mein Versprechen nicht halte. – Ich
hatte ihr bestimmt versprochen – –

F r e i h e r r. Du mein Gott! Die Baronin wird ein Ein-
sehen haben. Der alte Drache wird überhaupt recht langweilig. Du bist zunächst Mutter. Und nun wäre es mir
wirklich lieb, wenn wir das Thema fallenließen. *(Geht im
Zimmer auf und ab.)*

*(Pause.)*

F r e i f r a u. Karl!

F r e i h e r r *(aus schwerem Sinnen).* Wie meinst du?

F r e i f r a u. Du hältst mich gewiß für herzlos?

F r e i h e r r. Hm, in gewisser Beziehung seid ihr Frauen
alle herzlos. Auch die besten.

F r e i f r a u. Oh, *du* hast es nötig, über uns Frauen herzu-
fallen. Ich bin kein Kind mehr, daß du es nur weißt.

F r e i h e r r. Ihr armen Frauen! Ihr seid wahrhaftig zu beklagen!

F r e i f r a u. Spotte nur zu!

F r e i h e r r *(zuckt die Achseln)*.

F r e i f r a u. Oh, ich habe an den einsamen Sommernach-
mittagen viel über das Leben nachgedacht. Ja, ja! Diese
langen Sommernachmittage, an denen man keinen einzigen Menschen zu Gesicht bekommt! Da gerät man auf
allerlei Gedanken, und nicht immer auf heitere.

F r e i h e r r *(tut erstaunt)*. So –! Du denkst auch schon
über das Leben nach? Das pflegen die Frauen doch mei-
stens später, oder – gar nicht zu tun. Doch ich will dir
nur eines sagen: Du vergißt, daß die Freifrau von Babenhausen momentan nur *eine* Pflicht zu erfüllen hat –. Du
weißt, welche!

F r e i f r a u *(höhnisch)*. Bah! Das höre ich nicht zum ersten-
mal!

F r e i h e r r *(sie einen Augenblick fixierend)*. Liebe Marie,
in *diesem* Ton wollen wir doch lieber nicht weiterreden.
*(Stochert im Feuer herum. Die Freifrau geht an das linke
Fenster und lehnt die Stirne an die Scheiben.)*

*(Pause.)*

F r e i f r a u *(auf den Freiherrn zugehend, innig)*. Karl!
Verzeihe mir, wenn ich zu heftig war. Du hast aber auch
ein besonderes Talent, mich zu reizen!

F r e i h e r r *(steht auf)*. Entschuldige mich für einen Augenblick.

F r e i f r a u. Wohin willst du?

F r e i h e r r. Muß noch einmal nach dem kranken Pascha
sehen. Das arme Tier leidet schrecklich. Ich werde wahrscheinlich gezwungen sein – *(bricht ab)*.

F r e i f r a u. Nun?!

F r e i h e r r. Sprechen wir nicht von dem Häßlichen.

F r e i f r a u. Erkälte dich nur nicht! Nimm deinen Mantel mit.

F r e i h e r r. Danke! *(Ab nach links.)*

F r e i f r a u *(geht mit leisen Schritten an die linke Seitentür und öffnet sie)*. Pst! Anna! *(Spricht leise mit der Wärterin; dann schließt sie die Türe vorsichtig und setzt sich nachdenklich nieder. Nach einer Weile klopft es; sie hört es nicht. Ein zweites Mal etwas stärker.)* Herein!

H e i n r i c h *(tritt ein. Hochgewachsene, schlanke Gestalt. – Er ist blond. – Aufgezwirbelter Schnurrbart. – Mit sorgfältigster Eleganz gekleidet. – Man merkt seinen Manieren den ehemaligen Offizier an)*. Ich bin's, schönste Cousine! Bon soir! Ist das ein Hundewetter!

F r e i f r a u *(ihn mit einem Händedruck begrüßend)*. An dich hätte ich wahrhaftig heute nicht mehr gedacht! So spät und bei dem scheußlichen Wetter!

H e i n r i c h *(etwas verlegen)*. Ist's schon so spät? – Für wen hast du dich denn so schön gemacht? Pour ce cher frère?

F r e i f r a u. Für *den*? – Der hat keine Augen für solchen Tand. *(Schelmisch.)* Aber wenn du es wissen willst, für – – monsieur tout le monde.

H e i n r i c h *(die Handschuhe abstreifend, lächelnd)*. Also auch für *mich*!

*(Sie setzen sich vor den Kamin.)*

F r e i f r a u. Ich hatte nämlich vor, heute in die Premiere zu gehen.

H e i n r i c h. Ich auch! – Sodom und Gomorrha[1]. Schöner Titel, was?! Kann aber auch langweilig sein. Auch das Laster ist zuweilen langweilig. Bin schon mehr als einmal reingefallen! – Besinne mich also eines Besseren und denke mir: Besuchst einmal deinen alten Freund Hugo. – War

---

1. vermutlich Anspielung auf das Drama »Sodoms Ende« (1891) von Hermann Sudermann (1857–1928).

aber nicht zu Haus. Na, und da ich doch einmal draußen
war in dieser schönen Gegend, macht' ich 'nen Sprung zu
euch herauf. Hm – wie geht es denn dem gestrengen
Herrn Bruder –? Er ist doch zu Haus? – Man sieht ihn ja
nirgends mehr!

F r e i f r a u *(mit einem leisen Seufzer)*. Ach ja, Karl geht
fast nie mehr aus. Er macht mir manchmal Sorge.

H e i n r i c h. Spielt wohl die Kindsmagd? – Natürlich! Es
ist doch ganz unglaublich, wie stark in gewissen Menschen
der Familiensinn entwickelt ist. Das kommt so plötzlich –
– so –

F r e i f r a u. Warte nur! *(Fein.)* Aber sag doch, was führt
dich gerade bei dem abscheulichen Wetter in diese schöne
Gegend? – Du läßt dich ja sonst oft wochenlang nicht
sehen. Das ist nicht hübsch von dir! –

H e i n r i c h *(lächelnd)*. Ich soll, scheint's, beichten?! – Nun
ja, liebe Cousine, wenn ich die Wahrheit sagen soll: ganz
freiwillig komme ich heute allerdings nicht. Hat der Gemahl vielleicht etwas verlauten lassen? Nicht? *(Mit leicht
komischem Pathos.)* Ich wurde feierlich aufgefordert, vor
dem gestrengen Familienoberhaupte zu erscheinen. Donc
– – – me voilà!

F r e i f r a u. Ah! – –

H e i n r i c h. Nach dem Ton seiner Epistel zu schließen,
will mir mein teurer Bruder eine Standrede halten. Ach
ja. Es ist kaum glaublich, wie gut Karl predigen kann!
Manchmal hat er entschieden etwas von einem Schulmei-
ster! –

*(Pause.)*

F r e i f r a u. Warum bist du diesen Sommer nicht zu uns
aufs Land gekommen? Das erste Mal – –!

H e i n r i c h. Ja, ich frage mich selbst auch oft, warum.
Aber meine Zeit ist wirklich knapp bemessen. Ich komme
mir, wahrhaftigen Gott, manchmal vor wie ein gehetztes
Tier!

F r e i f r a u *(spöttisch)*. Mit allen Hunden gehetzt!

H e i n r i c h *(trocken).* Ja, so ähnlich drücken sich diese – Damen aus. Mon dieu! die sind viel klüger als ich; denn ich kenne mich nicht so genau, und meine – Beschäftigung erlaubt mir auch nicht, allzuviel an mich selbst zu denken.

F r e i f r a u *(mit dem Finger drohend).* Schwager!

H e i n r i c h *(tut erstaunt).* Hab ich eine Dummheit gesagt? – Hoffentlich nicht! Die Welt wird doch mit jedem Tag langweiliger! Siehst du, wir zwei haben uns immer sehr gut verstanden!

F r e i f r a u *(nickt bejahend).*

H e i n r i c h. Ich bin auch, weiß Gott, ein ganz guter Kerl; aber ich habe einen großen Fehler: – ich kann an keinem Rosenbeet vorbeigehen, ohne zu denken: Die hat unser Herrgott für dich gemacht! Doch der Mensch denkt und – – der Kutscher lenkt! Um die schönsten Rosen ist auch immer der spitzigste Zaun gezogen, und das bestärkt mich erst recht in meiner Meinung. Sehr fatal, was!? – Mais que voulez-vous que j'y fasse? Ich *muß* klettern!

F r e i f r a u *(lächelnd).* Ei! ei!

H e i n r i c h *(mit etwas rauher Stimme).* Ich hatte heute gerade keine große Lust, herauszukommen; aber man muß seine schmutzige Wäsche en famille waschen, wie der große Napoleon zu sagen pflegte.

F r e i f r a u. Aber wie magst du nur so sprechen?

H e i n r i c h. Die ganze Welt spricht heute so. Auf schöne Phrasen bekommt man keinen Groschen geliehen, und ich brauchte heidenmäßig viel Geld. *(Geht an den Tisch.)* Hm, was liegen denn da für Schmöker herum? *(Nimmt eine Broschüre und blättert, leise summend, darin.)* Verrücktes Zeug! Karl hat entschieden einen Span!

F r e i f r a u. Horch!

H e i n r i c h. Was ist?!

F r e i f r a u. Nichts!

H e i n r i c h. Wie kann man nur so etwas lesen! Na, chacun a son goût. *(Geht an den Kamin zurück und setzt sich wieder.)*

F r e i f r a u. Karl beschäftigt sich neuerdings viel mit wissenschaftlichen Fragen. Und auf dem Lande hat er ja auch Zeit genug dazu.

H e i n r i c h. Du hast dich diesmal wohl recht ordentlich gelangweilt –? Na, sehr lustig ist es gerade bei euch nicht, auf dem Land. Ich bin ein Großstädter mit Leib und Seele. Nichts als Wiesen und Felder sehen macht mich einfach dumm! Billiger lebt man allerdings bei euch in Babenhausen. Aber wo ist *er* denn eigentlich? – Ich frage etwas spät –

F r e i f r a u. Karl ist im Stall. Pascha ist krank!

H e i n r i c h. So! – Hm – euer Stall kommt zurück, auffallend sogar! Das war früher ganz anders. Da machten Karls Pferde unserem Namen wirklich Ehre! –

F r e i f r a u. Kommst du noch viel zu Bernfrieds? –

H e i n r i c h *(kurz)*. Nein!

F r e i f r a u. Das ist aber wirklich nicht schön von dir, Heinrich. – Es sind so liebe Leute. Vielleicht ein bißchen vieux genre –; aber von einer Herzensgüte, die heute gar nicht mehr Mode ist. Und – ich kenne zwei Augen, die dich sehr gerne kommen sehen.

H e i n r i c h *(spöttisch)*. Wirklich? Was du aber nicht alles weißt!

F r e i f r a u *(feurig)*. Du, das sag ich dir, auf Charlotte lasse ich nichts kommen. Sie ist ein ganz charmantes Geschöpf!

H e i n r i c h *(spöttisch)*. Stiftest du *auch* schon Heiraten? Ich hätte dich für – jünger gehalten.

F r e i f r a u. Du bist abscheulich!

H e i n r i c h. Das sind wir Männer alle, mehr oder minder!

F r e i f r a u. Dir kann man nichts übelnehmen!

H e i n r i c h. Im Ernst, liebe Cousine, zum Heiraten bin ich denn doch noch etwas zu jung. Ich habe übrigens an dem Bruder ein rechtfertigendes Beispiel. Hat *der* Mensch Glück gehabt!

F r e i f r a u. Nicht ungezogen sein, Schwager, bitte! Das

schickt sich nicht! – Karl bleibt aber lange aus. Du wirst
ihn sehr verändert finden – *(Leiser.)* Und denke dir, Karl
fängt an zu trinken!

H e i n r i c h. Hm –!

*(Freiherr von links, ohne daß beide ihn bemerken. – Er trägt
einen Pistolenkasten unter dem Arm.)*

F r e i f r a u. Ich wollte oft, Karl wäre jünger!

H e i n r i c h *(versteckt zynisch lächelnd).* Aha!

F r e i f r a u. Was haben Sie zu lächeln, mein Herr –?

H e i n r i c h. Oh, wenn man nicht einmal mehr lächeln
darf, dann tu ich einfach nicht mehr mit!

F r e i h e r r *(vortretend).* Guten Abend! Du bist da! *(Stellt
den Pistolenkasten auf den Tisch. Die Brüder schütteln
sich die Hände, ohne sich anzusehen.)*

F r e i f r a u. Hast du geschossen?

F r e i h e r r. Ja!

F r e i f r a u. Es war mir doch vorhin, als ob ich etwas
hörte. Ist es aus?

F r e i h e r r. Ja! Ich konnte es wahrhaftig nicht mehr länger ansehen. Diese Tierärzte sind von einer unglaublichen
Gefühllosigkeit. An eine Rettung war ohnedies nicht mehr
zu denken. *(Wie in einer Erinnerung.)* Schön war es nicht!

H e i n r i c h. Ah! Du hast – –? – Mußtest du das absolut
selber tun?

F r e i h e r r. Ja! Ich kann kein Geschöpf leiden sehen. Ich
habe diese Schwäche!

H e i n r i c h. Stimmt! – War das Pferd schon lange krank?

F r e i h e r r. Seit acht Tagen. – Bist du schon lange da?

H e i n r i c h. So ein kleines Viertelstündchen. Wir haben
uns brillant unterhalten, Marie und ich!

F r e i f r a u. Ich lasse euch allein; aber nur fünf Minuten.
Ihr werdet allerlei miteinander zu reden haben. Und nun
siehst du selbst, daß der Professor nicht kommt! A tantôt!
*(Schelmisch.)* Viel Vergnügen! *(Ab nach links.)*

*(Pause.)*

H e i n r i c h. Wie geht es Hubert?

F r e i h e r r. Danke! Etwas besser. Wir erwarten übrigens heute noch den Arzt. *(Macht einige Gänge durch das Zimmer.)*

H e i n r i c h *(am Kamin).* Scheußliches Wetter!

F r e i h e r r *(nach einer Pause, ohne seinen Bruder anzusehen).* Ich habe dich gebeten, herauszukommen, weil ich ein ernstes Wort mit dir zu reden habe. Freiwillig wärst du ja doch nicht gekommen!

H e i n r i c h *(schweigt).*

F r e i h e r r. Ich halte es für meine Pflicht, dir zu sagen, daß ich das Leben, das du führst, nicht billige. Wenn das so fortgeht, hast du bald mehr Schulden, als du bezahlen kannst.

H e i n r i c h. Du mein Gott! Was will man denn machen, wenn man –

F r e i h e r r *(etwas scharf abschneidend).* Keine schlechten Witze, bitte! Ich bin wahrhaftig momentan nicht in der Laune –

H e i n r i c h. Das sehe ich!

F r e i h e r r. Ich habe lange genug zugesehen und geschwiegen. Du lebst entschieden über deine Verhältnisse. Unser Vermögen ist nicht mehr das gleiche, wie zu Papas Zeiten. Die Verhältnisse haben sich gründlich geändert. Und du solltest wirklich anfangen, das Leben etwas mehr von der ernsten Seite zu nehmen. Du hättest Offizier bleiben sollen!

H e i n r i c h *(ruhig).* Ich habe dir damals, als ich den Dienst quittierte, die Gründe dargelegt, die mir meinen Schritt diktierten. Mir fehlt eben die Neigung zum Soldaten. *Der* Grund genügt mir vollkommen. Also lassen wir das abgedroschene Thema!

F r e i h e r r. Ein Mann aus unserer Familie ist entweder Landwirt oder Soldat, oder er dient seinem Vaterlande auf eine andere ehrenvolle Weise. – Und was tust du? Du bist, gelinde gesagt, ein Müßiggänger.

H e i n r i c h *(gezwungen).* Du mein Gott, ich tue, was an-

dere auch tun. Ich amüsiere mich. *Das* ist alles. Inzwischen
warte ich auf Anstellung bei irgendeiner Gesandtschaft,
und wenn du deine Verbindungen nutzbar machen wolltest – –. Aber du willst ja nicht!

F r e i h e r r. So!

H e i n r i c h. Na, lassen wir das! – Oder willst du vielleicht behaupten, daß ich der Ehre unseres Namens in
irgendeiner Weise zu nahe getreten bin?

F r e i h e r r. Und *wenn* ich das behaupte –?!

H e i n r i c h *(zuckt die Achseln)*. Behaupten kannst du es
allerdings; ja. Aber beweisen – nein! Sei doch einmal unbefangen: Lebe ich denn anders, als meine Freunde leben?

F r e i h e r r. Jawohl! Reden wir von deinen Freunden –!
Oh, ich kenne deine Freunde –! Eine saubere Gesellschaft!
Wenn ihr nur etwas mehr ästhetischen Sinn hättet!

H e i n r i c h. Ich bitte dich, von meinen Freunden in etwas
anderem Ton zu sprechen. Ich weiß auch wohl, was ich
mir selbst schulde. *(Leichthin.)* Mein Lebensprogramm ist
sehr einfach: Ich will leben, tüchtig leben! Mir, sozusagen,
den Himmel hier schon vorausnehmen, *(frivol)* denn der
andere ist doch ziemlich problematisch. Nun, um so an-
genehmer wird vielleicht die Überraschung sein! Aber du
hast ja keinen Humor.

F r e i h e r r. So! Das ist wohl möglich. Aber du solltest
mindestens *eines* nicht vergessen: Kein Himmel ohne
Hölle!

H e i n r i c h *(geringschätzig)*. Bah! –

F r e i h e r r. Und wenn ich als Chef der Familie dir ver-
biete – –

H e i n r i c h *(rasch unterbrechend)*. Um des Himmels willen, keine Phrasen! Laß doch in diesem Falle den Chef
beim alten Gerümpel! Du verkennst deine Stellung mir
gegenüber total – aber to–tal. Solange *ich* die Familien-
ehre nicht verletze, hast du nicht den mindesten Grund,
mir in der Weise gegenüberzutreten. *(Leise, aber scharf.)*
Und ich treibe es nicht bunter, als du es getrieben.

F r e i h e r r. Und wenn dem so wäre, ist das ein Grund für dich, deine ganze Jugend in so unverantwortlicher Weise zu vergeuden –? Ja, zu vergeuden! Ich entschuldige mich nicht; aber ich habe wenigstens gearbeitet, als Pflichten an mich herantraten. Du weißt sehr gut, daß das Gut keineswegs in brillantem Zustande war!

H e i n r i c h *(zuckt die Achseln).* Aber es fällt ja gar keinem Menschen ein, das zu bestreiten. Du bist wirklich gegen alle Erwartung ein ganz passabler Landwirt geworden.

F r e i h e r r *(tritt ganz nah an Heinrich heran, ihn traurig anblickend).* Heinrich, du bist nicht so leichtsinnig, als du dich stellst!

H e i n r i c h. Doch!

F r e i h e r r *(auf und ab gehend).* Es ist wahr, auch ich habe eine stürmische Jugend hinter mir. Aber weißt du, was ich darum gäbe, wenn ich sie ungeschehen machen könnte? Weißt du es? – Nein! – Ach! Wenn man dem allen entfliehen könnte! *(Bricht ab.)*

H e i n r i c h *(folgt ihm mit den Blicken).*

F r e i h e r r *(schweigt).*

H e i n r i c h. Wir sind alle ein bißchen lebenslustig. Auch Papa war es!

F r e i h e r r. Leider!

H e i n r i c h *(scharf).* Willst du ihm vielleicht einen Vorwurf daraus machen?! – Warum soll es nicht auch Menschen geben, die aus dem vollen schöpfen? Beweise mir doch das Gegenteil, wenn du kannst. Aber du wirst es wohl bleibenlassen! Es gibt ohnedies schon zu viel Duckmäuser auf der Welt!

F r e i h e r r *(traurig).* Heinrich! Heinrich!

H e i n r i c h. Wozu das Pathos? Ich finde das ganz einfach abgeschmackt. Ich bin kein Knabe mehr!

F r e i h e r r. Hast du schon einmal darüber nachgedacht, wohin es mit einer Familie kommen muß, die eine solche Anschauung vom Leben hegt wie du?! –

H e i n r i c h *(ungeduldig)*. Nein! Finde es auch, offen gestanden, vollkommen überflüssig!

F r e i h e r r. Zugrunde muß sie gehen, zugrunde!

H e i n r i c h. Erlaube: – das ist wieder einmal einer von
deinen Spänen; ich bin der Meinung, daß unsereins schon
ein bißchen ins Zeug gehen darf!

F r e i h e r r. So! – –

H e i n r i c h. Jawohl; in jeder Hinsicht!

F r e i h e r r. Wirklich?! Also deswegen haben sich unsere
Vorfahren abgemüht –!

H e i n r i c h. Zu dieser Ansicht kommst du ein bißchen zu
spät.

F r e i h e r r *(düster)*. Ja!

H e i n r i c h. Wie meinst du –?

F r e i h e r r. Nichts!

*(Pause.)*

H e i n r i c h. Ich glaube, du grübelst zuviel über allerlei
Bafel. Vor ein paar Jahren warst du noch ein ganz anderer Kerl. Das schickt sich einfach nicht. Sei doch vernünftig! Was tu ich denn? – Was du getan hast und was alle
jungen Leute tun, die dazu die Mittel haben! –

F r e i h e r r. Und wir haben die Mittel! Nicht wahr!? Schöner Grundsatz, das! – An mir sind die letzten Jahre nicht
spurlos vorübergegangen. Meinst du denn, ein altes, vor-
nehmes Geschlecht bliebe auf der Höhe, wenn es nach deinen Grundsätzen leben wollte? – Nein, tausendmal nein!
– Du willst als Beobachter gelten! Sieh dir doch die Söhne
aus den emporgekommenen Familien des Bürgertums an,
die so leben, wie du lebst, rein um des Vergnügens willen!
Wie lange dauert denn eine solche Familie? Drei, vier
oder höchstens fünf Generationen, dann ist sie fertig – auf
dem Hund!

H e i n r i c h. Erlaube! Eine Nuance ist denn da doch vorhanden!

F r e i h e r r. Oh, ich weiß, was du damit sagen willst!
Heinrich, Bruder! laß uns nicht um Worte streiten! Fühlst

du denn nicht, wie treu und ehrlich ich es mit dir meine!
Vergeude nicht deine besten Mannesjahre auf diese
schmähliche Weise! Tu das nicht! Ich meine es wirklich
von Herzen gut mit dir! Das Leben ist eine heilige Sache!

H e i n r i c h  *(klopft den Teppich mit dem Fuß).*

F r e i h e r r.  Nimm dir eine Frau!

H e i n r i c h  *(spöttisch).* Hm! – Auch du! – Aber zum Heiraten fühle ich mich denn doch, offen gestanden, noch zu
jung!

F r e i h e r r.  Nein, nein! Siehst du, mein Haar ist grau geworden vor der Zeit. Ich habe zu lang gewartet, und ich
bereue es bitter, bitter!

H e i n r i c h.  Aber deine Ehe!? –

F r e i h e r r.  Wer spricht denn von meiner Ehe? – – Siehst
du, Heinrich, wir alle sind durch eine goldene Pforte in
das Leben gegangen, du wie ich; wir haben nie erfahren,
was Zwang und Einschränkung heißt. Meine Jugend war
leider so ungebunden wie die deine! Du wirst es erst später erfahren, was es heißt, sich seine Rute selbst binden!
*(Schweigt.)*

H e i n r i c h  *(beobachtet ihn forschend).*

F r e i h e r r.  Reiße dich heraus! Nimm dir ein Weib, das
du liebst; zieh mit ihr aufs Land und führe mit ihr ein
natürliches, gesundes Leben! Du bist stattlich, wie alle
Männer unseres Geschlechts. Du trägst einen alten, ruhm-
reichen Namen. Du kannst wählen. Nur die Kinder, die
freier Wahlumarmung entsprießen, haben Kraft und Willen und Lebensfreudigkeit! – Denke dir, mir passierte
etwas Menschliches!

H e i n r i c h.  Ach was! Du stehst in den besten Jahren.
Ich bin nicht sentimental und auch nicht abergläubisch.
Ich habe eine entschiedene Abneigung gegen die Ehe. Kon-
venienzehe und Liebesheirat, das ist mir alles gleich!

F r e i h e r r.  Jawohl! – Siehst du, ich bin Aristokrat, nicht
nur von Geburt, sondern auch aus Überzeugung. Wie es
heute in dieser Welt steht, können immer nur sehr, sehr

wenige ein freies Herrendasein führen, das die Schönheit adelt. Wem aber das Schicksal solch ein Leben gönnt, der hat dafür auch Pflichten auf sich liegen. Ich wenigstens lasse mir nichts schenken!

Heinrich. Hm! Du zählst dich natürlich auch zu diesen – Auserwählten.

Freiherr *(nach einer Pause, rauh)*. Nein – nicht mehr! – Und weißt du auch, was ein solcher Auserwählter tut, wenn er fühlt, daß er seiner Bestimmung untreu geworden? –

Heinrich *(gespannt)*. Nein! –

Freiherr. Er – – verschwindet! –

Heinrich. Ah! Er verschwindet! –

Freiherr *(starrt zum Fenster hinaus)*.

Heinrich *(innerlich belustigt)*. Ich muß gestehen, daß ich dich bisher gehörig verkannt habe. Aber ganz gehörig! Solche überspannten Ansichten! –

Freiherr *(sich umwendend)*. Überspannt sagst du?

Heinrich. Sage ich! *(Höhnisch.)* Es ist doch sonderbar, daß gewisse Menschen so verflucht vernünftig werden – wenn sie in ein gewisses Alter kommen. Quand le diable se fait vieux – –

Freiherr. Du bist doch ein – Plebejer der Gesinnung nach!

Heinrich *(kühl)*. Das hat mir noch niemand gesagt, und ich ließe es mir auch nicht sagen von einem anderen! Zur Sublimität deiner Anschauung werde ich mich allerdings nie bekehren! –

Freiherr. Laß in diesem Augenblick keine Bitterkeit zwischen uns kommen! Ich habe es manchmal bitter genug empfunden, daß unser Verhältnis nicht so ist, wie es sein sollte. Und wir Menschen wissen im Grunde so wenig voneinander. – Wir leben alle einsam!

Heinrich. Das mag wohl sein! Aber, ich – ich finde es eigentlich unvornehm, sich so viel mit seinen lieben Nächsten zu befassen.

**Freiherr.** *Willst* du mich denn nie verstehen? Aber ich habe meine Pflicht dir gegenüber getan! Lebe nur so fort! Der Augenblick wird auch für dich kommen, wo sich dir die Nachtseiten des Lebens auftun!

**Heinrich** *(schweigt).*

**Freiherr** *(düster).* Die Nemesis geht mit leisen Schritten durch das Leben ganzer Geschlechter!

**Heinrich** *(gähnt versteckt).*

**Freiherr** *(der es bemerkt).* Nicht wahr, ich langweile dich?! –

*(Ein Diener von links.)*

**Diener.** Der Herr Professor Pauly läßt fragen, ob er dem Herrn Baron angenehm wäre?

**Freiherr.** Ich lasse bitten!

*(Diener ab. – Gleich darauf.)*

**Prof. Pauly** *(Er ist ein kleines Männchen mit langen weißen, zurückgekämmten Haaren und glattrasiertem Gesicht; sehr kurzsichtig, bequeme schwarze Kleidung).* Habe die Ehre, meine Herren! *(Nimmt die Brille ab und putzt sie.)* Hier ist es aber gemütlich! Ich komme etwas spät; es war mir aber geradezu unmöglich, früher abzukommen! *(Schüttelt dem Freiherrn die Hand und macht vor Heinrich eine kurze Verbeugung.)*

**Freifrau** *(von links).* Das ist schön, Herr Professor, daß Sie sich bei solchem Wetter herausbemühen.

**Prof. Pauly** *(sich verneigend).* Es ist etwas spät geworden. Aber die Zeit – – Wo ist denn unser kleiner Patient? –

**Freifrau.** Hier, Herr Professor! Darf ich bitten! *(Geht voran, Prof. Pauly folgt.)*

**Heinrich.** Ist der Professor euer Hausarzt? –

**Freiherr.** Nein.

**Heinrich.** Der alte Herr gilt ja als großer Grobian und Schweiger. Papa hielt viel auf ihn; aber ich konnte ihn schon als Kind nicht leiden.

**Freiherr** *(kurz).* Er ist eine Autorität!

H e i n r i c h. Du glaubst also auch noch an Autoritäten? – Komisch!

F r e i h e r r. Entschuldige mich! *(Ab in die Gemächer der Freifrau.)*

H e i n r i c h *(sieht ihm gedankenvoll nach, dann zuckt er die Achseln, macht ein paar Gänge durchs Zimmer und nimmt eine Broschüre, in der er blättert).*

*(Pause.)*

*(Nach kurzer Weile kommen der Freiherr, die Freifrau und Prof. Pauly wieder in den Salon.)*

F r e i f r a u *(freudig erregt).* Ich danke Ihnen, Herr Professor! Ich bin so froh! Siehst du nun, wer hat recht: ich oder du? *(Zu Prof. Pauly.)* Mein Mann ist nämlich ein ausgemachter Schwarzseher. Wollen Sie uns nichts aufschreiben?

P r o f. P a u l y. Oh, das kann ich, wenn Sie es wünschen, gnädige Frau!

F r e i h e r r *(öffnet die Schreibmappe und rückt das Tintenzeug zurecht).* Darf ich bitten, Herr Professor!

P r o f. P a u l y. Wie gesagt, die Hauptsache ist in diesem Falle die gute Pflege. *(Setzt sich, schreibt.)*

F r e i f r a u *(leise zum Freiherrn).* Nun kann ich doch ins Theater gehen. Ich werde gleich den Wagen bestellen! *(Drückt an einer Klingel links; ein Diener erscheint; sie gibt ihm leise einen Auftrag.)* Aber Karl, du freust dich ja gar nicht!

H e i n r i c h. Du erlaubst, daß ich Marie begleite!

F r e i f r a u *(zu Heinrich).* Das ist schön von dir!

P r o f. P a u l y *(mit dem fertigen Rezept).* So, das lassen Sie morgen machen, in der ersten besten Apotheke!

F r e i f r a u. Sie haben doch einen Wagen, Herr Professor?

P r o f. P a u l y. Meine Droschke wartet unten!

F r e i f r a u. Sonst hätte ich mir erlaubt, Sie einzuladen. Wir fahren ins Schauspiel!

P r o f. P a u l y. Ins Schauspiel fahren Sie, gnädige Frau? – Ich besuche das Theater nie.

H e i n r i c h *(versteckt spöttisch)*. Das ist aber schade, Herr Professor!

P r o f.   P a u l y *(ihn anblinzelnd)*. Meinen Sie? – Ich muß leider schon viel zuviel Tragödien sehen!

F r e i f r a u. Es ist die höchste Zeit, wenn wir noch recht- zeitig eintreffen wollen.

F r e i h e r r *(zum Professor)*. Dürfte ich bitten, mir noch ein Viertelstündchen zu schenken, Herr Professor?

P r o f.   P a u l y *(verneigt sich)*.

F r e i f r a u *(blickt den Freiherrn fragend an)*.

F r e i h e r r. Geh, geh, liebes Kind!

F r e i f r a u *(sich von Professor Pauly verabschiedend)*. Ich danke Ihnen, Herr Professor! Ich bin so glücklich über alles, was Sie mir gesagt haben!

F r e i h e r r. Adieu! *(Geleitet sie an die Türe. – Die Frei- frau stutzt einen Augenblick über den tieftraurigen Aus- druck seiner Züge. – Freiherr zu Heinrich.)* Überlege dir, was ich dir gesagt habe! *(Schüttelt ihm lange die Hand. – Heinrich mit der Freifrau ab.)*

*(Pause.)*

F r e i h e r r *(etwas gezwungen)*. Der Winter läßt sich schlimm an.

P r o f. P a u l y. Ja; ich merke es an meinen Kranken.

F r e i h e r r *(nach einem leichten Zaudern gepreßt, doch energisch)*. Was halten Sie von dem Zustand meines Kin- des, Herr Professor? Sie haben uns vorhin ja so beruhi- gende Versicherungen gegeben; aber – – sagen Sie mir die ganze Wahrheit. Ich bitte Sie darum!

P r o f.   P a u l y *(leichthin)*. Hm! Ja, das Kind ist, abge- sehen von seinem Leiden, gegen das wir momentan nicht viel tun können, sehr zarter Natur und in seiner Entwick- lung ganz außergewöhnlich zurückgeblieben. – Da heißt es eben abwarten, wohl oder übel. Die Natur ist ja un- erschöpflich in ihren Auswegen. Auch Ihre Frau Gemahlin scheint von zarter Gesundheit zu sein? – Ja, was ich Sie fragen wollte, Herr Baron, wie alt sind Sie jetzt?

F r e i h e r r. Zweiundvierzig!

P r o f. P a u l y *(wiederholt halb mechanisch).* Zweiundvierzig! *(Auf das Bild über dem Kamin deutend.)* Ein
ganz ausgezeichnetes Bild Ihres Herrn Vaters. Ich habe
mich schon früher oft daran erbaut. *(Unmerklich in sich
hineinlächelnd.)* Und besonders der feine Zug um die
Mundwinkel. Ja, ja, der Selige hat gern gelacht!

F r e i h e r r *(gequält).* Ja!

P r o f. P a u l y. Wirklich ein geistvolles Porträt! Ich bin
nämlich auch Kunstliebhaber in meinen Mußestunden, und
ich sammle auch ein bißchen, wenn's die Kasse erlaubt.
Aber die neue Spitalmalerei ist mir in der Seele zuwider.

F r e i h e r r *(um etwas zu sagen).* Das ist Geschmackssache.

P r o f. P a u l y. Da haben Sie recht, Herr Baron! – Aus
welchem Hause stammt Ihre Frau Gemahlin? Ich bin nicht
sicher, ob mein altes Gedächtnis – –

F r e i h e r r. Die Baronin ist eine geborne Ötzel – meine
Cousine!

P r o f. P a u l y *(wie innerlich erheitert).* Richtig, richtig!
Der Herr Schwiegerpapa ist mir nicht unbekannt. Ein sehr
großer Verehrer des Bal– *(hustet)* – äh! – so lebenslustige
alte Herren trifft man eigentlich nur in meiner Generation.

F r e i h e r r *(gequält).* Ja, mein Schwiegerpapa altert nicht
gerne!

P r o f. P a u l y. So, die Frau Gemahlin ist Ihre Cousine!

F r e i h e r r. Unsere Familien sind seit zwei Jahrhunderten
miteinander verwandt!

P r o f. P a u l y. Seit zwei Jahrhunderten?! *(Macht Miene,
sich zu verabschieden.)*

F r e i h e r r. Nein, Herr Professor, Sie haben mir nicht gesagt, was ich wissen will, was ich wissen *muß.* Ich flehe
Sie an: Sagen Sie mir alles! Ich bin ein Mann und werde
es zu tragen wissen. Ich muß raus aus dieser Angst; ich
muß wissen, ob mein Kind lebensfähig ist oder nicht!

P r o f. P a u l y *(lauscht einen Augenblick).* Ist das ein

Sturm! *(Dann nach einer kleinen Pause.)* Nun, wenn Sie
es denn absolut wissen wollen: Es ist kaum lebensfähig!

F r e i h e r r *(dumpf, die Hände vor das Gesicht schlagend)*.
Ich wußte es!

P r o f. P a u l y. Sie wußten es?

F r e i h e r r. Ich wußte es! Und ich Narr! – –

P r o f. P a u l y. Das heißt –: verstehen wir uns recht! –
aufpäppeln können Sie den Kleinen sehr wohl. – Vielleicht ist es grausam, was ich Ihnen da sage; aber von
einem gewissen Standpunkt möchte ich es nicht einmal
wünschen, weder für Sie noch für ihn.

F r e i h e r r *(schweigt)*.

P r o f. P a u l y. Doch, wie gesagt, es kommt auf den
Standpunkt an.

F r e i h e r r *(stiert düster vor sich hin)*.

P r o f. P a u l y. Ob es besser war – – –

F r e i h e r r *(wischt sich eine Träne ab)*.

P r o f. P a u l y. Sie weinen?!

F r e i h e r r *(bleibt einen Augenblick stumm, dann plötzlich gewaltsam gefaßt)*. Glauben Sie an eine Nemesis,
Herr Professor?

P r o f. P a u l y. Ob ich – ? – Ja, sehen Sie, Herr Baron,
das ist so eine Sache. Wie man es nehmen will: – ja so
nein!

F r e i h e r r. *Ich* glaube daran. *(Fest.)* Ich muß mich einmal
aussprechen, sonst erstickt es mich. Sie kannten meinen
Vater?

P r o f. P a u l y. Ja. – Der Herr Baron war einer meiner
ersten und treuesten Patienten. Im Laufe der Zeit wurden
wir fast miteinander befreundet.

F r e i h e r r. Mein Vater nahm das Leben von der heiteren
Seite – er war ein Lebemann!

P r o f. P a u l y *(nickt gedankenvoll)*.

F r e i h e r r. Er starb jung. Bei seinem Tode war ich kaum
sechzehn Jahre alt. Meine Mutter habe ich nie gekannt; –
meine Stiefmutter war eine schöne, viel gefeierte Frau

und kümmerte sich wenig um mich. Ich wuchs bei einer Tante auf. Die Gute hatte keinen Willen vor mir; sie ist nun auch schon lange tot. In Wahrheit habe ich niemals einen höheren Willen über mir gefühlt – selbst in der Schule nicht. Sie wissen ja selbst, wie es in dieser Hinsicht bestellt ist.

Prof. Pauly *(nickt)*.

Freiherr. Haben Sie, Herr Professor, nicht auch hie und da das Gefühl, als ob eine ironische Gewalt über unserem Leben schwebte? Das kommt mir oft wie ein Blitz.

Prof. Pauly. Ob ich –? das könnte ich just nicht behaupten!

Freiherr. Nicht?! Aber ich kenne sie! Es gibt keinen Wunsch, dessen Erfüllung mich ganz befriedigt hätte. Keinen einzigen! Und mit meinen Hoffnungen ging es mir geradeso; immer finde ich Enttäuschungen, was ich auch treibe!

Prof. Pauly *(nachdenklich)*. Sie sollten sich Ihre Illusionen nicht so absichtlich zerstören, Herr Baron. – Sie sind notwendig zum Leben!

Freiherr. Mir kommt das Leben manchmal wie ein ungeheurer Betrug vor.

Prof. Pauly. Nun ja, das Leben ist reich an Enttäuschungen; aber es hat doch auch seine großen Seiten.

Freiherr. Jawohl, aber das ist es eigentlich nicht, was ich – *(Etwas unvermittelt.)* Ich fing das Leben zu früh an!

Prof. Pauly *(schweigt)*.

Freiherr. Ich will nichts beschönigen. Ich trieb es toll; aber ich konnte nicht anders – konnte nicht. – Es war stärker als ich!

Prof. Pauly *(halb für sich)*. Erstes Stadium: – Unfähigkeit zu reagieren!

Freiherr *(immer, ohne den Professor anzusehen)*. Was half's, daß ich mich verachtete. Und dann lag es in meiner Natur, die Dinge stets nur von der schönen Seite anzusehen. Später traten allerdings Aufgaben an mich heran, aber sie waren im Grunde nur eine neue Gelegenheit, so dahinzuleben! Die Menschen denken so wenig über das Leben nach!

P r o f. P a u l y. Das ist gut – so wie ich die Menschen kenne!

F r e i h e r r. So ging es weiter und weiter! Mit einem Mal aber war es mit meiner Lebenslust zu Ende. Mein Beruf – ich hatte unser Gut übernommen – machte mir keine Freude mehr; stundenlang konnte ich dasitzen und vor mich hinbrüten: Alles grau in grau. Eine große Öde und ein großer Ekel! Ja, ja! – Und manchmal kam eine – Angst über mich. – *(Geht an den Tisch und leert ein Likörgläschen.)*

P r o f. P a u l y *(gespannt).*

F r e i h e r r. Dann hatte ich eine andere Pflicht zu erfüllen: Sie betraf die Erhaltung unseres Geschlechtes.

P r o f. P a u l y. Und da gingen Sie hin und nahmen sich eine Frau aus einer müden Familie!

F r e i h e r r. Sie mögen sie wohl müde nennen! Aber ich kannte meine Frau schon als kleines Kind. Sie war das frischeste, das übersprudelndste Geschöpf, das mir je vorgekommen. Und mir ging durch meine Heirat ein neues stilles Leben auf.

P r o f. P a u l y *(sieht ihn schweigend an).*

F r e i h e r r *(nach einer Pause dumpf).* Dann kam das Furchtbare. Mein Herzenswunsch wurde erfüllt: Wir bekamen einen Sohn! *(Wird von einem leichten Zittern ergriffen.)*

P r o f. P a u l y. Was ist Ihnen?

F r e i h e r r. Und ich Narr, der ich wähnte, man könne seiner Vergangenheit entfliehen. Da liegt sie, die Frucht dieser Vergangenheit, und will leben – will leben! *(In sich hinein.)* Grauenhaft! Grauenhaft!

P r o f. P a u l y. Aber, Herr Baron, Sie haben doch kein organisches Leiden und – –

F r e i h e r r. Nein! – Aber das ist furchtbar, sehen zu müssen, wie ein anderes Wesen, das eigene Fleisch und Blut, ins Leben will; wie diese Augen trüb und blöd sind vor allem, was diese Welt reich und sonnig macht –! Und nicht helfen können – nicht helfen können!! *(Vor sich hin.)* Grauenhaft! Grauenhaft!

P r o f.  P a u l y. Aber, bester Herr Baron, wir können uns täuschen!

F r e i h e r r. Ach, das glauben Sie ja selbst nicht. Ich weiß – –

P r o f.  P a u l y. Nehmen Sie die Sache als Philosoph –! Es gibt viel furchtbarere Dinge im Leben!

F r e i h e r r *(schüttelt den Kopf).*

P r o f.  P a u l y. Arbeiten Sie; Sie haben einen reichen Wirkungskreis vor sich. Sonst fehlt Ihnen ja nichts!

F r e i h e r r. Ach, ich weiß überhaupt nicht, ob ich je wirklich ganz gesund war. Auch mein Vater ist früh gestorben. Das ist alles so furchtbar häßlich!

P r o f.  P a u l y. Ja, *er* hat die Kerze an den beiden Enden angezündet!

F r e i h e r r. Wir alle sind feig. Aber ich mache mir nichts vor. *Ich* bin schuldig!

P r o f.  P a u l y. Und fühlen sich verantwortlich? *(Nickt.)*

F r e i h e r r *(starrt vor sich hin).*

P r o f.  P a u l y. Hm, das ist am Ende stärker als wir alle!

F r e i h e r r *(plötzlich erleichtert).* Ich danke Ihnen herzlich, Herr Professor!

P r o f.  P a u l y *(wie erheitert).* He, he! Sie haben also auch die Geheimnisse der Natur durchschaut? Sie wissen also auch ganz genau – – hehe!

F r e i h e r r. Reden wir nicht mehr davon. Ich werde die Sache nehmen, wie ich sie nehmen muß.

P r o f.  P a u l y. Sie sollten nicht so viel grübeln, Herr Baron. Das Leben ist Gegenwart!

F r e i h e r r. Jawohl! Gegenwart! Ich will Ihnen nicht ausmalen, welch ein Leben ich seit langem führe. Und dann, ein Wesen an sich gekettet fühlen, das nach dem vollen Leben hungert und es ihm nicht geben können! Oh –

P r o f. P a u l y. Seien Sie ein Mann –!

F r e i h e r r. Jawohl!

F r e i f r a u *(von links).*

F r e i h e r r *(zuckt zusammen, faßt sich aber gewaltsam).*

F r e i f r a u *(heiter).* Ich störe doch nicht? Ich fahre nun doch nicht ins Theater. Johann ist mit dem Einspannen nicht rechtzeitig fertig geworden; es ist ohnedies auch schon etwas spät. Ich freue mich, Sie nochmals begrüßen zu können, Herr Professor, und Ihnen nochmals zu danken!

P r o f. P a u l y *(auf die Uhr sehend).* Schon so spät! Ich bedaure, daß ich nicht länger mehr das Vergnügen haben kann. Wenn Sie gestatten, werde ich in den nächsten Tagen wieder vorsprechen.

F r e i f r a u. Wir bitten darum, Herr Professor! Meinen Mann werde ich auch einmal zu Ihnen schicken.

P r o f. P a u l y. Ihrem Herrn Gemahl wird ein bißchen Zerstreuung gut tun!

F r e i f r a u. Das sage ich auch immer; aber er glaubt es mir nicht.

P r o f. P a u l y *(faßt die Hand des Freiherrn).* Auf Wiedersehen! Herr Baron! Ich komme bald wieder. *(Ab, nachdem er sich von der Freifrau verabschiedet.)*

*(Pause.)*

F r e i h e r r *(geht ans Fenster).*

F r e i f r a u *(hinter ihm).* Freust du dich nicht ein bißchen, daß ich bei dir bleibe, Karl?

F r e i h e r r. Gewiß.

F r e i f r a u. Was wolltest du denn von dem Professor wissen?

F r e i h e r r. Nichts! –

F r e i f r a u *(schmiegt sich an ihn).* Ein so lieber Mann! Ich begreife nicht, warum ihn so viele Leute nicht leiden mögen; auch die Baronin ist nicht gut auf ihn zu sprechen. Komm! *(Dreht den Freiherrn herum.)* Du freust dich ja gar nicht! Ich bin so glücklich, so glücklich! Ich war in der letzten Zeit manchmal recht traurig. Auch du sollst mir nun heiter werden. Freut es dich wirklich ein bißchen, daß ich zu Hause bleibe –? Und hier ist es so gemütlich. Nun habe ich den Sturm fast gern. *(Lauscht.)*

F r e i h e r r  *(gequält).* Ich fühle mich etwas angegriffen!

F r e i f r a u.  Du nimmst das Leben viel zu schwer. Bei dir dauert alles viel zu lang, bis du damit fertig bist. Ich bin darin ganz anders: Aus dem Auge, aus dem Sinn! *(Sie hängt sich an seinen Arm, und beide gehen an den Kamin.)* Karl!

F r e i h e r r.  Was willst du?

F r e i f r a u  *(zärtlich, nicht ohne Sinnlichkeit sich anschmiegend).* Du Böser! Wie lange ist es her, daß du kein liebes Wort mehr zu mir gesagt hast –? Du –

F r e i h e r r  *(gequält).* Laß mich!

F r e i f r a u.  Laß mich! Du bist abscheulich. *(In sich hineinkichernd.)* Heinrich war drollig heute abend. Hast ihm einmal ordentlich den Kopf gewaschen? – Der Professor hat wirklich so etwas Sicheres, Vertrauenerweckendes! *(Horcht auf.)*

F r e i h e r r.  Was ist –?

F r e i f r a u.  Nichts! Ich habe mich getäuscht. Hubert schläft ja immer um diese Zeit. Ich gehe nun und kleide mich um. In einem Viertelstündchen bin ich wieder da; dann essen wir zusammen, und dann – – hast du mich lieb! Ja? *(Schmiegt sich noch inniger an ihn und küßt ihn.)*

F r e i h e r r  *(stammelt).* Geh, geh!

F r e i f r a u.  Ich gehe schon! *(Droht ihm mit dem Finger.)* Du! Du! *(Rasch ab.)*

F r e i h e r r  *(lauscht ihren Schritten, dann verläßt ihn seine Fassung; er setzt sich und verbirgt das Gesicht mit den Händen, dann macht er einen Gang durch das Zimmer; plötzlich hört er ein Stöhnen; er horcht auf, entsetzt; in demselben Augenblick kommt die Wärterin aus der rechten Seitentüre, die offenstehen bleibt).*

Wärterin *(entsetzt stammelnd).* Gnädiger Herr, das Kind – hat – einen Anfall!

Freiherr. Ah! *(Gewaltsam gefaßt.)* Rufen Sie Ihre Herrin –; sie ist oben.

Wärterin *(rasch nach links ab).*

Freiherr *(steht einen Augenblick wie gelähmt, dann öffnet er den Pistolenkasten und entnimmt ihm einen Revolver. Man hört Weinen und Stöhnen. Er geht rasch durch die offene Türe; gleich darauf fallen zwei Schüsse). (Pause.)*

Freifrau *(ohne Taille, ein Tuch umgeworfen, gefolgt von der Wärterin von links, sie stürzt durch die offene Tür in das Kinderzimmer. Gleich darauf hört man einen Schrei).*

Wärterin *(an die Tür stürzend, heulend).* Der gnädige Herr! – Mein Engelchen!

*Vorhang*

PAUL ERNST

# Im Chambre séparée

Schauspiel in einem Aufzug

PERSONEN

H e r r  S ü ß m i l c h , *Besitzer eines Chantant[1]. Fünfziger; schwarzes Schnurrbärtchen, Glatze, gelbliches Fett. Beweglich*

F r a u  S ü ß m i l c h , *seine Frau, Vierzigerin, auseinanderfließend*

D e r  G e s c h ä f t s f ü h r e r , *Mitte Dreißig, großer, brutaler Kerl, blondes Schnurrbärtchen, heiserer Baß*

D e r  K o m i k e r , *als Karikatur eines sächsischen Philisters gekleidet, kleines Männchen, mager und dürftig*

M a r g o t  ⎱ *Chansonetten, blutjung, geschminkt, schwarzer Strich unter den Augen, noch frisch, kurzes Röckchen aus rosa Mull bis zum Knie, fleischfarbene Trikots*
F i f i  ⎰

D e r  G a s t , *20 Jahre, Kaufmannskommis, schwarzer Rock*

D i e  K e l l n e r i n , *schwarzes Kleid, weiße Schürze, Geldtasche*

*Ort der Handlung: Berlin.*
*Zeit: Um 1885.*

1. Abkürzung für ›Café chantant‹, Café mit Gesangs- und Varietédarbietungen.

*In einem Chantant. Schlaf- und Wohnzimmer der Wirts-
leute. Drei Türen: eine zur Küche, mit einer Klappe darin,
durch welche Speisen usw. gereicht werden; eine zur Bühne;
eine zum Raum für das Publikum. Wände bemalt mit Blu-
menranken, Spalieren usw. als Laube; im Hintergrund sehr
blaues Meer mit Schiffen. Zwei Betten (ohne Decken) und
ein Kinderbett. Waschtoilette mit einem Schmuckhandtuch
»Guten Morgen, lieber Papa«. Runder Tisch. Sofa. Stühle.
Garderobenständer. Vertiko, zwei japanische Vasen. Ma-
kartbuketts, in der Mitte eine Frauenzimmerphotographie.
Man hört von hinten vereinzelte Töne von einem Klavier,
einem Couplet, Klatschen.*

*Gast. Margot. Kellnerin.
Margot sitzt auf der Sofalehne, der Gast legt seinen Paletot
ab, wobei ihm die Kellnerin behilflich ist.*

G a s t  *(suchend).* Donnerwetter, is n nichts zun Anhengen?
K e l l n e r i n  *(nimmt ihm den Paletot ab und hängt ihn
      an den Garderobenständer).* Erlauben Sie, mein Herr!
G a s t.  Na, hert mal, das is ja ne schneidige Bude!
M a r g o t.  Sitzen wer unter Rosen!
G a s t.  Das Bier jeht übrigens, wat r habt. Bloß auf det
      dunkle darf keiner reinfalln.
K e l l n e r i n.  Der Herr müssen entschuldigen, das is dem
      Wirt sein Privatzimmer, weil das Weinzimmer schon be-
      setzt is.
G a s t.  Zwee Betten ooch jleich! *(Geht an Margot heran.)*
      Na, kriegk n Kuß?
M a r g o t  *(schlingt ihm die Arme um den Hals und küßt
      ihn).*
G a s t  *(etwas zurückweichend, sieht nach seinem Ärmel).*
M a r g o t.  Arm un Nacken pudern wer uns nich.
G a s t  *(sie aufhebend).* So, na Kleene? Donnerwetter, bist
      du leicht!
K e l l n e r i n.  Was belieben der Herr zu trinken? Rotwein?
M a r g o t.  Ich nee, lieber Portwein!

G a s t. Portwein, bist woll verdreht! Da werdt r ja jleich besoffen!

M a r g o t. Och bitte, bitte!

G a s t. Quatsch!

M a r g o t. Bitte, bitte, bitte, Portwein trink ich so gern!

G a s t. Was kost denn der Portwein?

K e l l n e r i n. Acht Mark.

G a s t. Un der Rotwein?

K e l l n e r i n. Sechs Mark.

G a s t. So, na, meinswegen. *(Kellnerin ab. Er geht zum Paletot, holt seine Zigarrentasche heraus und nimmt eine Zigarre.)* Scheener Sausoff sind! *(Hält ihr die Zigarre zum Anstecken hin.)* Na?

M a r g o t *(steckt ihm die Zigarre an)*. Was denken Se woll, was wir vertragen kennen! Ich kann zehn Flaschen vertragen!

G a s t. Wieviel seid r n hier? Sechse?

M a r g o t. Na ja, wir fünf, die auf der Biehne gewesen sind, und dann die Fifi, die kneipt auch mit n Herrn, in dem andern Zimmer. Ich un die Fifi, wir sin die Lehrlinge. Glauben se woll, die is erst vierzehn, ich bin doch nu schon fuffzehn.

G a s t. Äch, das war die vorhin? Strammes Mädel!

M a r g o t. Die hat ne gute Stimme!

G a s t. Quatsch, Stimme! Ich bin zweiter Vorsitzender im kaufmännischen Gesangverein!

K e l l n e r i n *(eintretend)*. Ich habe mir auch gleich n Glas mitgebracht, ich darf doch woll auch mal mittrinken?

M a r g o t *(schlägt den Gast auf den Schenkel)*. Ach natierlich, nich wahr?

K e l l n e r i n *(gießt ein)*.

M a r g o t. Ich hab schon feine Herrn gehabt! N Baron! Wohnt in de Auguststraße!

W i r t i n. Guten Tag, mein Herr! Werden Sie auch orndlich bedient? Sonst sagen Se es mir nur, bitte. *(Setzt sich, die Kellnerin holt während des folgenden zwei neue Gläser.)*

G a s t. Schon gut alles.

W i r t i n. Is n gutes Mädchen, unsere Margot, nich wahr?
Wir habn sie auch alle in unser Herz geschlossen, die gehört bei uns wie zur Familie. Wissen Se, die andern . . .
na, Se verstehn schon!

M a r g o t. Ach, Frau Süßmilch is immer so gut zu mir,
bloß ich, ich bin manchmal so, ich weiß gar nicht, wie ich
manchmal bin. Aber nich wahr, Frau Süßmilch, Sie sind
mir nich böse? *(Hat in der Zeit ein Glas ausgetrunken
und sich und Frau Süßmilch eingegossen.)*

W i r t i n. Bloß, det kann sich ja nu keiner gebn, ich sage
man immer, sehn Se mal mich an, ich stehe ja nu freilich
nich mehr in die erste Jugend, aber wie ick in die Jahre
war, da hab ich feine Gesichtszige gehabt. Un das sag ich r
immer: Margot, feine Gesichtszige haste nich!

G e s c h ä f t s f ü h r e r *(eintretend).* Wat jippts denn? Det
is woll Wein? *(Pause.)* Hier wird woll Wein getrunken?
*(Wieder keine Antwort.)* Na, dann will ick mir man setzen. *(Setzt sich.)*

K e l l n e r i n. Darf ich noch eine Flasche holen?

G a s t. Donnerwetter, is n die schon leer?

M a r g o t. Ach nee, jetzt trinken wer Sekt. Sekt, Anna!

G a s t. So, na, denn kannst du n auch bezahlen!

W i r t i n. Der Herr hat zu bestimmen.

G e s c h ä f t s f ü h r e r. Wissen se iebrigens, unseren Sekt
kann ick Ihn empfehln.

M a r g o t. Och ja. *(Küßt den Gast.)* Nich wahr, wir trinken Sekt?

G a s t *(will sich losmachen).*

M a r g o t. Och, nich, ja? Sekt trink ich so gerne. Nich wah,
Frau Süßmilch?

G a s t *(zur Wirtin in Hinblick auf den Geschäftsführer).*
Wer is denn das?

G e s c h ä f t s f ü h r e r. Ick? Ick bin der Jeschäftsfiehrer
von det Haus.

W i r t i n. Na Kinder, nu entschließt euch!

M a r g o t *(küßt den Gast)*. Nich wah, Sekt?

W i r t i n *(lachend, kopfschüttelnd)*. Zu verricktes Mädel!

G a s t. Na ja, denn zu!

G e s c h ä f t s f ü h r e r. Den Sekt kann ick Ihn empfehlen. Der Portwein, det is ja nischt. Wissen Se, det mit den Portwein, det is wie mit den Käse. Zun Friehschtick, jut! Aber wenn ick kneipen will, nich wahr? Sonst, unser Portwein, der is ja ooch jut. No, wenn mir der Herr ein- lad zu en Jlas, ick bin nich jejen! *(Kleine Pause.)*

W i r t i n. Der Herr Referendar hat doch n guten Je- schmack, de hibschte hat r sich doch rausjesucht!

M a r g o t. Ja, das is auch mein Schatz!

W i r t. Nanu, na, da is woll ne richtje Kneiperei in Jange? *(Gibt dem Gast die Hand; zum Geschäftsführer:)* Du, komm doch mal mit rieber. *(Zum Gast.)* Wenn die Zicken nu jetrunken ham, reden wer doch mal deitsch, das is doch mein Verdienst? Kenn sich doch ufft Bett legen! Ob da mal eene fehlt auf de Biehne oder nich! Aber nee, denn heißts jrade: Wer wolln arbeeten, un denn ruff uf de Biehne!

W i r t i n *(die aufgestanden ist)*. Na ja, k sag t ja!

W i r t. Na natierlich, wie n Schtick Holz hab k se liegen! *(Ab mit Wirtin; Geschäftsführer hinterher.)*

M a r g o t. Sie sind woll Schuß mit mir, weil ich so animiert habe, nich wah? Sieh mal, is doch nur Jeschäftsintresse, is nur Jeschäftssache, nich wah? Frau Süßmilch hat mir ge- nug beobachtet. Un wir kriegen doch auch fünfunzwanzig Fennge von jeder Flasche. Das weißt du doch auch, nich wah? Für umsonst trinken wir doch nich, wir ham doch was davon, nich wah? Un denn kann ich nich viel vertra- gen, un denn bin ich noch so furchbah jung, nich wah, un denn steigt mir alles gleich zu Kopp. Ich bin ja erst vier- zehn.

G a s t. Vierzehn?

M a r g o t. Ja natierlich, ich werde sechzehn, ich bin fuff- zehn. Ich habe mal fuffzehn Flaschen Sekt gekneipt mit ein Herrn, aber wie ich da saß, da merkt ich gahnichts, aber wie ich aufstand, da schlug ich hin, un da wah ich wie tot, da hab ich mirn ganzen Kopp zerschlagen, da hat mir Herr Süßmilch ins Bett legen müssen, da bin ich ohne Besinnung gewesen, da hab ich natierlich den andern Tag nich auftretn könn. Aber jetzt bin ich ja natierlich noch gahnich bekneipt.

G a s t. Na weeßte, der Portwein, du hast zwee Glas getrunken un meins auch noch.

M a r g o t. Schad nichts, kann ich vertragen, ich hab mal zehn Flaschen Portwein gekneipt, aber ich bin ja doch eigentlich bleichsichtig, ich mißte eigentlich viel mehr für meine Jesundheit lebn, wenn die Schminke runter is, denn sollste mich mal sehn, aber nich wah, das is doch Geschäftsintresse, un wir trinken ja doch auch nich umsonst! Wir haben doch was davon, von jede Flasche! Un denn, Frau Süßmilch paßt immer so auf!

G a s t. Wat kann denn so n Mädel, wat kann denn die vertragen! Hättste mal sehn solln, in Posen, wie ich bei de Husaren stand! Kameraden! hab ich gesagt zu den andern Offzieren, die Nacht wird durchgesoffen! Na, eenmal, Regimentsball, halbzehne angefangen, fünwenzwansig Minuten dauert jeder Tanz, un denn finf Minuten Pause, Punkt zwei wah Kaffeepause, un n andern Tag halbzehne ham wer noch getanzt.

M a r g o t. Aber vor elbe darf ich nich mitgehn!

G a s t *(sieht nach der Uhr).*

M a r g o t *(sieht gleichfalls nach der Uhr).* Noch ne Stunde!

G a s t. Aber denn trinken wir nich mehr?

M a r g o t. Das is doch Herr Süßmilch sein Verdienst, nich wah? Der is doch Jeschäftsmann, der muß doch seine Steuern bezahlen!

K o m i k e r *(tritt ein).* Kans erkähmsten Diener, da wirt woll Sekt ketrunken? Da gann ich woll auch n Kläschen mittrinken?

G a s t. Was wollen Sie denn noch hier?

Komiker. Nu mant immer kemiethlich, ich bin Sie nemlich der Komiker hier.

Margot. Ach, machen Se man, daß Se raus kommen, das is hier nischt fier Ihre Jesundheit!

Komiker. Na, denn empfähl ich mich kans kehorsamst, un wenn kewinscht wird, daß ich ä Kläschen mittrinke, denn bitt ich mir nur rufen zu lassen. *(Ab.)*

Margot. Das is n ekliger Kerl, un der denkt immer, wir solln uns mit ihn abgebn, aber fier den sind wir doch zu gut.

Geschäftsführer und Wirt *(treten ein und tragen Fifi; dahinter Wirtin).*

Geschäftsführer. Nu man sachteken mit die verjniegte Mauerleiche, det keene Explosionen kommen.

Wirtin. Aber nich auf mein Bett!

Wirt. Hier ruf!

*(Legen sie auf ein Bett.)*

Geschäftsführer. Pumpt sich voll bis an Rand, un denn wie abgeschlacht. *(Laut Fifi ins Ohr.)* Du! Du!

Fifi *(lallend).* Hä?

Kellnerin *(tritt ein mit der Flasche).*

Geschäftsführer. Lebste noch?

*(Alle lachen.)*

Wirt *(zur Wirtin, halblaut).* Wat hat n der berebbelt?

Wirtin. Sechsunvierzig!

Wirt *(zur Kellnerin).* Kannste jleich herjeben!

Kellnerin. Ich muß eben mal rüber.

Wirt. Ach wat, hier keene Jeschichten gemacht, wat ick habe, hab k.

Kellnerin *(zählt ihm während des folgenden das Geld auf).*

Wirtin *(zum Gast).* Zu verrickt sin die Mächens! Die Margot, die is noch döller! Wenn unsereins nich da wär mit sein Verstand!

Geschäftsführer *(der den Sekt entkorkt hat, beim Eingießen).* Nu man nich so jeplantscht mit det edle Naß!

W i r t i n. Is denn det auch mein Jlas?

G a s t. Na, is doch ejal!

W i r t i n *(zum Gast).* Wissen Se, der Geschäftsfiehrer hat
so wat in Hals, verschtehnse, da ekelt man sich doch.

F i f i *(vom Bett).* Durstig!

G e s c h ä f t s f ü h r e r. Nee, Mächen, jetzt jippt nischt.
Schteck liebern Finger in Hals.

W i r t. Auf unsern Jast!

*(Es wird während des folgenden angestoßen.)*

W i r t i n. Un uf de Liebe!

G e s c h ä f t s f ü h r e r. Die Liebe un der Suff, det reibt
den Menschen uff!

K o m i k e r *(eintretend).* Meinten Se mir oder meinten Se
mich?

G e s c h ä f t s f ü h r e r *(eingießend).* Kommen Se, Komiker, kenn ooch n Jlas kriegen.

G a s t *(sieht nach der Uhr).*

K o m i k e r. Uf den werten Spender!

G e s c h ä f t s f ü h r e r *(mit der Flasche).* Is ja schon leer!
Nee, wie die Pullen auslaufen! Na, wie is n det, Herr
Leitnant, trinken wer noch eene?

M a r g o t. Ach ja, ich hab ja noch fast gar nichts abgekriegt.

G a s t. Die Augen schwimmen dir ja schon!

M a r g o t. Is ja gah nich wah, ich bin ja ganz nüchtern! Sei
doch nich so geizig!

G a s t. Na, holen Se noch eine!

G e s c h ä f t s f ü h r e r. Die verstehts!

G a s t *(faßt Margot am Busen).*

G e s c h ä f t s f ü h r e r. Kennen Se dreiste anfassen! Dets
stramm! Dets noch n Busen!

F i f i *(vom Bett).* Ich ... habe ... noch ... gah kei
Bus ... en.

*(Lachen.)*

G e s c h ä f t s f ü h r e r. Kommt ooch noch, keene Angst.

G a s t. Wissen se, das is ekelhaft, so mit den Hängetit-
ten ... ich sag Ihn, in Jeschäft, wenn se abliefern, wenn

Se se so ansehn ... wat wolln Se mehr ... Aber pellen Se
se man erst mal aus! Keene eenzigste.

W i r t. Ja, das will ich Ihn sagen. Das kommt von die Nahrung. Sehn se, die Art von Mädchens, wat kriegt denn det
zu fressen? Kartoffel un Kaffe. No, det plustert uf, aber
det is allens schlapp – un – un – un – un –

K e l l n e r i n *(bringt die neue Flasche).*

G e s c h ä f t s f ü h r e r *(gießt ein).*

F i f i. Ich ... habe ... noch ... gar kei Bus.

M a r g o t *(fällt der Wirtin um den Hals).* Ach, Frau Süßmilch, Sie sind mir böse, das weiß ich, aber schadt nichts,
wenn ich nur hier bleiben kann, wenn ich nur bei meiner
lieben Frau Süßmilch bleiben kann, ich habe ja auch meine
Dresche gekriegt.

G e s c h ä f t s f ü h r e r *(beim Eingießen).* Schade um jeden
Schlag, der vorbeijejangen is.

M a r g o t. Ja, meine Dresche habe ich auch gekriegt, aber
schad nichts, wenn ich nur bei Ihn bleiben kann, is gut gewesen für mich, nich wah, Sie sind doch nich böse auf
mich?

K o m i k e r *(schlägt an sein Glas).* Hochverpubeltes Ehr-
likum!

G e s c h ä f t s f ü h r e r. Halten se s Maul, Komiker!

M a r g o t. Wenn ich nur bei meiner lieben, guten Frau
Süßmilch bleiben kann, un ich habe auch meine Dresche
gekriegt, aber is gut gewesen für mich.

W i r t i n. Na siste, kannst immer noch welche kriegen,
wenn de se brauchst.

M a r g o t *(hat ihren Arm um Herrn Süßmilch gelegt).*

W i r t i n. Du willst woll was aufn Masche ham?

M a r g o t. Ich wer doch mein Arm um mein Direkter sein
Hals legen kenn?

W i r t i n. Wer is dein Direkter?

M a r g o t. Sie, Frau Süßmilch, das is bloß der Mann von
der Frau Direkter. Wenn ich nur bei meiner lieben, guten
Frau Süßmilch bleiben kann.

W i r t i n.  Nu setz dich mal hin zu dein Herrn!

M a r g o t  *(zum Gast).* Nich wah, Sie sind mir auch nich
böse, daß ich animiert habe, aber nich wah, is Geschäftsintresse, nich wah?

G a s t  *(küßt sie).*

W i r t i n  *(küßt sich laut auf den Handrücken).*

W i r t  *(zur Wirtin).* Na, du hast woll ooch wat in Kopp?

W i r t i n.  Nee Kinder, nu wollnmr mal lustig sein!

G e s c h ä f t s f ü h r e r.  Freilich! Hab k det nich immer
gesagt?

F i f i  *(vom Bett).* Lustig . . .

G e s c h ä f t s f ü h r e r.  Die Toten wern lebendig!

M a r g o t  *(zum Gast).* Bin ich denn unanständig gewesen?

G a s t.  Wissense, verstehnse, wenn ich emal heirat, natirlich,
man kann doch Anspriche machen, nich wah? Ich laß mich
nich in der Kirche traun, hab ich zu ville Mächens aufn
Gewissen, da kommt schließlich noch eene un jießt een
Oljum int Jesicht!

G e s c h ä f t s f ü h r e r.  Allens schon dajewesen. Is den
Komiker ooch passiert!

K o m i k e r.  Nu äben! Bloß, daß es Pétroljum wah, un
denn hatte sen auf de Lampe gegossen!

W i r t.  Au! *(Zum Gast.)* Wat sagen Se zu den Kerl?

M a r g o t.  Ich bin so müde! *(Sinkt dem Gast in die Arme
und schließt die Augen.)*

W i r t i n  *(mütterlich).* Hhh, is ja noch s reine Kind!

G a s t  *(zum Wirt).* Sie ham woll immer so wat Junges?

W i r t.  Geschäftsintresse. Ick mache mir ja nich ville aus det
Jrienzeig. Ick soll meine Steiern bezahlen.

G e s c h ä f t s f ü h r e r  *(zur Kellnerin).* Noch eene!

K e l l n e r i n  *(ab).*

W i r t i n  *(zum Wirt).* Nee, weßte, bloß dette immer mit de
Zicken rumpussierst, det kann een wurmen. Det sitzt!
*(Schlägt sich auf die Brust.)* Hier sitzts!

W i r t.  Ach nu – oller Fannkuchen!

W i r t i n. Ick bin doch nicht dick?! Un ick wer ooch nich dick, det liggt bei uns jah nich in de Familje.

K o m i k e r *(unbemerkt zur Bühne ab)*.

W i r t i n. Wer muß n dn Unterricht jebn? Wer muß sich abquälen dermit? Wer muß se anlernen?

G e s c h ä f t s f ü h r e r. No, Fritze lernt se ooch an! *(Gelächter.)* Fritzen kenn k doch!

W i r t i n. Ich muß se anlernen!

W i r t *(ihr auf die Backe klopfend)*. No laß man, ick habe dir ja ooch angelernt!

W i r t i n *(zärtlich)*. Häh? Du bist doch mein lieber Fritz!

W i r t. Wissense, de Liebe, wenn k ooch jetzt n alter Mann bin, aber wenn so det erste Jrien rauskommt un det Vergißmeinicht blieht, wenn denn so zwei junge unschuldige Menschenkinder in Wald spazierenjehn, verstehnse, aus anständje Familje, zwei Herzen un ein Jedanke. Verstehnse, ick habe ja mein Auskommen hier, nich wah? Det Jeschäft jeht von selber. Aber wennt nach mir jejangen wäre, denn hätte mir mein Vater Förster wern lassen. So immer in jrienen Wald, an Busen der Natur!

W i r t i n *(aggressiv zärtlich)*.

G a s t *(zum Wirt)*. Na, Sie werns jut ham die Nacht!

W i r t. Wat Sie jlooben! Die Olle, die kriegt nu noch n ordnlichen Kaffee, un den wird se int Bette jepackt!

W i r t i n. Ach ja! Un denn koof mr mojen n Korsett!

W i r t. Die Olle! Bei die Figur! Jelbstern!

W i r t i n. For dir bin ick noch lange jut. Ick habe meinen Kerper geschont.

W i r t. Uf de Maskenbälle bei die Kutscher von die Aktenwagens vont Land- und Kammerjericht!

W i r t i n. Jeh k ooch! Sind ganz manierliche Leite! Ick bin als Brieftaube jejangen. So ne lange weißseidne Handschuh, un denn det Kostüm aus roten Atlas mit lauter Briefe druf!

G a s t. Wenn k mir det so überlege, das glauben Se nich, wie hinter unsereins die Mächens her sind!

Geschäftsführer *(nickt beifällig mit dem Kopf)*.

Kellnerin *(bringt die neue Flasche. Während des folgenden wird eingegossen)*.

Gast. So zum Beispiel, da hab k so eine auf de kleine Hamburger, verstehn Se, Namen tun nichts zur Sache ... no, wat soll k Ihn sagen ... *(Achsel- und Handbewegung.)*

Geschäftsführer. Sehnse, Herr Leitnant, det kommt nu ooch uf de Männer an. Hinter alle sin se nich so. Jlooben Se nich.

Gast. Un denn ... Se denken, das kost was? Keenen Sechser! No, mal ene Rose, odder, odder n Appelkuchen mit Schlagsahne!

Geschäftsführer. Wissense, Sie habn so det det det ... det Feine ... det det is et ja jerade!

Margot. Nich wah, Frau Süßmilch, Sie sind nich böse auf mich? Ich weiß, Sie sind böse auf mich. Ich weiß auch gah nich, wie ich bin! Hauen se mir lieber!

Wirt *(zum Geschäftsführer)*. Du, der Fifi schreibste denn zwee Mark Strafe an, det se besoffen uf de Biehne gekommen is.

Geschäftsführer *(holt ein Notizbuch aus der Tasche)*. Wolln wer jleich besorgen. *(Nachsehend.)* Die steht schon eklig drin diesen Monat, da kann se noch wat zuzahlen von ihre Trinkjelder morgen.

Wirtin. Un wenn k det jroße Los jewinne, un Süßmilch stirbt, denn verreis k det janze Jeld.

Geschäftsführer. No, sagen Se mal, Herr Dokter, wat sagen Se denn nu zu det Radeln!

Gast. Äh, det is jetz schon – *(Handbewegung.)* Det radelt jetz schon alles. Det s schon jah keen Schport mehr, det s schon zu jewehnlich! Reiten!

Wirt. Janz meine Meinung! Ick bezahl meine Schteiern, un denn ieberall die Radfahrer! Ja, det Reiten, det kann doch wenigstens nich jeder, det sind doch Herrschaften! Hier! *(Handbewegung.)* Pinke!

Margot *(zum Gast)*. Schatz, schenkste mir denn was?

G a s t *(nach der Uhr sehend)*. Es is auch woll bald um elfe? *(Zum Wirt.)* Sie ham Polizeistunde?

W i r t. Ick bin fier Freiheit. Der Jeschäftsmann wird jedrickt heitzutage. Jans kleene wolln se n ham. Jans kleene.

W i r t i n. Is ja deine eigene Dämligkeit jewesen! Aber *(imitiert ihn)* det muß ick ja besser wissen, dafor bin ick ja der Mann! . . . Det kocht! Wenn k da dran denke!

W i r t. Un wo das Vertrauen nich is, da is der Glaube nich, un da hält nischt zusammen, un da is keen Vertrauen. Wenn Se zwee Bindfaden zusammenknippen, und det helt nich, un da kann de Polezei sein un der Kaiser, wo keen Vertrauen is! Richter hats n jut jejebn! Verschtehn Se, alle Oogenblick kommt so eener mit ne Hundemarke. Jlobn Se nich, det det wurmt? Det jreift an de Ehre, verschtehn Se!

K o m i k e r *(eintretend)*. Jroßen Hochachtungserfolg! Ankaschemank ant deutsche Theater[2]!

F i f i *(vom Bett)*. Ach, mir is so schlecht!

K o m i k e r *(die kindliche Sprache imitierend)*. Wat denn, mein Mudelchen, wat denn, mein Pudelchen, hat du zuviel tetunken? Is das ein slechter Mann tewesen? Hat dir der wat tetan? Hat der dich ins Bein tebissen?

*(Lachen.)*

F i f i. Ach, mir is so schlecht!

M a r g o t *(zu ihr hin)*. Nu laß man, lieg man ruhig!

F i f i. Ich muß ja nach Hause! Ach, das dreht sich ja alles!

M a r g o t. Nu laß man, laß man, das geht ja wieder vorüber!

F i f i. Ich kann gahnich aufstehn, ich muß mich orndlich festhalten!

K o m i k e r. Wat denn, mein Mudelchen?

F i f i. Ach, ich bin so krank!

M a r g o t. Nu laß doch man, is ja mojen wieder jut!

G e s c h ä f t s f ü h r e r. Frißt n sauren Häring!

2. Gemeint ist das Deutsche Theater in Berlin.

F i f i. Ach, meine Mutter, ich muß ja nach Hause!

W i r t *(zum Gast)*. Dets n Jammer bei die zu Hause. Der Olle liegt den janzen Dag in de Destillen[3]. Wenn die nach Hause kommt, denn muß se abladen. Den Ollen seine Saufjroschen, det jeht allens von det Meechen. Wat anschaffen is nich.

W i r t i n. Kimmer du dir um deine Sachen!

W i r t. Ick wer hier doch woll noch n menschlichet Jefiehl habn kenn?

M a r g o t *(zum Gast)*. Sieben Kinder un eene Bettstelle, un keens will an de Wand schlafen.

K o m i k e r. Laß man, mein Mudelchen, legste dir uf de Erde un deckst dir mit de Stubendiehre zu!

M a r g o t. Zun Dineh jippt Pellkartoffeln, un der Budiker jejenieber, der hat saure Jurken int Fenster stehn, da wird saure Jurkenaussicht injestippt.

F i f i. Mojen missen wer ja die Miete bezahln, ach, das dreht sich alles.

W i r t *(zum Geschäftsführer)*. Die zwee Mark setzte wieder ab.

W i r t i n. Det wird anjerechnet. Hier habe ick zu bestimmen. Ick muß mer quäln.

W i r t. Wer is hier Herr in Haus?

G e s c h ä f t s f ü h r e r. Nu man immer jemietlich, un keenen Klamautz jemacht!

W i r t. Wer is hier Herr in Haus?

G e s c h ä f t s f ü h r e r *(ihm zublinkend)*. Nu laß doch man, wer wird denn immer jleich eh eh eh ... zarte Jeschlecht!

W i r t i n. Qualmtute!

F i f i. Ach, ich glaube, ich sterbe bald!

G e s c h ä f t s f ü h r e r *(zum Gast)*. Ach wat, trinken wer noch een!

G a s t *(ruhig)*. Nee!

3. Kneipen.

Geschäftsführer. Na, Margot?

M a r g o t  *(dem Gast halb ins Ohr).* Denn jehn wer ja jleich!

G a s t. Ich hab schon scheen bluten missen. Nu kann ich den ganzen Monat Hungerpoten saugen. *(Auf den Tisch schlagend.)* Ach wat, nu jerade!

K e l l n e r i n  *(ab).*

M a r g o t  *(küßt ihn).* Soll ich mich auf deinen Schoß setzen? *(Setzt sich.)* Ach, Frau Süßmilch is so gut zu mir, wenn ich nur bei meiner lieben, guten Frau Süßmilch bleiben kann.

W i r t i n. Ihr Bälger, ihr verdients jahnich, det eener so zu eich is.

M a r g o t. Ach, das seh ich ja auch ein, un das hat mir nu schon so leid getan, wenn ich doch in Jeschäft gebliebn wär, nich wah, denn hätt ich mich doch nicht verführn lassen.

G a s t. Wannehr is denn das gewesen?

M a r g o t. Achten Januar, das heißt, achten November. Is n Herr gewesen, der hat mir betrunken gemacht.

G a s t. Hats denn weh getan?

W i r t. Is se immer mit n Kopp ieber die Soffalehne jejangen.

M a r g o t. Ja, wie ich geschrien hab, da hat er gesagt, er ruft die Frau Süßmilch.

G a s t. Haste denn was davon gehabt?

M a r g o t. Hier, die Uhr hier, die hat er mir jejeben, is ne amerikansche, is es Modernste, aus Stahl!

W i r t i n. Ja, ich seh drauf, wenn die jungen Mädchen zu mir kommen, daß se so bleiben, wie se sind; was nachher dermit passiert, da kann ich denn nich zu.

M a r g o t  *(weinend).* Ach, es hat mir schon so leid getan, wenn ich mir doch nich hätte verführen lassen, aber Sie haben mir gewarnt, Frau Süßmilch. Aber hier verdient eine doch mehr als Chansonette, un denn is doch nich so viel zu arbeiten.

G e s c h ä f t s f ü h r e r.  Ja, for Arbeet sin se alle nich, die
  kleenen Predigertechter.
M a r g o t.  Wenn ich in Geschäft geblieben wär, denn wär
  ich noch Jungfer!
G a s t.  Ach wat, wir kenn alle nich Jungfer bleiben!
F i f i  *(vom Bett)*.  Ich bin ... noch ... vorge Woche ...
  Jungfer gewesen.
M a r g o t.  Ach, die andern sin ja auch so, bloß daß se so
  tun. Nich wah? Glauben Se denn, die Lehrerinnen sin so?
  Das sin gerade die schlimmsten, die sind noch viel ver-
  dorbener wie wir.
W i r t i n.  Weeßte noch, det mit den Schtudenten?
M a r g o t  *(noch weinend)*.  Och, die lausigen Schtudenten,
  was die sich einbilden, die denken, eener soll sich jleich in
  se verlieben, aber wejen Bezahlen??!! Na, ick danke! So
  dumm bin ich frieher jewesen. Die Fifi jippt sich ooch
  nich mehr ab mit die.
W i r t i n.  Na, wennt rt man einsieht!
W i r t.  Nich wahr, ick muß meine Steiern bezahln! Wo s
  herkommt, fragt keener!
F i f i.  Ach, ich bin so krank, ich muß gewiß sterben!
M a r g o t  *(die sich die Tränen abwischt, zu ihr hin)*.  Nu
  laß man, ich bringe dir denn nach Hause!
G a s t.  Nee, das is nich, du kommst mit mir!
W i r t.  Lassen Se man, wer wern schon machen!
F i f i.  Ich bin noch, vorge Woche bin ich noch Jungfer ge-
  wesen.
W i r t  *(zum Gast)*.  Wat sagen Sie nu zu die Aufhebung
  von die Börse?
W i r t i n  *(zu Margot)*.  Schämste dir denn nich, det ganze
  Jesicht haste dir verschmiert! Schmink dich erstmal ab!
M a r g o t  *(ab)*.
F i f i  *(ihr nach)*.  Ach, bleib doch hier!
K o m i k e r  *(zu Fifi)*.  Du hast mir ja. Siehste, sonst willste
  mir immer nich. Aber wenn k erst n jroßer Schauspieler
  bin, denn leckste dir alle Finger. Aber denn will ick nich.

Denn kann k Prinzessinnen haben. Verstehste? Det Talent wird man bloß nich anerkannt. Wat is Kainz[4]?! Nischt is Kainz!

G e s c h ä f t s f ü h r e r. Na, Komeker, nu missen se woll ooch quatschen?

K o m i k e r. Ja, det muß ick. Hier steh k. Ihr habt mir ufn Gewissen. Ick jeheer wo andersch hin, ick jeheer nich in den Bums hier. Ich habe schon Heldenrollen gespielt. *(Deklamiert mit Pathos.)*

Blast, Wind, und sprengt die Balken! Wütet! Blast!
Ihr Katarakt' und Wolkenbrüche, speit,
Bis ihr die Stürm' ersäuft, die Höh'n ertränkt!
Ihr schweflichten, gedankenschnellen Blitze,
Vortrab dem eichenspaltenden Donnerkeil,
Versengt mein weißes Haupt!

W i r t i n. Bezahln se man erst Ihren Vorschuß!

F i f i *(fängt laut an zu schluchzen).*

K o m i k e r. Wat denn, mein Puteken, wat denn? *(Deklamiert.)*

Ich will dir nicht zur Last sein! Kind, leb wohl!

G e s c h ä f t s f ü h r e r *(zum Gast, mit Beziehung).* Det is nemlich n Kinderfreund, der Komeker!

G a s t. Wissen se, det is bei mir ooch so. Wenn de Kinder so zwei, drei Jahre alt sind, denn sind se ja zu nett, wirklich süß sind se. Wenn ich so kleine Kinder seh auf der Straße, da geb ich n Groschen oder fünf Fennge, da freut man sich doch, da beglückt man doch so n Kind, wenn se so verlegen wern, des wirklich glückliche Gesicht von son Kind, aber den alten Leuten jeb ich nie was, könnte s ja, aber nee, aus Prinzip, wenn denn da son Säufer kommt, geht in de nächste Kneipe un versäufts. Tu ich nie.

M a r g o t *(kommt zurück, abgeschminkt, in Straßenkleidern; wirft ihre andern Kleider aufs Bett; dabei fällt ein Beutel auf die Erde).*

---

4. der berühmte österreichische Schauspieler Josef Kainz (1858–1910).

Geschäftsführer *(hebt den Beutel auf).* Wats denn
  det? *(Macht ihn auf.)* Ene Puppe! Ene Puppe!
Margot *(greift danach).* Das gehört Ihnen nich!
Wirtin. Willst woll wat aufn Masche ham?
Margot. Her! Das gehört Ihnen nich!
Geschäftsführer *(die Puppe in der Luft schwin-*
  *gend).* Ene Puppe!
Margot *(unter Tränen).* Die gehört der Fifi.
Geschäftsführer *(untersucht den Beutel).* Ach, det
  hat se sich unter de Kleider gebunden gehabt! *(Hält den*
  *Beutel so.)* Die puppelt noch!
Komiker *(als wenn ein Kind betet).*
    Is bin tlein,
    Mein Herz is rein –
Geschäftsführer. Die puppelt noch! Huch! Un ich
  denke, det Mächen hat schon n dicken Bauch?!
Komiker.
    Soll niemand drin wohnen
    Als Jesus allein.
Margot *(ist aufs Sofa gesunken, Hände vorm Gesicht,*
*weint; der Gast umarmt sie und spricht ihr ins Ohr).*
*(Durch die offengebliebene Tür hört man das Klavier und,*
*gesungen von einer scharfen Stimme, das Couplet:*
    *Ja, beim Souper.*
    *Erlebt man dolle Sachen,*
    *Ja, beim Souper.*
    *Im Chambre séparée.)*

OTTO ERICH HARTLEBEN

# Abschied vom Regiment

*An Hans Ebhardt*
Es rundet sich so gern die Hand,
um nach dem Glas zu greifen,
weil doch für uns im ganzen Land
die besten Trauben reifen.

Ernst Griesfeld, *Hauptmann*

Olga, *seine Frau*

Gustav von Prandau, *Premierlieutenant*

Feldmann
Stein } *Hauptleute*

*Eine kleine Garnison*

*Das Eßzimmer bei Griesfelds.*

*Alles in großer Unordnung. Die Gardinen und die Bilder sind abgenommen. Überall stehen Kisten und Koffer. Nur in der Mitte der Bühne der große Eßtisch, rechts an der Wand ein Sofa und links das Buffet sowie noch einige Sessel stehen da. Der Eßtisch steht ganz voller Bouquets, von zum Teil riesigen Dimensionen. – Rechts führt eine Tür in Olgas Schlafzimmer, links eine in den Korridor. Im Hintergrunde große Fenster, in der Mitte Glastür, die offensteht. Dahinter Terrasse mit Freitreppe in den Garten. Es ist zehn Uhr abends.*

*Wenn der Vorhang aufgeht, ist die Bühne dunkel, nur von einer Laterne, die im Hintergrunde am Garteneingang brennt, erleuchtet. Olga tritt von rechts aus dem Schlafzimmer mit einem Licht.*

O l g a *(ist in einem ganz leichten, weißen Déshabillé[1]. Sie stellt das Licht auf eine Kiste, geht nach hinten und verschwindet einen Augenblick auf der Terrasse. Sie kommt zurück und späht aufmerksam hinaus. Sie fährt zusammen).*

G u s t a v *(im Überrock, in großer Hast, flüsternd, führt sie schnell nach vorn).* Komm hier vom Fenster weg. Wenn man uns sieht . . .

O l g a. Gustav! Was hast du denn? Was ist denn geschehen?

G u s t a v. Nichts, aber . . . ich habe keine Zeit, Liebste. Ich muß sofort wieder hinaus!

O l g a. Aber weshalb? Das Liebesmahl dauert noch lange.

G u s t a v. Nein, nein! Das ist es ja eben. Sie sind schon beim Aufbruch! Sie wollen ihn mit Musik nach Hause bringen. Sie müssen gleich kommen.

O l g a. Wie ist das möglich! Es ist erst zehn.

G u s t a v. Ja, dein Mann – sag mal: weiß er denn was?

O l g a. Keine Spur.

G u s t a v. So? – Na, schon bei Tisch in seiner Abschieds-

---

1. Hauskleid, Negligé.

rede ... er hatte so merkwürdige Wendungen ... wir saßen alle auf Kohlen. Dann wurde er schauderhaft sentimental. Es war peinlich. Schließlich setzt er sich mit Stein und Feldmann zusammen und soll da auch noch ganz verworrenes, brenzliges Zeug geredet haben. Kurz: es war 'ne höchst unbehagliche Stimmung, wollte absolut keine Gemütlichkeit aufkommen. Ich merkte, wie der Oberst unruhig wurde und schon im Begriff stand, das Zeichen zum Aufbruch zu geben. Da konnt' ich mich grade noch drükken und bin den Weg hierher gelaufen. – Liebstes, süßestes Weib: wir müssen uns trennen ... jetzt.

O l g a. Nein! Jetzt nicht! So nicht ... o Gustav!

G u s t a v. Es muß sein, Liebste. Lebe wohl, leb wohl. *(Er küßt sie.)*

O l g a. Ich lasse dich nicht.

G u s t a v. Ich kann nicht bleiben.

O l g a. Ich kann dich nicht lassen: so nicht, in dieser Hast: so *kann* ich nicht von dir scheiden. Küsse mich! *(Er umarmt sie.)* – – Gustav? Bist du froh, daß du mich loswirst?

G u s t a v. Hab Dank! Hab Dank für deine Liebe! Und nun – leb wohl.

O l g a. Nein, es ist unmöglich!

G u s t a v. Aber sie kommen. Sie folgen mir ja auf dem Fuße! Bedenke doch!

O l g a. Dann später! Ja! Später! Wenn sich alles verlaufen hat.

G u s t a v. Aber dein Mann!

O l g a. Mein Mann ... oh, der schläft. Ich kenne ihn. Wenn er heimkommt, wird er sofort einschlafen. Ich schleiche mich dann hinaus. Wir treffen uns dann im Garten. In der Laube. Du erwartest mich. Ja! Es ist ganz gefahrlos. Ich verstecke das Feuerzeug. Du mußt! Du sollst! Hörst du?

G u s t a v. Ja, ja, aber –

O l g a. Nichts, nichts. Du kommst, du wartest auf mich! Ich lasse dich sonst nicht los!

G u s t a v.  Nun gut. Ich werde da sein.

O l g a.  Du schwörst es!

G u s t a v.  Ja.

O l g a.  Du wirst mich erwarten?

G u s t a v.  Ja.

O l g a.  Dein Ehrenwort!

G u s t a v.  Mein Ehrenwort.

O l g a *(läßt ihn los)*. Geh!

G u s t a v.  Leb wohl!

O l g a.  Auf Wiedersehn!

G u s t a v *(geht schnell ab)*.

O l g a *(folgt ihm langsam in den Hintergrund)*.

*(Man hört die herannahende Militärmusik, zuerst nur die große Trommel. Die Musik wird langsam lauter. Sie spielt die Melodie: »Ich hatt' einen Kameraden . .« Sie nehmen vor dem Garten Aufstellung. Es wird mitgesungen. Man hört die Strophe:*

> *Eine Kugel kam geflogen,*
> *Gilt's mir oder gilt es dir?*
> *Ihn hat es weggerissen,*
> *Er liegt zu meinen Füßen,*
> *Als wär's ein Stück von mir.*

*Man hört die Stimme des Obersten: »Also, noch einmal, meine Herren: Unser lieber Griesfeld, er lebe hoch!« – Dreimal Tusch, dreimaliges Hoch! Der Hintergrund des Gartens und der Straße ist von Lampions erhellt.)*

E r n s t  G r i e s f e l d *(erscheint auf der Terrasse und spricht nach draußen gewendet)*. Gestatten, Herr Oberst, daß auch ich noch ein letztes Hoch auf mein liebes altes Regiment ausbringe. Das Regiment Carl August, es lebe hoch! Hurra!

*(Wiederum dreimaliger Tusch und dreimaliges Hurra – wonach die Musik sofort den Pariser Einzugsmarsch spielt und allmählich wieder abzieht. Die Terrasse füllt sich mit Offizieren, jeder drückt Ernst noch einmal die Hand. Man hört Stimmen: »Auf Wiedersehn, morgen auf der Bahn. Morgen*

*auf der Bahn. Morgen früh neun, zweiunddreißig. Wieder-
sehn. Wiedersehn.« Schließlich bleibt Ernst mit Stein und
Feldmann allein, die er festhält und ins Zimmer zieht.)*

O l g a *(hat vom Beginn der Szene an am Fenster gestanden
und hinausgehorcht. Als die Offiziere, zuerst Ernst, auf
der Freitreppe sichtbar werden, zieht sie sich schnell vom
Fenster zurück, steckt die Gaskrone an und geht rechts
ab).*

E r n s t *(kommt mit Stein und Feldmann herein. Er ist wie
die andern im Überrock und hat überall, in den Ärmel-
aufschlägen und zwischen den Knöpfen seines Überrockes
Rosenbouquets stecken. Sein Säbel schleppt, man sieht ihm
ein wenig an, daß er vom Weine kommt. Er zieht die beiden andern herein).* Nein, nein ... nichts da, ihr müßt
noch mitkommen. Ihr müßt noch einen Augenblick mit
hereinkommen.

S t e i n. Aber, lieber Ernst, das ist ja ...

E r n s t. Ach was! – So. Na? Sieht nett hier aus, was? Son-
derbarer Gemütszustand in der Bude, wie? Ja! ja! Morgen
früh wird aufgeladen, muß alles fertig sein. Aber setzt
euch doch, so viel Platz ist immer noch. Da, aufs Sofa.

S t e i n und F e l d m a n n *(setzen sich in das Sofa).*

E r n s t *(ihnen gegenüber auf einem Koffer).* So. Na, nu
wollen wir mal noch ein verständiges Wort zusammen
reden. Es war eigentlich höllisch ungemütlich heut abend
... ist ja aber auch eine zu schnurrige Idee, aus soner traurigen Gelegenheit ein *Fest* machen zu wollen.

F e l d m a n n. Traurige Gelegenheit? – Na, so schlimm ist's
doch nicht.

E r n s t. Na, na, na, na, na – schon gut. Laß man gut sein.
Wir verstehn uns. Ihr braucht mir nix zu sagen.

S t e i n. Na, was denn?

E r n s t. Pst! Ihr seid gute Kerle ... wollt's mich nicht fühlen lassen. Alles sehr gut und schön. Aber für dumm müßt
ihr mich nicht halten. *(Singt.)* Eine Kugel kam geflogen,
gilt sie mir oder gilt sie dir – mich hat sie fortgerissen ...

Ja, ja: da ist nichts zu wollen. *(Er ist aufgesprungen und geht hin und her.)* Kerls, wie mir das weh tut, daß wir auseinander müssen – kann's euch gar nicht sagen. Hätte nie gedacht, daß mir der Abschied von diesem Nest so schwerfallen würde, nie gedacht! Aber das machen auch nur solche goldige Kerls wie ihr. *(Er schüttelt ihnen die Hände.)*

Feldmann *(klopft ihm zärtlich beruhigend auf die Schulter).* Na, na . . .

Ernst. Wenn das bißchen Kameradschaft nicht wäre . . . Aber nicht wahr: da ist man nun zusammen eingetreten, zusammen auf Kriegsschule gewesen, hat seine sechzehn Jahre beim Regiment gestanden und soll nun so Knall und Fall auseinander. Bitter! Bitter ist es! – Na: das eine weiß ich wenigstens: Ihr vergeßt mich nicht – und jetzt müssen wir noch einen Cognac zusammen trinken.

Stein. Aber nein, nein. Aber nicht doch. Liebster! Jetzt müssen wir heim.

Ernst *(geht zum Buffet).* Ach was!

Feldmann. Weißt du, Stein . . . so zur – Abrundung?

Ernst *(sucht im Buffet).* Abrundung, jawohl. Wenn ich nur erst was gefunden hätte. Leergebrannt ist die Stätte. Trostloser Anblick. Wenn ich bedenke, wie manche gute Pulle hier gestanden hat . . . zum Weinen: Alles aus. –

Feldmann *(entdeckt auf einer Kiste eine Flasche mit danebenliegender Feldflasche).* Halt! Hier! Was sehen meine Augen! Hurra! – Aber Gläser?

Stein *(am Buffet).* Hier stehn doch welche.

Ernst. Ach, das ist ja Gerümpel. Zersprungenes, zerschlagenes Zeug, das das Einpacken nicht gelohnt hat . . . Aber was macht das! *Paßt gerade gut!* Hier, mein Stein: dieses biderbe Wasserglas mit Sprung für dich. Feldmännchen, du nimmst dir dieses ausgebrochene Sektglas: schneid dich nicht. Und für mich taugt dieser abgebrochene Burgunderkelch – ohne Fuß – der nie mehr wieder richtig stehen kann. So. *(Er schenkt ein.)*

S t e i n. Na also: Dein Wohl, Griesfeld! Prosit!

F e l d m a n n. Prosit.

*(Sie stoßen an und trinken aus.)*

E r n s t. Es – klingt nicht gut.

S t e i n. Was?

E r n s t. Unser Anstoßen. – Aber das macht nichts. Gebt
die Gläser her. *(Er schenkt wieder ein.)* So! Nun will ich
euch zum Schluß noch *eines* wünschen. Und darauf wollen
wir auch noch mal anstoßen. Denkt an mich und an diese
Stunde. Möge es euch, wenn ihr jemals heiratet –

S t e i n *(räuspert sich).*

E r n s t *(der die letzten Worte mit erhobener Stimme gesprochen, unterbricht sich).* Herrjeh, Feldmännchen! Wie
ist mir denn! Richtig! Du stehst ja schon auf dem Sprung-
brett. ›Das ist der Moment, das ist der Moment, wo der
Aff ins Wasser springt!‹ *(Er lacht.)*

F e l d m a n n. Wieso?

E r n s t. Na, na, nu red man nicht. Wissen wir ja besser.
Das ist ja das Merkwürdige: Die andern wissen solche
Sachen immer besser. Na, auf jeden Fall ... was ich sagen
wollte: Ich wünsche euch so gute Frauen, wie ihr sie verdient! Darauf trinke *ich*! Prosit!

*(Sie stoßen an und trinken aus.)*

S t e i n. Na, nun ist es aber genug. Ich dächte, wir hätten
heute das Unsrige geleistet.

E r n s t. Unsinn! Gib dein Glas her. Die Flasche müssen
wir austrinken. Dann erst ist richtig Schluß. *(Er gießt
ein.)*

F e l d m a n n. Übrigens ... ä ... sag mal wie ... kommst
du darauf. He? Du ... du meinst natürlich die kleine
Berthold ... He?

E r n s t. Kleiner Schäker.

F e l d m a n n. Na ja! Wieso denn? Ist doch nichts gegen
einzuwenden. Was? Oder wie?

E r n s t und S t e i n *(lachend).* Ne, ne, ne, ne ...

S t e i n. Gott bewahre.

E r n s t. Im Gegenteile. Vater wählt konservativ ... steht
nicht mehr hinterm Ladentisch ...

F e l d m a n n *(lächelnd)*. Reichtum schändet nicht ... hä,
ja. Mir wenigstens, muß ich sagen, sind die *besseren* Familien immer die *lieberen* gewesen.

S t e i n. Origineller Kerl!

E r n s t. Familie, nun ja ... ist ja was wert, aber ... wie
denkt denn nun Fräulein Lili über den Fall?

F e l d m a n n. Denken? – denken ist gut! – *(Alle drei
lachen.)* – Ihr wißt, Kerls: ich steh auf ganz modernem
Standpunkt, bin sehr für Frauenrechte – aber denken? Ne!
Lieber 'n bißchen kokett.

E r n s t. Kokett. Na ja ... ganz schön. Aber, aber ... Feldmann, mein Sohn: Die Sache kann auch mal schiefgehn.
Verstehste? Verdammt schiefgehn.

O l g a *(ruft aus dem Schlafzimmer)*. Ernst! Bist du da? –
*(Pause.)*

E r n s t *(indem er die beiden grimmig und lächelnd ansieht)*.
Jawohl, meine Liebe.

S t e i n. Aber nun ist's Zeit, leb wohl, lieber Freund.

F e l d m a n n *(gleichzeitig)*. Jetzt müssen wir gehen. Adieu.

E r n s t *(laut)*. Halt! Noch nicht! Noch eins! – Ich muß
mich doch sehr wundern, meine Herren, daß keiner von
Ihnen auf den Gedanken gekommen ist, in dieser letzten
Stunde auch meiner – Frau Gemahlin zu gedenken. So
muß ich das wohl selber tun. Ergreifen Sie Ihre Gläser,
meine Herren, und – – wie sagte doch der Oberst vorhin
bei Tisch? Die liebliche junge Gattin, deren gastlicher Sinn
uns so manche heitere Stunde geschenkt hat, sie lebe
hoch ... hoch ... hoch! Rest. *(Alle haben eingestimmt und
ausgetrunken.)* So. Nun seid ihr in Gnaden entlassen.
Schlaft wohl. Adieu. Adieu. *(Er geleitet sie nach hinten.)*

F e l d m a n n. Also auf Wiedersehn, morgen auf dem
Bahnhof.

S t e i n *(gleichzeitig)*. Morgen früh neun Uhr zweiunddreißig. Adieu. –

*(Alle drei ab.)*

E r n s t *(kommt wieder nach vorn)*. Allein. *(Er stellt sich breitbeinig vor den Tisch in der Mitte des Zimmers, der ganz voller Bouquets steht, und mustert diese.)* Sehr schön. Wirklich: sehr schön. Man sollte nicht glauben, wie beliebt man gewesen ist. *(Er liest einige in den Bouquets steckende Karten.)* Den lieben unvergeßlichen Freunden ... der teuren Freundin ... in herzlicher Erinnerung ... Gottsdonnerwetter! Die guten Regimentstanten haben sich ja riesig angestrengt. Wenn man das so liest ... Ach, ja: es ist ja alles ein Herz und eine Seele. Meine liebe ... Meine liebe ... Zuckersüß! Es zerschmilzt alles vor Schmerz.

O l g a *(kommt von rechts)*. Aber lieber Ernst, was kraspelst du denn hier noch rum? Ich dächte, es wäre doch wohl Zeit für dich, ins Bett zu gehn.

E r n s t. Laß mich, meine Liebe: ich *genieße* hier in vollen Zügen ... gewissermaßen im voraus schon das freundliche Andenken, das wir hier zurücklassen werden. Gönne mir diese reine Freude! So, denk ich mir, muß ein Held vorm Tod seine Unsterblichkeit vorausgenießen.

O l g a. Du hast zuviel getrunken. Wie du wieder aussiehst!

E r n s t. Jawohl! Jroßartig – was? Wie ein Pingstochse. Bin auch einer.

O l g a. Weshalb mußten dich denn die beiden heimführen? Es ging wohl mal wieder nicht allein. Wie? Oder konntest du dich so gar nicht losreißen von den alten lieben Regimentskameraden?

E r n s t *(ernst)*. Liebe Olga, bitte, laß mir die beiden in Ruhe. Es sind zwei liebe, liebe Kerle. So werd ich sie wohl so leicht nicht wiederfinden. Und wenn du meinst, es fiele mir leicht, mich vom Regiment zu trennen, so irrst du freilich – ich schäme mich gar nicht, dir zu gestehen, daß es mir schwer, furchtbar schwer fällt.

O l g a. Nu, weine man nicht. Willst du dich nicht lieber mal ins Bett legen? Du solltest doch mit den Jahren gelernt haben, wieviel du vertragen kannst.

E r n s t. Mit den Jahren lernt man viel vertragen – aber doch nicht alles.

O l g a *(bemerkt den in Papier eingeschlagenen Silberpokal).* Was ist denn das? *(Sie wickelt ihn auf.)* Ah! Sehr nett. Wirklich: komplett! *(Sie liest die Inschrift.)* Ihrem lieben, braven Kameraden zum Abschied vom Regiment. Das Offizierkorps. – Na das ist ja höchst erfreulich; da bringst du doch auch mal ein Stück Silber ins Haus.

E r n s t *(getroffen).* Olga! – – – Du irrst. – Auch dieses Stück Silber – ist Mitgift von dir. *Es ist nicht mein Verdienst* – auch das – verdank ich dir.

O l g a. Das versteh ich nicht.

E r n s t. Wahrlich, ich bin unschuldig an diesem Stück Silber. Man hätt' es mir wohl nie gegeben – ohne deine gütige Hilfe. Also sei beruhigt.

O l g a. Du redest Unsinn. Was hast du denn alles getrunken?

E r n s t. Weshalb *werde* ich denn versetzt? He? *Weshalb* wird ein andrer eigens hereinversetzt? Willst du mir das mal sagen, ja? – – Anderthalb Jahre bin ich erst Hauptmann – was in aller Welt kann vorliegen? Was in aller Welt?

O l g a *(kalt).* Das weiß ich nicht.

E r n s t. Nein – du weißt es nicht.

O l g a. Was gehn mich deine Militärgeschichten an.

E r n s t. Militärgeschichten! Es handelt sich nicht um Militärgeschichten. Militärische Dinge haben damit überhaupt nichts zu tun. Es handelt sich um uns, meine Liebe, um dich und mich . . .

O l g a. Ich weiß gar nicht, was du willst. Erfurt ist doch schließlich eine ganz andere Stadt als dieses Nest. Ich bin ganz froh, daß es so gekommen ist.

E r n s t. Wirklich? Ganz froh? Ganz froh? So gäb' es also nichts, was dich hier fesselte? Du würdest nichts vermissen?

O l g a. Ich wüßte nicht, was. Etwa euern Exerzierplatz?

E r n s t. Nein, den nicht.

O l g a. Na, was denn?

E r n s t *(sieht sie forschend, starr an).*

O l g a. Lieber Ernst, du bildest dir doch nicht etwa ein, daß
es sich um eine Strafversetzung handle? Davon kann ja
gar keine Rede sein, denn dann wärst du nicht nach Erfurt
gekommen. Sieh mal: Du hast noch bei der letzten Kom-
panievorstellung brillant abgeschnitten. Hast mir ja selber
erzählt, wie dir der Divisionskommandeur die Hand ge-
schüttelt hat. Was willst du denn mehr? Deine ›Kerle‹
schießen ›wie die Götter‹, und der Herr Oberst hat mir
erst neulich gesagt, daß er sehr, sehr große Stücke auf dich
hielte und daß er dich zur Unteroffizierschule vorschlagen
würde. – – Sei doch zufrieden, Ernst. Warum quälst du
dich und mich? Nun kommen wir in ein neues Land, da ist
alles frisch und da wirst du die alte Garnison bald genug
vergessen. – *(Sie geht nach hinten und sieht in den Park
hinaus.)*

E r n s t *(nach einer Pause, tiefernst).* Wenn es möglich
wäre … daß im neuen Lande wieder alles frisch wäre …
*(Warm.)* Olga! Könntest du? Wolltest du?

O l g a *(zerstreut).* Was denn, Ernst?

E r n s t. Olga, sieh … ich glaube, es wäre noch nicht zu
spät … es könnte noch alles wieder gut werden mit uns
zwei beiden. Wie? – – Hörst du mich, Olga?

O l g a. Ja.

E r n s t. Denk an die Zeit … an die schöne Zeit zurück,
*eh'* unser Kindchen starb. Hast du nicht auch manchmal
Sehnsucht danach, daß es wieder so würde … wie damals?

O l g a *(wendet sich ab und schweigt).*

E r n s t *(tritt ihr näher. Weich).* Olga … Damals den
Schmerz, den haben wir noch zusammen getragen …
weißt du noch?

O l g a. Ja.

E r n s t. Ich habe manchmal gedacht: Wenn die Kleine am

Leben geblieben wäre ... dann wäre wohl alles anders
und besser mit uns geworden. Und wenn ich das bedenke,
kann ich dir vieles, sehr vieles verzeihn, weil es doch mehr
Schicksal gewesen ist als Schuld ... was uns voneinander
entfernt hat.

O l g a.  Schuld? Wessen Schuld?

E r n s t  *(überwindet sich). Auch meine* Schuld, Olga ... ich
will sie nicht leugnen. Ich hätte wohl zarter und rück-
sichtsvoller sein können und mich mehr dir widmen. Aber
reden wir in dieser Stunde nicht von Schuld. Ich glaube,
Olga, ich glaube: ich hätte die Kraft, zu verzeihen, ja zu
vergessen – wenn es auch dir ernst wäre mit dem frischen
Leben im neuen Lande – wenn alles Trübe und Häßliche,
was wir hier zurücklassen, auch wirklich ganz und gar
hinter uns zurückbliebe ... Olga! Wir sind noch jung:
warum sollte das Glück nicht zu uns zurückkehren! *(Er
will sie umfassen. Sie entzieht sich ihm. Pause.)*

O l g a  *(sieht ihn kalt an).* Ich verstehe dich nicht.

E r n s t.  Du ... verstehst mich nicht.

O l g a.  Nein.

E r n s t  *(leise).* Also ist es aus. – Ganz aus.

O l g a.  Du bist überspannt.

E r n s t  *(lacht bitter auf).*

O l g a  *(ärgerlich).* Ach, nun leg dich endlich mal zu Bett.
Ich will das Licht ausmachen. Meinst du, es wäre ein Vergnügen für mich, hier deine halbtrunkenen Redereien mit-
anzuhören, wo ich morgen so früh heraus muß. Um sechs
kommen die Leute.

E r n s t.  Nein, meine Liebe. Ich werde mich noch nicht zu
Bett legen. Ich habe noch das Bedürfnis, mit dir zu reden,
mit dir zu rechnen. Und wenn es dauert, bis die Leute
kommen – ich will in dieser Nacht Klarheit schaffen zwischen uns – Klarheit. – – Was ich dir soeben gesagt habe,
hast du nicht verstanden. Wie könnt' es auch anders sein.
Was bin ich für ein armer Narr, daß ich gehofft habe, du
würdest *das* verstehen können. Aber ich sage dir: Du

*wirst* mich noch verstehen. In dieser Nacht. Verlaß dich drauf!

O l g a. Ach, ich will jetzt –

E r n s t. Schweig! – – Du sagst, es sei keine Strafversetzung. Gut. Es gibt ja offiziell überhaupt keine Strafversetzungen, und was man mir als Militär vorwerfen könnte – das möcht ich sehn. Aber das ist ja nur ein Streit ums Wort. Es ist und bleibt eine Maßregelung. Und weshalb werde ich gemaßregelt? *Weshalb?* – – Alle Welt weiß es. Die Spatzen pfeifen es von den Dächern. Der jüngste Lieutenant reißt hinter meinem Rücken seine Witze darüber ...

O l g a. Wenn du das weißt – warum läßt du es dir gefallen?

E r n s t. Oh, du ... Ich lasse mir nichts gefallen. Es sollte nur einmal einer kommen! Aber es ist ja wie ein schmutziger Nebel um einen herum, unfaßbar, ungreifbar. Oh, könnte ich es nur einmal greifen – sei versichert, ich würde eine feste Hand haben!

O l g a *(höhnend)*. Du bist fürchterlich in deinem Zorn ...

E r n s t. Olga!

O l g a. Ernstchen mit der eisernen Faust!

E r n s t. Ich sage dir, Olga, treib es nicht zu weit. Du weißt nicht, wie mir zumut ist! Du weißt nicht, wie es in mir aussieht! Mach mich nicht rasend, sag ich dir! *(Er geht durchs Zimmer.)*

O l g a *(richtet sich auf)*. Was soll diese Szene? Was bedeutet das überhaupt? Willst du mir Vorwürfe machen? Willst du behaupten: ich sei an dieser Versetzung schuld?

E r n s t *(stehenbleibend)*. Ja! Du – du ganz allein bist schuld. Deine gewagten Spielereien, *deine* leichtfertige Koketterie ... *(Er tritt ganz nahe an sie heran. Mit gesenkter Stimme.) Dein Benehmen* hat mich lächerlich, hat mich unmöglich gemacht. Sieh: ich will nicht glauben, daß du mich betrogen hast ... ich kann es ja nicht glauben, denn sonst ... Aber du hast jedem bösen Argwohn Tür und Tor geöffnet durch dein Benehmen, zumal zuletzt durch deine – Freundschaft mit diesem, diesem ... Familienräuber, dem Gustav!

O l g a. Das war dein Freund.

E r n s t. Mein Freund. Jawohl. In meiner tollsten Lieutenantszeit sind wir es mal gewesen ... Damals hab ich ihn kennengelernt, weiß, was an ihm ist ... und heute veracht ich ihn vom Grunde meiner Seele. Ein kalter, gewissenloser Bube, ein ...

O l g a. Hör auf! –

E r n s t. Ah! Dir gefällt er, nicht wahr? Ja. Er hat schon mancher gefallen. Olga! Sieh mich an! Kannst du mir ins Gesicht behaupten, daß du deine Pflicht als meine Frau stets heiliggehalten hast?

O l g a. *Heilig!* – Was ist *dir* denn heilig gewesen in diesen Jahren unserer Ehe? Deine Kompanie, weiter nichts. Hast du dich denn um mich gekümmert? War ich dir denn das geringste? Du gingst ja lieber mit deinem dicken Feldwebel spazieren – dienstlich, als mit deiner jungen Frau. Wenn wirklich mal was los war in diesem traurigen Neste, dann hieß es immer: Erst kommt der Dienst, erst kommt die Pflicht. War es mir da zu verdenken, daß ich mich an deine galanteren Kameraden hielt? Gott sei Dank, daß es solche noch gab.

E r n s t. Galantere Kameraden. Nun ja, das ist es ja! Amüsieren wolltest du dich! So denkt keine Frau, die die Ehe heilighält.

O l g a. Heilig! – – Ich will dir einmal was sagen, mein Lieber. O ja: auch für mich hat es einmal eine Zeit gegeben, wo mir die Ehe als etwas Heiliges vorschwebte. Das war in meiner Brautzeit und auch noch später, in der allerersten Zeit unserer Ehe. Aber es dauerte nicht lange! Als ich erst den Ton weg hatte, in dem ihr unter euch über das leidige Heiraten spracht, da war es schon vorbei. Und was glaubst du wohl, mein Lieber, was es für eine Wirkung bei mir gemacht hat, als ich nach und nach erfuhr, daß du mich *oder eine andere* hast heiraten müssen. Hei-

lig! Was heißt heilig? Du hast mich geheiratet, weil dir
deine Schulden über den Kopf zusammenschlugen. Basta!

E r n s t *(nach einer Pause, schwer).* Ich hatte Schulden und
ich mußte heiraten. – Ja. – Aber bei Gott! Ich liebte dich,
Olga ... *ich liebte dich!*

O l g a *(auflachend).* Redensarten! Mach dich nicht lächerlich! Das Geld meines Vaters war es. Das Geld meines
Vaters, weiter nichts. Und weißt du, was die Folge war?
Daß ich dich verachtete – verachtete, so wie ich dich noch
heute verachte! – – So! Nun *kennst* du mich! Nun *weißt*
du was von mir!

E r n s t. Und da glaubst du nun, ein Recht zu haben, meine
Ehre zu beflecken?

O l g a. *Deine Ehre!*

E r n s t *(an den Degen fassend).* Jawohl: meine Ehre! Und
du sollst es erfahren, Weib, daß ich sie zu wahren weiß.
Ich seh es jetzt, aus allem ... ich seh es ... aus jedem
Worte, das du sprichst ... aus jedem Ton –: *Du hast mich
schon betrogen! Du hast mich schon betrogen!* Und jetzt,
jetzt sollst du mir sagen, sollst du mir gestehn, mit wem!
Mit wem? Nenne seinen Namen, nenne ihn mir – du selber – damit ich mich rächen kann, damit ich mich *befreien*
kann von der Schande, die auf mir lastet ... *(Er tritt
ganz nahe an sie heran.)* Mit wem? – Sprich!

O l g a *(steht aufgerichtet, starrt ihn an und schweigt).*

E r n s t. Olga! Sprich!

O l g a *(mit zurückgeworfenem Kopfe).* Nein!

E r n s t. Und du – verteidigst dich nicht?

O l g a. – Nein!

E r n s t *(faßt ihre beiden Unterarme).* So gesteh! Gesteh!

O l g a. Laß mich los!

E r n s t *(zwingt sie in die Knie).* Mit wem?

O l g a. Du mißhandelst mich.

E r n s t *(wilder).* Mit wem?!

O l g a *(schreit auf).* Hilfe! – *(Gellend.)* Hilfe!

E r n s t. Mit wem?

O l g a *(gellend).* Gustav!

E r n s t *(läßt sie plötzlich los und starrt sie an).*

O l g a *(eilt nach hinten zur Tür).*

G u s t a v *(erscheint im Hintergrund).*

E r n s t *(folgt ihrem Blick, sieht ihn, schreit auf).* Ah! Du!
Also doch: Du. Was suchst du hier?

G u s t a v. Ich eile einer bedrängten Frau zur Hilfe.

E r n s t *(zieht den Degen).* Hilf dir selber, du Hund!

O l g a. Hilfe, Hilfe! – *(Sie eilt nach hinten ab.)*

E r n s t *(stürzt auf Gustav los).* Du Hund!

G u s t a v *(zieht und pariert).*

E r n s t *(rennt blindlings in Gustavs Degen und fällt äch-
zend rücklings zu Boden).*

G u s t a v *(steht einen Moment starr. Dann nähert er sich
ihm).* Griesfeld? – *(Er kniet zu ihm nieder.)* Griesfeld?
*(Er knöpft ihm die Uniform auf. Zahlreiche Rosenbou-
quets fallen heraus. Gustav erhebt sich und senkt den
Kopf. Im Hintergrunde werden Lichter und Leute sichtbar. Er läßt den Degen klirrend zu Boden fallen.)*

RAINER MARIA RILKE

# Höhenluft

Ein Akt

*Widmung:*

Viele müssen mühsam empor
Zu den alltagfremden Pfaden,
Göttliche gehen in lächelnden Gnaden
Früh durch der Freiheit flammendes Tor.

*An Mathilde Nora Goudstikker*

## AUFTRETENDE MENSCHEN:

| | |
|---|---|
| A n n a , *Näherin* | *29 Jahre* |
| T o n i , *ihr Sohn* | *6 Jahre* |
| D i e  B e d i e n e r i n | *50 Jahre* |
| M a x  S t a r k , *gewesener Offizier* | *26 Jahre* |

*Anmerkung:*

*Die einzelnen Figuren charakterisieren sich klar. Anna
schlicht in Kleidung und Wesen. Alles verrät das Überwundenhaben: Der ruhige klare Blick, die weißen, wünschelosen
Hände. Max Stark, n i c h t just geckenhaft, aber vornehm
modern. Blond mit gezwirbeltem Schnurrbart, eventuell
Kneifer. Das ›Mna‹ spricht er ganz kurz.
Toni kann zwischen sechs und acht Jahren stehen. Nicht sehr
eingelernt, recht herzlich und innig: blonder Wildfang. –
Alles andere bleibt der verständigen Regie überlassen. –*

*R. M. R.*

⟨Bühne:⟩

Schiefe Mansardenwand  /  ○  mit tiefem Fenster

Schrank      Näh-      Bett
            maschine

Kinderbett

Kleiderpuppe ○

○ Ofen            Schub-
                  fach-
/   Tisch         Kasten

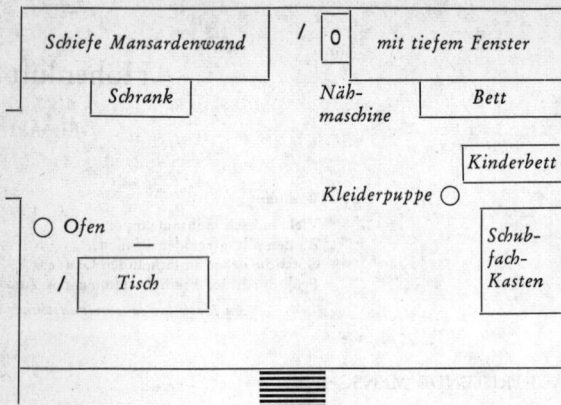

Ort der Handlung: Kleine deutsche Stadt. Schlichtes Man-
sardenzimmer.
Zeit: Gegenwart. Kurz vor Weihnachten. Mittag.
Anmerkung: Die schlichte Mansarde ist sauber und nett; die
kleinen Scheiben im tiefgelegenen Fenster mit weißen Vor-
hängen verhangen. Die Dielen rein gescheuert. Im tiefen
Mansardenerker steht die Nähmaschine. Das Bett ist mit
einer geblumten Kattundecke bedeckt, das daneben stehende
Kinderbettchen mit aufgezogenen grünen Garngittern besonders schmuck. Auf dem Schubkasten allerlei Kleinigkei-
ten, auch einige Bücher. Auf dem Schrank ein paar größere
Pappekartons. Auf dem Tisch die Reste einer Mahlzeit,
welche die alte Bedienerin abzuräumen eben im Begriffe
steht. Um den Tisch herum ein mit schwarzem Glanzleder
bezogener Lehnstuhl und zwei gewöhnliche Holzsessel.

*Bedienerin räumt den Tisch ab. Anna sitzt im Erker und näht an der Maschine.*

B e d i e n e r i n. Essen Sie aber wenig, Fräulein Anna. Rein wie ein Spatz.

A n n a. Sie geben aber auch gute Portionen, Frau Baumer.

B e d i e n e r i n *(gutmütig)*. No, ich denk mir halt: 's Kind. Wenns im Wachsen ist.

A n n a. Der ißt aber auch tüchtig. Früh – na Sie wissen ja – das Riesenstück Butterbrot, das der Toni mitbekommt. Und wenn er aus der Schule kommt, kann ers vor Hunger gar nie erwarten.

B e d i e n e r i n. Recht so! Mein Pepi, wie der klein war, *den* hättens sehen sollen. Mit wasfür Augen der immer schon die ganze Schüssel g'schluckt hat . . . Gott, jetzt ist der auch schon im Amt. Nämlich: er ist bei der Bank. Wissens, bei der großen Bank in der Residenz. Steht sich recht gut dort – ja. Und ein – Vertrauensposten ists auch. Denkens sich nur *das* Geld, das durch dem seine Hände geht: *die* Tausender und *die* Millionen. – Das gibt halt eine Arbeit. Jeden Tag bis spät in' Abend. Und manchmal bleibt er noch nach Schluß. Ja. – Jetzt wird er aber mal heimkommen und Weihnachten bei uns sein. No der alten Mutter muß er doch auch noch mal bißl gehören – und . . .

A n n a *(hört auf zu nähen)*. Ja – da werden Sie schöne Weihnachten haben. Werden Sie nicht vergessen auf das Bäumchen, Frau Baumer?

B e d i e n e r i n. Für'n Toni! Und vergessen! Gehns, gehns, Fräulein, da kennens mich aber schlecht. Ich sag Ihnen: den Toni, den haben wir alle soviel lieb. Ist aber auch . . .! Ja – am dreiundzwanzigsten bring ich Ihnen ein kleines Bäumerl. Ja. Und auch so ein paar Papierketten . . .

A n n a. Das ist zu lieb von Ihnen.

B e d i e n e r i n. Bitt Sie schön. Das hat man so von den Kindern. Wir brauchens ja jetzt nimmer. Ja. – Na, brauchens sonst nichts mehr, Fräuln. Nicht? – Na. *(Rafft das*

*Geschirr zusammen. Im Abgehen.)* Also wegen dem Bäumerl verlassens sich ganz auf mich. Ein feines – sag ich
Ihnen. – Adjee.

A n n a. Viel Dank, Frau Baumer.

B e d i e n e r i n *(in der Tür)*. Nichts, nichts. Ich sag Ihnen
ja: für'n Toni. . . *(Ab.)*

A n n a *(näht fleißig; man hört die Maschine. Pause).*
*(Dann Stimmen draußen. Pause.)*

B e d i e n e r i n *(kommt mit allen Zeichen des Erstaunens
herein und schließt behutsam hinter sich die Türe).* Fräuln!

A n n a *(hört nicht, näht weiter).*

B e d i e n e r i n. Fräuln!

A n n a *(ohne aufzuhören).* Ja?!

B e d i e n e r i n *(näher).* 's ist wer da.

A n n a *(sieht auf).* Bestellung?

B e d i e n e r i n. Scheint nicht, ein feiner Herr. – Ja. –

A n n a. Das kann nicht her sein.

B e d i e n e r i n. Ja, ja; *(eilig)* er sagt ganz genau den Namen. Fräulein Anna Stark, hat er gesagt. Und einen Pelz
hat er! Ich glaub, das ist ein Graf oder sowas.

A n n a *(aufstehend, ärgerlich).* So gehen Sie doch, Frau
Baumer, und sagen Sie, daß ich niemanden empfange.
Wenn vielleicht eine Bestellung zu vermitteln wäre . . .
Aber nein. Ich empfange niemanden. Sagen Sie das –
bitte!

B e d i e n e r i n. Gut, gut. *(Sie geht zur Tür.)* Ich sags
schon; ja. *(Öffnet.)*

M a x  S t a r k *(tritt in demselben Augenblick rasch ein).*

A n n a *(erst erschrocken, stürzt ihm dann in sichtlicher
Freude entgegen).* Max! *(Sie umarmt ihn.)*

M a x *(küßt sie).* Also . . .

A n n a *(kaum fassend).* Du?!

M a x. Ja, Schwesterchen. Ich selber. Mna und – du?

B e d i e n e r i n *(die an der Tür gestanden war – ab).*

A n n a *(ihn immer noch haltend).* Ists denn möglich?

M a x. Müh' hats genug gekostet. Wie eine verlorene Steck-
nadel hab ich dich gesucht. Etwas hoch hast du dich hin-
aufgesetzt. – Wie? Etwas hoch; mna. – Laß mal sehen.
*(Sich umblickend.)* Und grade glänzend hast du's nicht.
Aber wenns dir nur . . .

A n n a *(bricht in Tränen aus)*.

M a x *(ungeduldig)*. Mna – nun weinst du gar! Mna,
Schwesterchen, Schwesterchen. *(Beruhigend.)*

A n n a *(Tränen trocknend)*. Wie gehts der Mutter?

M a x. Mutter? Danke gut. Das heißt. So, so . . . ja.

A n n a *(lauscht besorgt)*.

M a x. Wird halt auch alt, weißt du. Nichts von Bedeutung.
Einmal ziehts da, einmal ziehts dort. Wird uns allen mal
so gehen. Mna, aber bis dahin . . .

A n n a *(sieht ihn groß und fragend an)*.

M a x. Hm?

A n n a *(verharrt)*.

M a x *(erratend)*. Also – der Vater. – Mna ja, auch recht
brummig manchmal. Aber soweit . . . ja – – *(Pause.)* Mna
vorerst mal: Was machst denn du? Wie lange haben wir
uns denn nicht gesehn?

A n n a. Über sechs Jahre.

M a x. Über sechs . . .? Wirklich. Ja, ja: zwei, vier, fünf . . .
Du kannst recht haben. Freilich, ich war ja noch Lieutenant damals. Blutjunger Hase. – *(Pause.)* Hat mich damals furchtbar gepackt, die ganze Affaire. Mna . . . *(in anderem Ton)* etwas blaß bist du, etwas blaß . . .

A n n a. Ich glaube, das macht das Licht.

M a x. So? Möglich. Also was ich wollte. Dir gehts doch –
gut? Hm?

A n n a. O ja. *(Ruhig.)* Ich bin sehr zufrieden.

M a x. Mna, das ist schön.

*(Pause.)*

A n n a *(zögernd)*. Setz dich doch, Max.

M a x. Ja. *(Nimmt im Lehnstuhl Platz.)* Ah! Rauchen darf
man wohl bei dir? Hm?

A n n a. Natürlich.

M a x *(nimmt eine Zigarre aus dem Etui)*. Siehst du, das ist schon etwas. Ja. Bei uns ist immer noch der alte Zopf: Jesus Maria – die Wände! und Jesus Maria – die Gardinen. Das ist ekelhaft. – Mna – alte Leute. *(Entzündet die Zigarre.)* Henry Clay – du paß auf: der Duft! Wird dir ganz gut tun. Weißt du, die Luft ist hier nicht zweimal. Du speisest wohl in demselben Zimmer? –

A n n a *(setzt sich lächelnd)*. Das ist mein Speisezimmer, wo du sitzt, dort *(weist aufs Bett)* mein Schlafzimmer und dort *(zeigt gegen den Erker)* meine kleine Arbeitsstube.

M a x *(dampfend)*. Gut eingeteilt. Ganz famos. Zeugt von Geschmack. – Na wie findest du *die* Sorte? *(Raucht einen Kegel gegen sie hin.)* Aroma, wie?

A n n a. Lieber Max, ich versteh ...

M a x. Mna – ja *(raucht)* eigentlich haben wir auch Wichtigeres zu erörtern. Hmm. – *(Pause.)* Vorerst verzeih mal, daß ich da ohne weitere Respektierung deines dienstbaren Geistes so prompt eingetreten bin; aber das Antichambrieren da draußen war etwas kalter Natur. Mna und – weißt du, in gewissen *exzeptionellen* Fällen ist es gestattet, die Vorschriften zu umgehen, die sonst im allgemeinen gelten. – Mna – ja und ... *(Dreht nervös den Schnurrbart – plötzlich:)* Rückeroberung der Schwester ist so ein exzeptioneller Fall. Wie?

A n n a *(sieht ihn verständnislos an)*.

M a x *(verlegen)*. Mna ...

A n n a *(sieht ihn immer noch an)*.

M a x. Ja. – Das ist nämlich der Grund meines Kommens. Außer meiner eigenen, persönlichen Bruderliebe – natürlich. – Mich schickt also Mama ...

A n n a *(in wonnigem Erstaunen)*. Die Mutter!!

M a x *(trocken)*. Ja.

A n n a *(zitternd vor Freude)*. Erzähl, Max! Die Mutter schickt dich ... und ...

M a x. Ja, sie wär' selbst gekommen; aber – das Wetter . . .
sie ist doch schon etwas empfindlich.

A n n a *(lauschend).* Die Mutter? . . .

M a x *(tut einen langen Zug aus seiner Zigarre).* Mna: sie
erwartet dich zu Weihnachten zu Hause.

A n n a *(springt auf und umhalst ihn).* Wirklich, Max!?

M a x *(trocken).* Ja. Mna. Willst du?

A n n a *(aufhorchend).* Nach Hause, Gott!

M a x. Hm.

A n n a *(mit gefalteten Händen stehend).* Wie kannst du
noch fragen? Gleich – gleich! *(Jubelnd.)* Die Mutter! Wie
hat sie dirs gesagt, die Mutter? Du mußts ja wissen.

M a x *(gelangweilt).* Ach Gott, bei Tische sprechen sie schon
eine Ewigkeit drüber. Ewig hin und her . . .

A n n a *(zage).* Und der Vater?

M a x. Der Vater? *(Raucht.)* Mna, der sagt: Ja und Amen,
wenn er dich erst mal sieht.

A n n a. Er zürnt noch?

M a x. Ich sag dir ja. Er ist recht brummig. Es ist ein wahres
Kreuz, um die alten Leute herum zu sein. Kein Tag Ruh'
und Friede . . .

A n n a *(hört erschrocken und erstaunt zu).*

M a x. Immer gehts von vorn los.

A n n a. Ja – aber?

M a x. Wundert dich das? War doch immer so. Das Ge-
zanke –

A n n a. ?

M a x. Über was? Gott, über dies und nichts. Jede Kleinig-
keit. Reizbar sind diese Leute; da hast du keinen Begriff.
Und dann kommts immer darauf hinaus, wer *dich* am
Gewissen hat.

A n n a *(entsetzt).* Wer mich?

M a x. Ja, zu dumm. Wie? Er sagt, sie war zu gut und hat
dir zuviel Freiheit gelassen, und sie sagt, er hat dich zuviel
geprügelt. Zu dumm. Ah, es ist zum . . . Du hast immer noch das Beste, weißt du. So ganz selbständig.

Wenn ich das könnte! – Mna das ist ja bei dir aber was anderes. Die Frauenzimmer verstehn sich immer besser, und wenn dann zwei im Hause sind – dann wird Papa schon den kürzeren ziehn.

A n n a *(schweigt, vor sich hin starrend).*

*(Pause.)*

M a x *(abbrechend).* Mna freut mich, freut mich, daß du gehst. Was ich sagen wollte: Habe den Entschluß bei Mama recht genährt. Denn – hm! – unter uns gesagt: Es ist dringend notwendig, daß jemand bißchen aufmischen kommt. Herrscht so'ne fatale Stimmung. 'n bißchen frische Brise . . . *(Überlegt.)* Mna, dir kann mans ja sagen, bist ja keine Komtesse. Habe da wieder so kleine Geschichte gehabt. Weißt du: Mädel. Gott, so en passant . . . Ganz nettes Ding. Blutjung. – Mna also bißchen Vergnügen – und Schluß. Und das nimmt das Ding krumm und geht ins Wasser.

A n n a *(groß).* Und . . .

M a x. Was und? *(Unverschämt.)* Schluß. – Dummheit – was?

A n n a *(entsetzt).* Max?!

M a x *(den Schnurrbart zerrend).* Immerhin – etwas fatal.

A n n a. Und das hast du? . . .

M a x. Nur keine Moralpredigten, liebe Anna. Was gehts mich schließlich an? *Ich* hab sie's nicht geheißen.

A n n a *(staunt ihn an, dann langsam, betont).* Die hast du am Gewissen.

M a x. Ja, ja. Weiß schon. Mna vielleicht werde ich deswegen etwas mehr durchgebraten im Jenseits. Hm? Halbenglisch? Tut nichts. Aber.

A n n a. Max, ich kann gar nicht fassen – wie du . . .

M a x *(ärgerlich).* Also! Vielleicht ist jetzt genug. Das ja langweilig. Daß man vier Treppen hoch solche Philistergedanken behält. – Geschmacksache. – Übrigens, daß man in ähnlichem Fall auch was anderes tun kann als ins Wasser springen – das . . . *(Sieht sie bedeutend an.)*

A n n a *(fährt auf).*

M a x. Passons là-dessus!

A n n a *(geht zum Schubkasten, nimmt dort mechanisch, versonnen, ein Ding nach dem andern in die Hand).*

M a x *(leichthin).* Habe dir ja das ganze dumme Zeug nur erzählt, damit du erklärt findest, weshalb Papa und Mama ...

A n n a *(wendet sich).* Sie wissen davon?

M a x *(mit gewissem Dünkel).* Gott, ja. Öffentliches Geheimnis. – Sowas spricht sich um. In den intimen Kreisen fängt man an zu munkeln. So eine Art – Berühmtheit. Mna. *(Eingebildet.)* Das tut ganz gut von Zeit zu Zeit so'n bißchen Gesprächsstoff sein. Wie?

A n n a *(eisig).* Ich versteh dich nicht.

M a x. Nicht? – Weißt du, du mußt es halt den Alten so ein bißchen ausreden. Ich hänge eigentlich ganz von ihnen ab. Es gibt da jetzt eine Menge Verpflichtungen ... und Papa – unter uns – er ist ein großer Philister, der wäre imstande ...

A n n a *(stolz).* Betteln soll ich für dich?

M a x *(erhebt sich).* Aber, liebe Schwester, du verstehst mich nicht, du verkennst die Situation. Ich meine nur ...

A n n a *(unvermittelt).* Ich glaube, ich werde auch die Eltern nicht mehr verstehen –

M a x. Das macht sich.

A n n a *(sehr ernst).* Ich versteh euch alle nicht ...

*(Pause.)*

M a x *(schleudert den Zigarrenrest gegen den Ofen hin fort und geht mit auf dem Rücken verschränkten Händen auf und nieder).* Jaaaa – das sind die Jahre. *(Gähnt.)*

A n n a. Max, ich glaube, es liegt noch etwas anderes zwischen uns als die Jahre.

M a x. ?

A n n a *(groß).* Ich habe den Frieden.

M a x. Mhm!

A n n a. Ist das nicht alles, was man auf Erden haben kann?

M a x.  Frieden? – Ja. – Mna das heißt, *(impertinent)* heizt
du dir auch deinen Ofen damit? – Dann finde ich ihn – als
Heizmaterial wenigstens – recht mangelhaft, deinen Frieden.

A n n a  *(als hätte sie nicht gehört)*. Es muß eine ganz andere
Luft sein da unten in euren Häusern. Eine drückende
Schwere. Ich weiß nicht, ich bin sie entwöhnt. Ich kann
mich nur wie im Traum erinnern, daß ich sie einmal ge-
atmet habe. Das ist lang. – Und dann: bei euch sieht man
in die Mauern hinein und – in die Nachbarfenster. *Hier*
aber – schau – weit, weit über alle Dächer. Und der Himmel ist viel näher hier. Nachts glaub ich oft, ich könnt' mir
mit der Hand die Sterne holen. – Es ist alles anders hier.
Hier herauf geht man nur durch großes Leid. Man stirbt
dann entweder hier oben, oder – man übersteht. Und
wenn mans übersteht, dann ist man müde und mild und
friedlich wie nach einer schweren Krankheit. Und dann
hat man lauter Verzeihen und Güte in sich – und man
versteht nicht mehr das unten – man ist so . . . so *über
alles Leid hinaus . . .*

*(Pause.)*

M a x  *(lauscht wie gebannt. Dann wie unwillig sich los-
reißend im alten Ton)*. Fertig?! Mna, das war ja eine
ganz respektable Leistung. Du könntest Romane schreiben. Du, das soll das Schlechteste nicht sein . . . Und der
langen Rede kurzer Sinn: Das gnädige Fräulein geruht auf
die freundlichst angebotene Wiederaufnahme in den Fa-
milienkreis ganz frei und munter – zu pfeifen. Nicht?

A n n a  *(verschüchtert)*. Du mußt nicht spotten.

M a x.  Und du mußt nicht Gnaden machen. Das ›Gnaden
machen‹ ist eigentlich nicht so ganz auf deiner Seite. *(Sieht
auf die Taschenuhr.)* Übrigens drängt auch meine Zeit.
*(Kurz.)* Also ich stehe hier, abgesendet von deiner Mutter,
um dich aufzufordern, in die Arme deiner Eltern zurückzukehren usw., usw. . . .
Willst du? Ja oder nein? –

A n n a *(entschlossen). Ja.*

M a x *(etwas überrascht).* Soo. Mna also. Erfreulich. Es siegt also doch das Pflichtgefühl in dir, den Eltern beizustehen.

A n n a *(leise).* Du sollst dich nicht täuschen. Das ist es nicht.

M a x. Sondern?

A n n a. Ich habe eine höhere Pflicht.

M a x. Hm?

A n n a. Mein Kind.

M a x *(in Schrecken und Erstaunen).* Wie? – – –

A n n a. Ich glaube die Zukunft des kleinen Toni besser versorgt, wenn ich ...

M a x. Also lebt ...? *(Gefaßter.)* Mna, das ist schön. Du hast recht. Wo ist denn der ...

A n n a. Toni ist in der Schule. – Bis du ihn sehen wirst, Max! *(Begeistert.)* Bis du ihn sehen wirst! *(Innig.)* Er ist mein alles.

M a x *(nachdenklich).* Soso.

A n n a *(ebenso innig).* Er ist auch brav und fleißig ...

M a x. Und schon in die Schule geht er? Mna, das ist ja ganz nett. Also der kleine ... Wie heißt er?

A n n a. Toni.

M a x. Toni? Hm. – – Also der kleine Toni soll auch mit? – Mna ja. Die Mama wird sich ja recht freuen. – Daran dachten wir eigentlich nie. Sechs Jahre ... Übrigens famos: die alte Fellner (erinnerst du dich?), meine Quartierfrau als Lieutenant – die hat sich immer sowas in die Pflege gewünscht. *Der* geben wir den Rangen. Die hat eine tüchtige Hand, die alte Fellner. – Hui! Bei *der Hexe* gedeiht er dir. Blühend. Und du bists los – –

A n n a *(die entsetzt lauscht, gepreßt, zurückhaltend).* Glaubst du?

M a x. Natürlich, Schwesterchen. Bin doch ein patenter Kerl. Wie? Gleich Rat bei der Hand. Die alte Fellner! Sag doch bravo. *(Sieht zum Fenster hinaus.)* Weißt du, ganz abgesehen von Plage und Störung – ins Haus bringen kannst du sowas nicht. Das versteht sich von selbst.

Papa ist pensionierter Staatsbeamte, ich war Offizier –
und dann hat man ja auch seinen Verkehr; man darf die
Leute nicht brüskieren.

A n n a *(kaum mehr an sich haltend).* Meinst du?

M a x *(noch hinausblickend).* Gott, da ist doch kein Wort
weiter darüber zu verlieren; das gibt ja der allergemein-
ste Begriff von gesellschaftlicher – Rücksicht, von savoir
vivre, mna mit einem Wort von – – Ehrenhaftigkeit.

A n n a *(losbrechend, so daß Max erstaunt umsieht). Gibt
es das alles bei euch da unten?* Nein, was ihr doch für
schöne Dinge habt! Gesellschaftliche Rücksicht habt ihr
und Lebensart und Ehrenhaftigkeit und ... *ja – was
denn noch?* Gesellschaftliche Rücksicht – ja und Erziehung
und Bildung und Ehre – und – nur kein Herz! *(Lacht
höhnisch.)*

M a x *(in höchstem Erstaunen).* Erlaube ...

A n n a *(ruhiger und ernst).* Mach dir nie mehr die Mühe
heraufzukommen, Max. Es ist sonst sehr still hier. Du
trägst Zwietracht herauf und Haß und – – Verachtung.

M a x *(heiser).* Anna! *(Er lacht verächtlich).*

A n n a. Willst du sonst noch etwas ...?

M a x *(erst sprachlos).* – Du weist mir die Türe? Das ist
der Dank. Ich habs ja gleich gesagt. Das ist der Dank.
Wenn man euch aus eurem Schmutz ... *(Er ist ganz heiser
vor Erregung; nimmt seinen Hut vom Tische.)* Mna, ich
kenn ja Frauenzimmer von deiner Sorte genug – so zwei-
felhafte ...

A n n a *(steht hart am Fenster, vom Winterabendrot ver-
klärt, zürnenden Auges vor ihm. Da tut sich die Tür auf,
und ohne Maxen, der noch beim Tisch steht, zu bemerken,
stürzt Toni [sechs Jahre, blond, frisch] herein. Er wirft die
Bücher auf den Stuhl bei der Türe und stürmt auf Anna
zu).*

T o n i *(jubelnd).* Mutterl!

A n n a *(nimmt ihn in die Arme und küßt ihn innig).*

T o n i *(hastig forterzählend).* Mutterl, der Fritz hat heute

schon 's Christkind gesehen. Wirklich! Und der Herr Leh-
rer hat gesagt, daß es jetzt jede Nacht durch die Stadt
fliegt, ist das wahr?

A n n a *(hebt den Blick voll Glückseligkeit zu Max, der immer noch an der Türe zögert).*

T o n i *(folgt, da keine Antwort kommt, dem Blick der
Mutter und sieht erstaunt bald auf Max, bald auf Anna).*

A n n a *(tritt in den Erker).*

T o n i *(dies bemerkend).* Nicht, nicht gleich wieder nähen,
Mutterl! *(Dann schmeichelnd zu Max.)* Du, bist du der
Dottor? *(Faßt Mütterchens Hand.)* Schau, was Mutterl
für wehe Hände hat vom Nähen! *(Zu Anna.)* Tuts weh?!

A n n a *(lächelt durch Tränen und kniet in gerührter Liebe
nieder, den Kleinen zu küssen).*

*Schluß*

ARTHUR SCHNITZLER

# Die letzten Masken

Schauspiel in einem Akt

Karl Rademacher, *Journalist*
Florian Jackwerth, *Schauspieler*
Alexander Weihgast
Dr. Halmschlöger ⎱ *Sekundarärzte im Wiener*
Dr. Tann ⎰ *Allgemeinen Krankenhaus*
Juliane Paschanda, *Wärterin*

*Ein kleinerer Raum – sogenanntes »Extrakammerl« – im*
*Allgemeinen Krankenhaus, in Verbindung mit einem großen*
*Krankensaal; statt der Türe ein beweglicher Leinenvorhang.*
*Links ein Bett. In der Mitte ein länglicher Tisch, darauf*
*Papiere, Fläschchen usw. Zwei Sessel. Ein Lehnstuhl neben*
*dem Bett. Auf dem Tisch eine brennende Kerze.*
*Karl Rademacher, über 50 Jahre, sehr herabgekommen, ganz*
*grau, auf dem Lehnstuhl, mit geschlossenen Augen. Florian*
*Jackwerth, etwa 28 Jahre, sehr leuchtende, wie fieberische*
*Augen, glatt rasiert, mager, in einem Leinenschlafrock, den*
*er gelegentlich in bedeutende Falten legt. Die Wärterin,*
*Juliane Paschanda, dick, gutmütig, noch nicht alt, am Tisch*
*mit einer Schreibarbeit beschäftigt.*

Florian (*schlägt den Vorhang zurück, kommt eben aus*
    *dem Saal, der von einer Hängelampe schwach beleuchtet*
    *ist, tritt zur Wärterin*). Immer fleißig, das Fräulein Pa-
    schanda.

Wärterin. Ja, sind Sie schon wieder aufgestanden? Was
    wird denn der Herr Sekundarius sagen! Gehn S' doch
    schlafen.

Florian. Gewiß, ich denke sogar einen langen Schlaf zu
    tun. Kann ich Ihnen nicht behilflich sein, schönes Weib?
    Ich mein' nicht beim Schlafen.

Wärterin (*kümmert sich nicht*).

Florian (*schleicht zu Rademacher hin*). Schaun Sie, Fräu-
    lein Paschanda – so schaun S' doch her!

Wärterin. Was wollen Sie denn?

Florian (*wieder zu ihr*). Meiner Seel, ich hab gemeint,
    er ist schon tot.

Wärterin. Das dauert schon noch eine Weile.

Florian. Glauben Sie, glauben Sie? – Also gute Nacht,
    Fräulein Juliane Paschanda.

Wärterin. Ich bin kein Fräulein, ich bin Frau.

Florian. Ah so! Habe noch nicht die Ehre gehabt, den
    Herrn Gemahl kennenzulernen.

W ä r t e r i n. Ich wünsch es Ihnen auch nicht. Er ist Diener
in der Leichenkammer.

F l o r i a n. Danke bestens, danke bestens. Habe keinerlei
Verwendung. Sie, Frau Paschanda, *(vertraulich)* haben Sie
das Fräulein gesehn, das mir heute nachmittag die Ehre
ihres Besuchs erwiesen hat?

W ä r t e r i n. Ja; die mit dem roten Hut.

F l o r i a n *(ärgerlich)*. Roter Hut – roter Hut ... Es war
eine Kollegin von mir – jawohl! Wir waren zusammen
engagiert im vorigen Jahr – in Olmütz. Erste Liebhaberin
jenes Fräulein – jugendlicher Held der ergebenst Unter-
zeichnete. Schaun Sie mich an, bitte – ich brauche nicht
mehr zu sagen. – Jawohl, ich habe ihr eine Korrespon-
denzkarte geschrieben ... einfach eine Karte – und sie ist
gleich gekommen. Es gibt noch Treue beim Theater. Und
sie hat mir versprochen, sie wird sich umschaun, mit einem
Agenten wird sie sprechen – damit ich ein Sommerengage-
ment krieg, wenn ich aus diesem Lokal entlassen werde.
Deswegen kann ein Fräulein ein sehr gutes Herz haben,
wenn sie auch einen roten Hut trägt, Frau von Paschanda.
*(Immer gereizter, später hustend.)* Sie kommt vielleicht
noch einmal her – ich werd ihr halt schreiben, sie soll sich
nächstens einen blauen Hut aufsetzen – weil die Frau
Paschanda die rote Farb' nicht vertragen kann.

W ä r t e r i n. Pst! pst! die Leute wollen schlafen. *(Lauscht.)*

F l o r i a n. Was ist denn?

W ä r t e r i n. Ich hab geglaubt, der Herr Sekundarius –
*(Die Krankenhausuhr schlägt.)*

F l o r i a n. Wie spät ist's denn?

W ä r t e r i n. Neun.

F l o r i a n. Wer hat denn heut die Nachtvisit'?

W ä r t e r i n. Der Doktor Halmschlöger.

F l o r i a n. Ah, der Doktor Halmschlöger. Ein feiner Herr,
nur etwas eingebildet. *(Sieht, daß Rademacher wach
wurde.)* Habe die Ehre, Herr von Rademacher.

R a d e m a c h e r *(nickt)*.

F l o r i a n *(kopiert den Doktor Halmschlöger).* Nun, mein
lieber Rademacher, wie befinden Sie sich heute? *(Tut, als
ob er den Überzieher ablegte und ihn der Wärterin
reichte.)* Ach, liebe Frau Paschanda, wollen Sie nicht die
Güte haben ... Danke sehr.

W ä r t e r i n *(wider Willen lachend).* Wie Sie die Leut'
nachmachen können.

F l o r i a n *(andrer Ton; als ginge er von einem Bett zum
andern).* Nichts Neues? Nichts Neues? Nichts Neues? Gut
– gut – gut ...

W ä r t e r i n. Das ist ja der Herr Primarius. Wenn der das
wüßt'!

F l o r i a n. Na warten Sie nur, das ist noch gar nichts. *(Er
läßt sich plötzlich auf einen Sessel fallen, sein Gesicht
scheint schmerzverzerrt, und er verdreht die Augen.)*

W ä r t e r i n. Ja, um Gottes willen, das ist ja --

F l o r i a n *(einen Augenblick die Kopie unterbrechend).*
Na, wer?

W ä r t e r i n. Der vom Bett siebzehn, der Engstl – der
Dachdecker, der vorgestern gestorben ist. Na, werden Sie
nicht aufhören! Sie versündigen sich ja.

F l o r i a n. Ja, meine liebe Frau Paschanda, meinen Sie,
unsereiner ist umsonst im Spital herin? Da kann man was
lernen.

W ä r t e r i n. Der Herr Sekundarius kommt.

*(Ab in den Saal. – Wie sie den Vorhang zurückschlägt, sieht
man Halmschlöger und Tann in der Tiefe der Bühne.)*

F l o r i a n. Jawohl, Herr Rademacher, ich mache hier nämlich meine Studien.

R a d e m a c h e r. So?

F l o r i a n. Ja, für unsereinen rentiert sich das, im Spital
zu liegen. Sie meinen, ich kann das nicht brauchen, weil
ich Komiker bin? Gefehlt! Das ist nämlich eine Entdek-
kung, die ich gemacht habe, Herr Rademacher. *(Wichtig.)*
Aus dem traurigen, ja selbst dem schmerzstarrenden Ant-
litz jedes Individuums läßt sich durch geniale schauspiele-

rische Intuition die lustige Visage berechnen. Wenn ich
einmal einen sterben gesehn hab, weiß ich akkurat, wie er
ausschaut, wenn man ihm einen guten Witz erzählt hat. –
Aber was haben Sie denn, Herr Rademacher? Courage!
Nicht den Humor verlieren. Schaun Sie mich an – ha! Vor
acht Tagen war ich aufgegeben – nicht nur von den Herren Doktoren, das wär' nicht so gefährlich gewesen, aber
von mir selber! Und jetzt bin ich kreuzfidel. Und in acht
Tagen – gehorsamster Diener! So lebe wohl, du stilles
Haus! Womit ich mir erlaube, Euer Hochwohlgeboren zu
meinem ersten Auftreten ergebenst einzuladen. *(Hustet.)*

Rademacher. Wird wohl kaum möglich sein.

Florian. Ist es nicht sonderbar? Wenn wir beide gesund
geblieben wären, so wären wir vielleicht Todfeinde.

Rademacher. Wieso denn?

Florian. Na, ich hätt' Komödie gespielt, und Sie hätten
eine Rezension geschrieben und mich verrissen, und Leut',
die mich verreißen, hab ich nie leiden können. Und so sind
wir die besten Freunde geworden. – Ja, sagen Sie, Herr
Rademacher, hab ich auch so dreing'schaut vor acht Tagen
wie Sie?

Rademacher. Es ist vielleicht doch ein Unterschied.

Florian. Lächerlich! Man muß nur einen festen Willen
haben. Wissen Sie, wie ich gesund geworden bin?

Rademacher *(sieht ihn an)*.

Florian. Sie brauchen mich nicht so anzuschaun – es
fehlt nicht mehr viel. Ich hab die traurigen Gedanken
einfach nicht aufkommen lassen!

Rademacher. Wie haben Sie denn das gemacht?

Florian. Ich hab einfach allen Leuten, auf die ich einen
Zorn gehabt hab, innerlich die fürchterlichsten Grobheiten
g'sagt. Oh, das erleichtert, das erleichtert, sag ich Ihnen!
Ich hab mir sogar ausstudiert, wem ich als Geist erscheinen
würde, wenn ich einmal gestorben bin. – Also da ist vor
allem ein Kolleg' von Ihnen, in Olmütz – ein boshaftes
Luder! Na, und dann der Herr Direktor, der mir die

halbe Gasch' abgezogen hat fürs Extemporieren. Dabei haben die Leut' überhaupt nur über mich gelacht und gar nicht über die Stück'. Er hätt' froh sein können, der Herr Direktor. Statt dessen – na wart, wart! Ich hätt' ja ein Talent zum Erscheinen – oh, ich hätt' auch im Himmel mein anständiges Auskommen gehabt. – Ich hätt' nämlich ein Engagement bei den Spiritisten angenommen.

*(Dr. Halmschlöger und Dr. Tann kommen, und die Wärterin.)*

T a n n *(junger, etwas nachlässig gekleideter Mensch, Hut auf dem Kopf, nicht brennende Virginia im Mund).* Jetzt bitt ich dich aber, Halmschlöger, sei so gut, halt dich da nicht auch wieder so lang auf.

H a l m s c h l ö g e r *(sorgfältig gekleideter junger Mensch mit Zwicker und kleinem blonden Vollbart; Überzieher umgeworfen).* Nein, ich bin gleich fertig.

T a n n. Oder ich geh voraus ins Kaffeehaus.

H a l m s c h l ö g e r. Ich bin gleich fertig.

F l o r i a n. Habe die Ehre, Herr Doktor.

H a l m s c h l ö g e r. Warum liegen Sie denn nicht im Bett? *(Zur Wärterin.)* Paschanda!

F l o r i a n. Ich bin ja so ausgeschlafen, Herr Doktor; es geht mir ja famos. Ich erlaube mir, den Herrn Doktor zu meinem Wiederauftreten ...

H a l m s c h l ö g e r *(einen Moment amüsiert, wendet sich dann ab).* Ja, ja. *(Zu Rademacher hin.)* Nun, mein lieber Rademacher, wie befinden Sie sich?

F l o r i a n *(macht der Wärterin ein Zeichen, das sich auf seine frühere Kopie bezieht).*

R a d e m a c h e r. Schlecht geht's mir, Herr Doktor.

H a l m s c h l ö g e r *(die Tafel zu Häupten des Bettes betrachtend; Wärterin hält das Licht).* 39,4 – na! Gestern haben wir doch 40 gehabt. *(Wärterin nickt.)* Es geht ja besser. Na, gute Nacht. *(Will gehen.)*

R a d e m a c h e r. Herr Doktor!

H a l m s c h l ö g e r. Wünschen Sie was?

R a d e m a c h e r. Ich bitte, Herr Doktor, wie lang kann's denn noch dauern?

H a l m s c h l ö g e r. Ja, ein bißchen Geduld müssen Sie noch haben.

R a d e m a c h e r. Ich mein's nicht so, Herr Doktor. Ich mein': Wann ist es aus mit mir?

T a n n *(hat sich zum Tisch gesetzt, blättert gedankenlos in den Papieren).*

H a l m s c h l ö g e r. Aber was reden Sie denn? *(Zur Wärterin.)* Hat er seine Tropfen genommen?

W ä r t e r i n. Um ¹/₂8, Herr Sekundarius.

R a d e m a c h e r. Herr Doktor, ich bitte recht schön, behandeln Sie mich nicht wie den ersten besten. Oh, entschuldigen Herr Doktor –

H a l m s c h l ö g e r *(etwas ungeduldig, aber freundlich).* Leiser, leiser.

R a d e m a c h e r. Ich bitte, nur noch ein Wort, Herr Doktor. *(Entschlossen.)* Ich muß nämlich die Wahrheit wissen – ich muß – aus einer ganz bestimmten Ursache! –

H a l m s c h l ö g e r. Die Wahrheit ... Ich hoffe zuversichtlich – – Nun, die Zukunft ist in gewissem Sinn uns allen verschlossen – aber ich kann sagen – –

R a d e m a c h e r. Herr Doktor – wenn ich nun aber noch etwas sehr Wichtiges vorhätte – irgendwas, wovon das Schicksal anderer Leute abhängig ist – und meine Ruhe – die Ruhe meiner Sterbestunde ...

H a l m s c h l ö g e r. Aber, aber! – Wollen Sie sich nicht näher erklären? *(Immer freundlich.)* Aber möglichst kurz, wenn ich bitten darf. Ich habe noch zwei Zimmer vor mir. Denken Sie, wenn jeder so lang – Also bitte.

R a d e m a c h e r. Herr Doktor, ich muß noch mit jemandem sprechen.

H a l m s c h l ö g e r. Nun, Sie können ja dem Betreffenden schreiben, wenn es Sie beruhigt. Morgen nachmittag zwischen vier und fünf dürfen Sie empfangen, wen Sie wollen. Ich habe gar nichts dagegen.

R a d e m a c h e r. Herr Doktor – das ist zu spät – das kann zu spät sein – ich fühl's ... morgen früh ist vielleicht alles vorbei. Noch heute muß ich mit – dem Betreffenden reden.

H a l m s c h l ö g e r. Das ist nicht möglich. Was soll das Ganze? Wenn Ihnen so viel darauf ankommt, hätten Sie ja schon gestern ...

R a d e m a c h e r *(dringend)*. Herr Doktor! Sie sind immer sehr gut zu mir gewesen – ich weiß ja, daß ich ein bißchen zudringlich bin – aber sehen Sie, Herr Doktor, wenn es einmal ganz sicher ist, daß einen morgen oder übermorgen die gewissen Herrn im weißen Kittel hinuntertragen, da bildet man sich halt ein, man kann keck werden und mehr verlangen als ein anderer.

T a n n. Also, Halmschlöger, was ist denn?

H a l m s c h l ö g e r. Moment. – *(Etwas ungeduldig.)* Also bitte, in Kürze, was wünschen Sie?

R a d e m a c h e r. Ich muß unbedingt einen Freund von mir sprechen. Einen gewissen Herrn Weihgast – Alexander Weihgast.

H a l m s c h l ö g e r. Weihgast? Meinen Sie den bekannten Dichter Weihgast?

R a d e m a c h e r. Ja!

H a l m s c h l ö g e r. Das ist ein Freund von Ihnen?

R a d e m a c h e r. Gewesen, gewesen – in früherer Zeit.

H a l m s c h l ö g e r. Also schreiben Sie ihm eine Karte.

R a d e m a c h e r. Was hilft mir das? Er findet mich nicht mehr. Ich muß ihn noch heut sprechen – gleich ...

H a l m s c h l ö g e r *(bestimmt)*. Herr Rademacher, es ist unmöglich. Und Schluß. *(Mild.)* Um Sie zu beruhigen, werde ich Herrn Weihgast, den ich zufällig persönlich kenne, noch heute ein Wort schreiben und ihm anheimstellen, Sie morgen zu einer beliebigen Stunde aufzusuchen.

R a d e m a c h e r. Sie kennen den Herrn Weihgast, Herr Doktor? *(Plötzlich.)* So bringen Sie ihn her – bringen Sie ihn her!

Halmschlöger. Na, hören Sie, hören Sie, Herr Rademacher, da weiß man wirklich nicht mehr –

Rademacher *(in großer Aufregung)*. Herr Doktor, ich weiß ja, es ist unverschämt von mir – aber Sie sind ja doch ein Mensch, Herr Doktor, und fassen die Dinge menschlich auf. Nicht wie manche andere, die nur nach der Schablone urteilen. Und Sie wissen, Herr Doktor – da ist einer, der morgen sterben muß, und der hat noch einen Wunsch, an dem ihm ungeheuer viel liegt, und ich kann ihm den Wunsch erfüllen ... Ich bitte Sie, Herr Doktor, gehn Sie zu ihm hin, holen Sie mir ihn her!

Halmschlöger *(schwankend, sieht auf die Uhr)*. Ja – wenn ich für meinen Teil mich dazu entschließen wollte – ich bitte Sie, Herr Rademacher, wie kann ich es verlangen – um diese Zeit ... wahrhaftig, es ist eine so sonderbare Zumutung! Überlegen Sie doch selbst.

Rademacher. Oh, Herr Doktor, ich kenne meinen Freund Weihgast. Wenn Sie dem sagen: Sein alter Freund Rademacher stirbt im Allgemeinen Krankenhaus und will ihn noch einmal sehen – oh, das läßt er sich nicht entgehen. – Ich beschwöre Sie, Herr Doktor – für Sie ist es einfach ein Weg – nicht wahr? Und für mich – für mich ...

Halmschlöger. Ja, das ist es eben! Für mich hat es natürlich nichts zu bedeuten. Aber für Sie – jawohl, für Sie könnte die Aufregung von schlimmen Folgen sein.

Rademacher. Herr Doktor – Herr Doktor! Wir sind ja Männer! – Auf eine Stund' früher oder später kommt's doch nicht an.

Halmschlöger *(beschwichtigend)*. Na, na, na! *(Nach kurzer Überlegung.)* Also ich fahre hin.

Rademacher *(will danken)*.

Halmschlöger *(abwehrend)*. Ich kann natürlich keine Garantie übernehmen, daß ich ihn herbringe. Aber da Ihnen so viel dran zu liegen scheint – *(Da Rademacher wieder danken will.)* Schon gut, schon gut. *(Wendet sich ab.)*

T a n n. Na endlich!

H a l m s c h l ö g e r. Lieber Tann, ich werd dich sehr bitten – schau du indes auf die andern Zimmer, es ist nichts Besonderes – zwei Injektionen – die Wärterin wird dir schon sagen – –

T a n n. Ja, was ist denn, was ist denn?

H a l m s c h l ö g e r. Eine sonderbare Geschichte. Der arme Teufel bittet mich, ihm einen alten Freund herzuholen, dem er offenbar etwas Wichtiges anzuvertrauen hat. Weißt du, wen? Den Weihgast, diesen Dichter.

T a n n. Na, und du gehst hin? Ja, sag, bist denn du ein Dienstmann? Na, hör zu, die Leut' nützen hier einfach deine Gutmütigkeit aus.

H a l m s c h l ö g e r. Lieber Freund, das ist Empfindungssache. Meiner Ansicht nach sind gerade solche Dinge das Allerinteressanteste in unserm Beruf.

T a n n. Auch eine Auffassung.

H a l m s c h l ö g e r. Also willst du so gut sein?

T a n n. Natürlich. Mit dem Kaffeehaus ist heut nichts mehr?

H a l m s c h l ö g e r. Ich komm vielleicht noch hin.

*(Halmschlöger, Tann, Wärterin ab.)*

F l o r i a n *(kommt wieder herein).* Ja, was haben denn Sie so lang mit dem Doktor zu reden gehabt?

R a d e m a c h e r *(erregt, fast heiter).* Ich krieg noch einen Besuch – ich krieg noch einen Besuch.

F l o r i a n *(interessiert).* Was? Einen Besuch? Jetzt? Mitten in der Nacht?

R a d e m a c h e r. Ja, mein lieber Jackwerth – geben Sie nur acht, da gibt's wieder was zu lernen ... an meinem Besuch nämlich. Den Herrn müssen Sie sich anschaun, wenn er hereinkommt zu mir, und nachher, wenn er wieder von mir fortgeht ... Ah! *(Immer erregter.)* Wenn ich's nur erleb – wenn ich's nur erleb! – Geben S' mir ein Glas Wasser, Jackwerth – ich bitt recht schön. *(Geschieht; er trinkt gierig.)* Dank schön – dank schön. – – Ja, so lang wird die Maschine schon noch halten ... *(Beinahe mit Angst.)* Wenn er nur kommt ... wenn er nur kommt ...

F l o r i a n. Von wem reden Sie denn?

R a d e m a c h e r *(vor sich hin).* Ihm schreiben? ... Nein, davon hätt' ich nichts ... Nein, da muß ich ihn haben – da – mir gegenüber ... Aug' in Aug', Stirn an Stirn – ah! ...

F l o r i a n *(wie besorgt).* Herr Rademacher ...

R a d e m a c h e r. Haben Sie keine Angst um mich – es ist ganz überflüssig. Es wird mir ganz leicht, meiner Seel, ich fürcht' mich nicht einmal mehr vorm Sterben ... Es wird gar nicht so arg sein, wenn der erst dagewesen ist ... Ah, Florian Jackwerth, was kann ich für Sie tun?

F l o r i a n *(erstaunt).* Wieso?

R a d e m a c h e r. Ich möchte mich Ihnen dankbar erweisen. Sie haben mich nämlich auf diese Idee gebracht – jawohl. Ich werde Sie zu meinem Erben einsetzen. Der Schlüssel von meinem Schreibtisch liegt unterm Polster. – Sie glauben, das ist nichts Besonderes? – Wer weiß? Sie könnten sich täuschen ... Da sind vielleicht Meisterwerke aufbewahrt! Mir wird immer leichter – meiner Seel ... Am Ende werd ich wieder gesund!

F l o r i a n. Aber sicher!

R a d e m a c h e r. Wenn ich gesund werde – ich schwör's, wenn ich je wieder den Fuß aus dem Spital setz, so fang ich von frischem an – ja. Ich fang wieder an.

F l o r i a n. Was denn?

R a d e m a c h e r. Zu kämpfen – jawohl, zu kämpfen! Ich probier's wieder. Ich geb's noch nicht auf – nein. Ich bin ja noch nicht so alt – vierundfünfzig ... Ist das überhaupt ein Alter, wenn man gesund ist? Ich bin wer, Florian Jackwerth – ich bin wer, das können Sie mir glauben. Ich hab nur Malheur gehabt. Ich bin soviel wie mancher andere, der auf dem hohen Roß sitzt, mein lieber Herr – und ich kann's mit manchem aufnehmen, der sich für was Besseres hält wie ich, weil er mehr Glück gehabt hat.

*(Fiebrisch.)* Wenn er nur kommt ... wenn er nur kommt ... Ich bitt dich, mein Herrgott, wenn du mich auch vierundfünfzig Jahre lang im Stich gelassen hast, gib mir wenigstens die letzte Viertelstunde noch Kraft, daß es sich ausgleicht, so gut, als es geht. Laß mich's erleben, daß er da vor mir sitzt – bleich, vernichtet – so klein gegen mich, als er sich sein Leben lang überlegen gefühlt hat ... Ja, mein lieber Jackwerth, der, den ich da erwarte, das ist nämlich ein Jugendfreund von mir. Und vor fünfundzwanzig Jahren – und auch noch vor zwanzig – waren wir sehr gut miteinander, denn wir haben beide auf demselben Fleck angefangen – nur daß wir dann einen verschiedenen Weg gegangen sind – er immer höher hinauf und ich immer tiefer hinunter. Und heut ist es so weit, daß er ein reicher und berühmter Dichter ist, und ich bin ein armer Teufel von Journalist und krepier im Spital. – Aber es macht nichts, es macht nichts – denn jetzt kommt der Moment, wo ich ihn zerschmettern kann ... und ich werd es tun! Wenn er nur kommt – wenn er nur kommt! Ich weiß, Herr Jackwerth, heute nachmittag war Ihre Geliebte bei Ihnen – aber was ist denn alle Glut, mit der man ein geliebtes Wesen erwartet, gegen die Sehnsucht nach einem, den man haßt, den man sein ganzes Leben lang gehaßt hat und dem man vergessen hat, es zu sagen.

F l o r i a n. Aber Sie regen sich ja fürchterlich auf, Herr Rademacher! – Sie verlieren ja Ihre Stimm'.

R a d e m a c h e r. Haben Sie keine Angst – wenn er einmal da ist, werd ich schon reden können.

F l o r i a n. Wer weiß, wer weiß? – Hören Sie, Herr Rademacher, ich werd Ihnen einen Vorschlag machen. Halten wir doch eine Probe ab. – Ja, Herr Rademacher, ich mach keinen Spaß. Ich kenn mich doch aus. Verstehen Sie mich: Es kommt ja immer drauf an, wie man die Sachen *bringt*, nicht wahr? Was haben Sie denn schon davon, wenn Sie ihm sagen: ›Du bist ein niederträchtiger Mensch, und ich

hasse dich‹ – das wirkt ja nicht. Da denkt er sich: Du
schimpfst mir lang gut, wenn du daherin liegst im Kam-
merl mit 39 Grad und ich geh gemütlich spazieren und
rauch mein Zigarrl.

R a d e m a c h e r.  Ich werd ihm noch ganz was anderes
sagen. Darüber, daß einer niederträchtig ist, tröstet er sich
bald. Aber daß er lächerlich war sein Leben lang für die
Menschen, die er vielleicht am meisten geliebt hat – das
verwindet er nicht.

F l o r i a n.  Also reden Sie, reden Sie. Stellen Sie sich vor,
ich bin der Jugendfreund. Ich steh da, ich hab den Sack
voller Geld, den Kopf voller Einbildung – *(Spielend.)*
›Hier bin ich, alter Freund. Du hast mich zu sprechen gewünscht. Bitte.‹ Na also.

R a d e m a c h e r *(fiebrisch, sich immer mehr in Wut hin-
einredend).* Jawohl, ich hab dich rufen lassen. Aber nicht,
um von dir Abschied zu nehmen, in Erinnerung alter
Freundschaft – nein, um dir etwas zu erzählen, eh’ es zu
spät ist.

F l o r i a n *(spielend).* ›Du spannst mich auf die Folter,
alter Kumpan. Was wünschest du mir mitzuteilen?‹ Also
– also!

R a d e m a c h e r.  Du meinst, daß du mehr bist als ich? –
Mein lieber Freund, zu den Großen haben wir beide nie
gehört, und in den Tiefen, wo wir zu Haus sind, gibt’s in
solchen Stunden keinen Unterschied. Deine ganze Größe
ist eitel Trug und Schwindel. Dein Ruhm – ein Haufen
Zeitungsblätter, der in den Wind verweht am Tag nach
deinem Tod. Deine Freunde? – Schmeichler, die vor dem
Erfolg auf dem Bauch liegen, Neidlinge, die die Faust im
Sack ballen, wenn du den Rücken kehrst, Dummköpfe,
denen du für ihre Bewunderung gerade klein genug bist. –
Aber du bist ja so klug, um das zuweilen selbst zu ahnen.
Ich hätte dich nicht herbemüht, um dir das mitzuteilen.
Daß ich dir jetzt noch was anderes sagen will, ist mög-
licherweise eine Gemeinheit. – Aber es ist nicht zu glau-

ben, wie wenig einem dran liegt, gemein zu sein, wenn
kein Tag mehr kommt, an dem man sich darüber schämen
müßte. *(Er steht auf.)* Ich hab ja schon hundertmal Lust
gehabt, dir's ins Gesicht zu schreien in den letzten Jahren,
wenn wir einander zufällig auf der Straße begegnet sind
und du die Gnade hattest, ein freundliches Wort an mich
zu richten. Mein lieber Freund, nicht nur ich kenne dich
wie tausend andere – auch dein geliebtes Weib kennt dich
besser, als du ahnst, und hat dich schon vor zwanzig Jahren durchschaut – in der Blüte deiner Jugend und deiner
Erfolge. – Ja, durchschaut – und ich weiß es besser als
irgendeiner ... Denn sie war meine Geliebte zwei Jahre
lang, und hundertmal ist sie zu mir gelaufen, angewidert
von deiner Nichtigkeit und Leere, und hat mit mir auf
und davon wollen. Aber ich war arm und sie war feig,
und darum ist sie bei dir geblieben und hat dich betrogen!
Es war bequemer für uns alle.

F l o r i a n. ›Ha, Elender! Du lügst!‹

R a d e m a c h e r. Ich? – *(Wie erwachend.)* Ah so ... Sie,
Jackwerth, Sie haben den Schlüssel. Wenn er mir's nicht
glaubt – im Schreibtisch sind auch die Briefe. Sie sind
mein Testamentsverweser. – Überhaupt, in meinem
Schreibtisch, da sind Schätze mancherlei – wer weiß, vielleicht ist nichts anderes nötig, um sie zu würdigen, als daß
ich gestorben bin. – Ja, dann werden sich die Leute schon
um mich kümmern. Insbesondere, wenn es heißt, daß ich
in Not und Elend gestorben bin – denn ich sterbe in Not
und Elend, wie ich gelebt habe. An meinem Grab wird
schon einer reden. Ja, geben Sie nur acht – Pflichttreue –
Tüchtigkeit – Opfer seines Berufes ... Ja, das ist wahr,
Florian Jackwerth, seit ich einen Beruf habe, bin ich sein
Opfer – vom ersten Augenblick an bin ich ein Opfer meines Berufes gewesen. Und wissen Sie, woran ich zugrund'
geh? Sie meinen an den lateinischen Vokabeln, die da auf
der Tafel stehn –? O nein! An Gall', daß ich vor Leuten
hab Buckerln machen müssen, die ich verachtet hab, um

eine Stellung zu kriegen. Am Ekel, daß ich Dinge hab
schreiben müssen, an die ich nicht geglaubt hab, um nicht
zu verhungern. Am Zorn, daß ich für die infamsten Leut-
ausbeuter hab Zeilen schinden müssen, die ihr Geld er-
schwindelt und ergaunert haben, und daß ich ihnen noch
dabei geholfen hab mit meinem Talent. Ich kann mich
zwar nicht beklagen: Von der Verachtung und dem Haß
gegen das Gesindel hab ich immer meinen Teil abbekom-
men – nur leider von was anderm nicht.

W ä r t e r i n *(kommt).* Der Herr Sekundarius.

R a d e m a c h e r *(erschrocken).* Allein?

W ä r t e r i n. Nein, es ist ein Herr mit ihm.

R a d e m a c h e r *(dankerfüllter Blick).*

F l o r i a n. Jetzt nehmen Sie sich zusammen. Schad', daß
ich nicht dabei sein kann. *(Schleicht sich dann hinaus.)*

*(Halmschlöger und Weihgast kommen.)*

H a l m s c h l ö g e r. Also hier ist der Kranke.

W e i h g a s t *(elegant gekleideter, sehr gut erhaltener Herr
von etwa 55 Jahren, grauer Vollbart, dunkler Überzieher,
Spazierstock).* So – hier. *(Zu Rademacher hin, herzlich.)*
Rademacher – ist es möglich? Rademacher – so sehn wir
uns wieder! Mein lieber Freund!

R a d e m a c h e r. Ich danke dir sehr, daß du gekommen
bist.

H a l m s c h l ö g e r *(hat gewinkt; die Wärterin brachte
einen Sessel für Weihgast).* Und nun erlauben Sie mir,
Herr Weihgast, daß ich als Arzt die Bitte an Sie richte,
die Unterredung nicht länger als eine Viertelstunde auszu-
dehnen. Ich werde so frei sein, nach der angegebenen Zeit
selbst wiederzukommen und Sie hinabzubegleiten.

W e i h g a s t. Ich danke Ihnen, Herr Doktor, Sie sind sehr
liebenswürdig.

H a l m s c h l ö g e r. Oh, zu danken habe ausschließlich ich.
Es gehört wirklich kein geringer Opfermut dazu ...

W e i h g a s t *(wehrt ab).* Aber, aber ...

H a l m s c h l ö g e r. Nun, Herr Rademacher, auf Wiedersehen. *(Droht ihm ärztlich freundlich, er möge sich nicht aufregen. Dann wechselt er einige Worte mit der Wärterin und geht mit ihr ab.)*

W e i h g a s t *(die Wärterin hat ihm den Überzieher abgenommen; er hat sich gesetzt; sehr herzlich, beinahe echt).* Nun, sag mir einmal, mein lieber Rademacher, was ist das für eine Idee, sich hierher zu legen – ins Krankenhaus –!

R a d e m a c h e r. Oh, ich bin zufrieden, man ist hier sehr gut aufgehoben.

W e i h g a s t. Ja, gewiß bist du in den besten Händen. Doktor Halmschlöger ist ein sehr tüchtiger junger Arzt und, was mehr ist, ein vortrefflicher Mensch. Wie man ja den Menschen an sich überhaupt nie von dem Berufsmenschen trennen kann. Aber trotzdem – du entschuldigst schon – warum hast du dich nicht an mich gewandt?

R a d e m a c h e r. Wie hätt' ich . . .

W e i h g a s t. Wenn du dich auch eine Reihe von Jahren um deinen alten Freund nicht mehr gekümmert hast, du kannst dir wohl denken, daß ich dir unter diesen Umständen in jeder Weise zur Verfügung . . .

R a d e m a c h e r. Laß doch das, laß doch das.

W e i h g a s t. Nun ja – bitte. Es war wahrhaftig nicht bös gemeint. Immerhin, es ist auch jetzt nicht zu spät. – Doktor Halmschlöger sagt mir, es ist nur eine Frage der Zeit, der guten Pflege . . . in ein paar Wochen verläßt du das Spital, und was eine Nachkur auf dem Lande betrifft . . .

R a d e m a c h e r. Von all diesen Dingen ist nicht mehr die Rede.

W e i h g a s t. Auch von dieser Hypochondrie hat mir Doktor Halmschlöger Mitteilung gemacht – ja. *(Er verträgt den auf ihn gerichteten Blick Rademachers nicht gut, schaut aber nicht fort.)* Also, du hast mich rufen lassen, wolltest mit mir sprechen. Nun, ich bin bereit. Warum lächelst du? – Nein, es ist der Schimmer von dem Licht. Die Beleuchtung ist hier nicht ganz auf der Höhe. – Nun, ich warte. Ich werde Herrn Doktor Halmschlöger erklären, daß du von den ersten fünf Minuten keinen Gebrauch gemacht hast. Nun? –

R a d e m a c h e r *(hatte schon einige Male die Lippen geöffnet, halb, als wollte er reden. Auch jetzt; aber er schweigt wieder).*

*(Pause.)*

W e i h g a s t. Wie ist's dir denn immer ergangen? *(Leicht verlegen.)* Hm, die Frage ist etwas ungeschickt in diesem Moment. Ich bin ein wenig befangen, ich will es dir gestehn; denn, äußerlich betrachtet, möchte man wohl glauben, daß ich derjenige bin, dessen Los besser gefallen ist. Und doch – wenn man die Sache so nimmt, wie sie ja doch eigentlich genommen werden muß – wer hat mehr Enttäuschungen erlebt? Immer der, der scheinbar mehr erreicht hat. – Das klingt paradox, und doch ist es so. – Ah, wenn ich dir erzählen wollte ... nichts als Kämpfe – nichts als Sorgen – Ich weiß nicht, ob du die Bewegung der letzten Zeit so verfolgt hast. Nun stürzen sie über mich her ... Wer? Die Jungen. Wenn man bedenkt, daß man vor zehn Jahren selbst noch ein Junger war. Jetzt versuchen sie, mich entthronen ... Wenn man diese neuen Revuen liest ... Ah, es ist, um Übelkeiten zu bekommen! Mit Hohn, mit Herablassung behandeln sie mich. Es ist ja jämmerlich! Da hat man nun redlich gearbeitet und gestrebt, hat sein Bestes gegeben – und nun ... Ah, sei froh, daß du von all den Dingen nichts weißt. Wenn ich heute wählen könnte – heute mein Leben von neuem beginnen ...

R a d e m a c h e r. Nun?

W e i h g a s t. Ein Bauer auf dem Land möcht ich sein, ein Schafhirt, ein Nordpolfahrer – ah, was du willst! – Nur nichts von der Literatur. – Aber es ist noch nicht aller Tage Abend.

R a d e m a c h e r *(sonderbar lächelnd).* Willst du an den Nordpol?

W e i h g a s t. Ah nein. Aber in der nächsten Saison, zu Be-

ginn, kommt ein neues Stück von mir. Da sollen sie sehen,
da sollen sie sehen! Ah, ich laß mich nicht unterkriegen!
Wartet nur! wartet nur! – Nun, wenn alles gutgeht, so
sollst du dabei sein, mein alter Freund. Ich verspreche dir,
dir Billette zu schicken. Obwohl euer Blatt im allgemeinen
verflucht wenig Notiz von mir nimmt. Ja, meine letzten
zwei Bücher wurden bei euch direkt totgeschwiegen. Aber
du hast ja mit dem Ressort nichts zu tun. Na! – Übrigens,
was für gleichgültiges albernes Zeug . . . So erzähle mir
doch endlich. Was hast du mir zu sagen? Wenn dir das
laute Sprechen Mühe macht . . . ich kann ja auch ganz
nahe rücken. – Hm . . . *(Pause.)* Was meine Frau dazu
sagen wird, wenn ich ihr erzähle, daß unser alter Rademacher im Allgemeinen Krankenhaus liegt . . . Dein Stolz,
mein lieber Rademacher, dein verdammter Stolz . . . Na,
wir wollen nicht davon reden . . . Übrigens ist meine Frau
augenblicklich nicht in Wien – in Abbazia. Immer etwas
leidend.

R a d e m a c h e r. Hoffentlich nicht ernst?

W e i h g a s t *(drückt ihm die Hand)*. Gott sei Dank, nein.
Mein Lieber, dann stünd' es auch mit mir schlecht. Wahrhaftig, bei ihr find ich mich selbst – den Glauben an mich
selbst wieder, wenn ich nah daran bin, ihn zu verlieren –
die Kraft zu schaffen, die Lust zu leben. Und je älter man
wird, um so mehr fühlt man, daß dies doch der einzige
wahre Zusammenhang ist, den es gibt. Denn die Kinder . . . o Gott!

R a d e m a c h e r. Was ist's mit ihnen? Was machen sie?

W e i h g a s t. Meine Tochter ist verheiratet. Ja, ich bin
schon zweifacher Großvater. Man sieht's mir nicht an, ich
weiß. Und mein Bub' – Bub'!! – dient heuer sein Frei-
willigenjahr – macht Schulden – hat neulich ein Duell gehabt mit einem jungen Baron Wallerskirch – wegen eines
Frauenzimmers . . . Ja, mein Lieber, immer dieselben
Dummheiten. So wird man alt, und das Leben nimmt
seinen Lauf.

R a d e m a c h e r. Ja, ja. *(Pause.)*

W e i h g a s t. Nun die Zeit verrinnt. Ich warte. Was hast
du mir zu sagen? Ich bin bereit, alles, was du wünschest... Soll ich vielleicht bei der ›Konkordia‹ Schritte
tun? Oder kann ich vielleicht in der Redaktion des ›Neuen
Tags‹ für den Fall deiner baldigen Wiederherstellung...
Oder – du entschuldigst, daß ich auch von solchen Dingen
spreche – kann ich dir irgendwie mit dem schnöden Mam-
mon...

R a d e m a c h e r. Laß, laß. Ich brauche nichts – nichts...
Ich hab dich nur noch einmal sehen wollen, mein alter
Freund – das ist alles. Ja. *(Reicht ihm die Hand.)*

W e i h g a s t. So? Wahrhaftig es rührt mich. Ja. – Nun,
wenn du wieder gesund bist, so hoff ich, wir werden einander wieder öfter ... na!

*(Peinliche Pause. – Man hört das Ticken der Uhr aus dem
Nebensaal.)*

H a l m s c h l ö g e r *(kommt)*. Nun, da bin ich wieder. Ich
bin hoffentlich nicht zu pünktlich?

W e i h g a s t *(erhebt sich, sichtlich befreit)*. Ja, wir sind
bereits zu Ende.

H a l m s c h l ö g e r. Nun, das freut mich. Und ich hoffe,
unser Patient ist beruhigt – nicht wahr?

R a d e m a c h e r *(nickt)*. Ich danke.

W e i h g a s t. Also auf Wiedersehen, lieber Freund. Wenn
der Herr Doktor gestattet, so schau ich in ein paar Tagen
wieder einmal nach.

H a l m s c h l ö g e r. Gewiß. Ich werde Auftrag geben, daß
man Sie zu jeder Zeit...

W e i h g a s t. Oh, ich wünsche nicht, daß Sie meinetwegen
eine Ausnahme machen.

H a l m s c h l ö g e r. Paschanda!

W ä r t e r i n *(reicht Weihgast den Überzieher)*.

W e i h g a s t. Also nochmals Adieu und gute Besserung und
nicht kleinmütig sein. *(Gegen den Ausgang mit Halmschlöger.)*

F l o r i a n *(kommt hinter dem Vorhang hervor)*. Habe die Ehre, Herr Doktor, habe die Ehre!

H a l m s c h l ö g e r . Na hören Sie, Sie schlafen noch immer nicht!

W e i h g a s t . Was ist das für ein Mensch? Er hat mich in einer so sonderbaren Weise fixiert . . .

H a l m s c h l ö g e r . Ein armer Teufel von Schauspieler.

W e i h g a s t . So, so.

H a l m s c h l ö g e r . Hat keine Ahnung, daß er in spätestens acht Tagen unter der Erde liegen wird.

W e i h g a s t . So, so.

*(Blicke Weihgasts und Florians begegnen einander.)*

H a l m s c h l ö g e r . Drum halt ich auch jede Strenge für überflüssig. Regeln für Sterbende – das hat doch keinen rechten Sinn.

W e i h g a s t . Sehr richtig. – Es hat mich wirklich gefreut, bei dieser Gelegenheit Ihre nähere Bekanntschaft zu machen und Sie sozusagen einmal bei der Arbeit zu belauschen. Es war mir überhaupt in vieler Beziehung interessant.

H a l m s c h l ö g e r . Nun, wenn ich fragen darf, war es wirklich etwas so Wichtiges, was Ihnen Ihr Freund mitzuteilen hatte?

W e i h g a s t . Keine Idee. Wir haben in längst vergangener Zeit miteinander verkehrt, er wollte mich noch einmal sehen . . . das war alles. Ich glaube übrigens, daß ihn mein Kommen sehr beruhigt hat. *(Im Gehen.)*

W ä r t e r i n . Küß die Hand.

W e i h g a s t . Ach so. *(Gibt ihr ein Trinkgeld.)*

*(Halmschlöger, Weihgast ab, hinter ihnen auch die Wärterin.)*

F l o r i a n *(rasch zu Rademacher hin)*. Na also, was war denn? Der Mensch muß eine kolossale Selbstbeherrschung haben. Ich versteh mich doch auf Physiognomien – aber ich hab ihm nichts angemerkt. Wie hat er's denn aufgenommen?

R a d e m a c h e r  *(ohne auf ihn zu hören).* Wie armselig
sind doch die Leute, die auch morgen noch leben müssen.

F l o r i a n.  Herr Rademacher – also was ist denn? Wie
steht's mit dem Schlüssel zum Schreibtisch?

R a d e m a c h e r  *(erwachend).* Schreibtisch –? – Machen S',
was Sie wollen. Verbrennen meinetwegen!

F l o r i a n.  Und die Schätze? Die Meisterwerke?

R a d e m a c h e r.  Meisterwerke! – Und wenn schon ...
Nachwelt gibt's auch nur für die Lebendigen. *(Wie sehe-
risch.)* Jetzt ist er unten. Jetzt geht er durch die Allee
– durchs Tor – jetzt ist er auf der Straße – die Laternen
brennen – die Wagen rollen – Leute kommen von oben ...
und unten ... *(Er ist langsam aufgestanden.)*

F l o r i a n.  Herr Rademacher! *(Er betrachtet ihn genau.)*

R a d e m a c h e r.  Was hab ich mit ihm zu schaffen? Was
geht mich sein Glück, was gehn mich seine Sorgen an?
Was haben wir zwei miteinander zu reden gehabt? He!
Was? ... *(Er faßt Florian bei der Hand.)* Was hat unsereiner mit den Leuten zu schaffen, die morgen noch auf
der Welt sein werden?

F l o r i a n  *(in Angst).* Was wollen Sie denn von mir? –
Frau Paschanda!

W ä r t e r i n  *(kommt mit dem Licht).*

R a d e m a c h e r  *(läßt die Hand Florians los).* Löschen
Sie's aus, Frau Paschanda – ich brauch keins mehr ... *(Er
sinkt auf den Sessel.)*

F l o r i a n  *(am Vorhang; hält sich mit beiden Händen daran; zur Wärterin).* Aber jetzt – nicht wahr?


*Vorhang*

CLARA VIEBIG

# Eine Zuflucht

Drama in einem Akt

PERSONEN

Pastor Schnörrler, *Anstaltsgeistlicher*
Frau Stadtrat Gutthelf
Fräulein West
Frau Kubizke, *Aufseherin*
Christine Müller
Kazimira Matuschek
Die lange Juste
Die scheele Laura
Andre Arbeitshäuslerinnen
Der Portier

*Ort der Handlung: Bei Berlin.*
*Zeit: Gegenwart.*

*Szene: Eßsaal im Arbeitshaus. Niedriger Raum, im Souter-
rain gedacht. Durch ein breites, halbhohes Fenster Aussicht
auf den Hof, in dessen Hintergrund die Anstaltskirche. Über
der Tür des Eßsaales fromme Lithographie, sonst kahle ge-
tünchte Wände. Im Raum mehrere lange Holztische, Holz-
bänke ohne Lehnen davor. Auf den Tischen Blechnäpfe mit
Blechlöffeln darin. Ein Laib Brot und Brotmesser. – Man
hört es von der Kirche 12 Uhr schlagen, dann anhaltendes
blechernes Läuten.*

K u b i z k e *(wohlgenährte Frau in den Vierzigern, graues
Kleid, weiße Latzschürze, weißes Tellerhäubchen auf den
glattgescheitelten Haaren, tritt ein).* Nanu, det Essen noch
nich ufjetragen?! Juste, Laura, he, wird et bald? *(Klatscht
in die Hände.)* Dali, dali! Die Mächens wer'n jleich antreten! *(Fängt an Brot zu schneiden und ein derbes Stück
vor jeden Platz hinzuschleudern. Seitentür öffnet sich,
zwei Mädchen schleppen einen Suppenkessel herein, lup-
fen ihn auf den nächsten Tisch.)* Wat det dauert mit det
bißken Essen! *(Nimmt die Kelle aus dem Suppenkessel,
probiert sehr vorsichtig. Sauersüß:).* Hm. De Linsen hätten en bißken weicher sein können. De Kartoffeln een
Mus! Un denn – so unjeschmelzt! Ick will nich hoffen,
det ihr euch wieder Stullen jestrichen habt von den
Suppenschmalz?!

J u s t e. Stullen jestrichen?! Von *den* Schmalz?! Det is ame-
rikanischet – na, ich danke!

K u b i z k e. Man nich so frech! Was, du bist wohl alle Tage
Hasenbraten jewohnt jewesen un Hühnerfrikassee? Sei du
man froh, det du hier satt zu essen kriegst!

J u s t e. Na, da arbeete ick ja ooch jenug for. Wenn ick
draußen so arbeeten wollte, wie ick hier drinne muß, denn
könnte ick ooch alle Dage Hühnerfrikassee essen un –

K u b i z k e. Halt de Schnauze! Hier wird nich jeredt!

J u s t e. Sie haben mir ja jefragt!

K u b i z k e. Ruhe, Ruhe! Mach, det ick dir nich wieder
wat zudiktiere, du weeßt doch! Ruhe! Ruhe!

*(Man hört draußen erneutes Läuten und anhaltendes Ge-
klapper von Holzpantoffeln. Arbeitshäuslerinnen stürmen
herbei. Alle Mädchen in ganz gleicher Kleidung: verwaschene
blaue Leinenröcke und Blusen, graue Sackleinenschürzen,
Wollenstrümpfe und Holzpantoffeln. Bis die Mädchen sich
auf die Bänke verteilt, hört man nichts als das Pantinen-
geklapper und das Läuten.)*

K u b i z k e. Laßt uns beten!

M ä d c h e n *(sich anstoßend).* Du bist dran! – Nee, du! –
Die is dran!

K u b i z k e. Man los, man los! Wer is an die Reihe? *(Keine
Antwort.)* Na, Matuschek, denn man los, du bist die Jüngste.

M a t u s c h e k *(hübsch, noch halbwüchsig, schlägt ein
Kreuz).*

Segne, Vater, dieses Speise,

Dir zum Nahrung, uns zum Preise!

*(Mädchen kichern.)*

K u b i z k e. Ne, ick sage schonst, nich mal anständig beten
kann so 'ne Polackenjöre – – halt, wollt ihr woll noch
nich losessen?! Löffel hin, Hände jefaltet! Erst wird anständig jebetet. Die Müller soll beten, die weeß doch, wie
et sich jehört.

C h r i s t i n e   M ü l l e r *(mit heiserem Organ, ohne den
Blick zu heben).*

Segne, Vater, diese Speise,

Uns zur Nahrung, Dir zum Preise.

Amen.

K u b i z k e. Seht ihr woll, die kann et. So. Na, denn nu
los! *(Mädchen löffeln die Suppe herein).*

K u b i z k e *(fingiert auch zu essen).* Matuschek, nanu, wat
is det mit dich, warum ißte denn nich?

M a t u s c h e k *(sich verstellend).* Kann ich Suppe nich
essen, o je – o je, hab ich Schmerzen – oh! – so Schmerzen
in Bauche hier!

K u b i z k e. Quatsch! Warte, dir kenne ick schon! Die

scheene Suppe wird jejessen – eins, zwei, drei! Det sollte
fehlen, jede en andret Leibgericht! Brot stoppen wie de
Wölfe, ja, det möchtet ihr woll – Laura, legste jleich det
Stück hin, det jehört ja deiner Nebenmännin, der Fidlern!

J u s t e *(empört)*. Meins hat se ooch schonst jemopst!

L a u r a. Det is nich wahr!

J u s t e. Det is doch wahr!

K u b i z k e. Ruhe, Ruhe! Wollt ihr woll stille sein! Hier
wird nich jeredt! Maul halten, wie oft soll ick euch det
einbleun? Det wer' noch scheenter, wenn jeder hier reden
dürfte, wer wollte. Hier rede *ick* bloß. Janz mucksstill,
det is in de Hausordnung. Un nur der, den ick fragen tue,
hat zu antworten. Also sag man – he, du, scheele Laura,
stell der man nich taub! – hast du der langen Juste ihr
Brot wegstibitzt? Jesteh nur! Du weeßt, det Leugnen
macht et ville schlimmer!

L a u r a *(heulend)*. Ick kann doch nich dafor, det ick so
scheel bin! Da wer' ick woll so jesehn haben, als wär' et
mein Stick!

K u b i z k e. Na, en andermal kuck jrade, ick rate dir!
*(Alle kichern.)*

K u b i z k e *(schmunzelnd)*. En kleener Spaß muß sint, der
erheitert det Leben. Aber nu jenug, jenug! *(In die Hände
klatschend.)* Ufhören! Ufhören! Mahlzeit!

M ä d c h e n *(mit Geklapper aufstehend)*. Mahlzeit!

K u b i z k e. Nu jeht uf'n Hof un vertrampelt euch det
Diner. Um halb eins antreten zum Lau– *(verbessert sich)*
zum Kämmen. Aber anständig, sage ick euch, nich zu laut
un nich zu leise, det Schreien jefällt mir nich, aber ooch
nich det Tuscheln; bei beeden kommt nischt Jut's raus.
Zankereien sind nich jestattet, aberst de dicken Freund-
schaften ooch nich. Matuschek, sowie ick merke, daß de
dir wieder an de Juste hängst, kommste raus aus'n Schlafsaal, in de Kammer alleene, da kannste dir jraulen. Also
los, los! – – Halt, beten! Is det 'ne Manier, so wegzuren-
nen? Stillejestanden! Müller, beten!

Müller.
    Gott sei Dank
    Für Speis und Trank!
Kubizke.
    Amen.
*(Mitteltür öffnet sich; Pastor Schnörrler, etwas schüchtern, aber ohne Karikatur.)*
Schnörrler. Oh, Entschuldigung! Bitte, Frau Kubizke, bitte, lassen Sie sich nicht stören!
Kubizke. Wir sind fertig, Herr Pastor!
Schnörrler. Gesegnete Mahlzeit! *(Zu den Mädchen.)* Gesegnete Mahlzeit!
Mädchen *(murmelnd)*. Mahlzeit! *(Setzen klappernd die Näpfe zusammen.)*
Schnörrler *(nach rückwärts)*. Bitte, treten Sie ein, meine Damen! Bitte! Sie treffen die ganze junge Gesellschaft vereint. Die Mädchen haben eben abgegessen. Nein, Sie stören gar nicht, bitte, treten Sie nur näher, bitte!
*(Stadträtin und Fräulein West treten ein.)*
Schnörrler. Darf ich den Damen hier Frau Kubizke vorstellen: unsre Frau Kubizke, die langbewährte treffliche Leiterin unsrer jugendlichen Mädchenabteilung – Frau Stadtrat Gutthelf! Fräulein West!
Stadträtin *(Kubizke die Hand reichend)*. Ich habe schon viel Rühmendes von Ihnen gehört!
Kubizke *(knicksend)*. Man tut seine Pflicht.
Schnörrler. Ohne unsre Frau Kubizke wären wir wirklich übel dran, sie versteht in den jugendlichen Mädchenseelen zu lesen wie kein andrer. Ich muß gestehn, mir wird oft bange, aber sie – –
Kubizke *(bemüht sich, fein zu reden, wenn sie mit den Damen und dem Pastor spricht)*. Nanu, Herr Pastor, bange machen jilt nich, das is doch ein altes Sprichwort. Wofor denn bange?! Na na, in'n Schlafsaal bei die Mächens möcht' ich auch nich kampieren, aber det brauche ich ja nich, un det brauchen Sie ja auch nich, Herr Pastor!

S t a d t r ä t i n. Ach, ich dachte, die Mädchen wären immer
unter Überwachung?

K u b i z k e. Nachts in'n Schlafsaal? – na, ich danke! Denn
hätten se mir wohl längst den Hals umjedreht. I wo, ich
schließe ihnen ein, und denn – ich habe ein Schiebfenster-
chen in meiner Kammer, da klopfe ich an, wenn der
Radau drinne zu jroß wird. Aber sonst – na, da muß
man sie schon alleine modeln lassen, da is nischt zu wollen.

S c h n ö r r l e r. Mir ist oft bange – nein, Frau Kubizke,
nein, nicht so, wie Sie meinen! – mir ist oft bange um all
die Seelen!

*(Eins der Mädchen lacht auf, das Lachen pflanzt sich fort.
Sie stoßen sich mit den Ellbogen an.)*

K u b i z k e. Nanu, was jibt's denn da zu lachen? Ruhe!

S c h n ö r r l e r. Liebe Kinder, ich bitte euch, Ruhe!

K u b i z k e. Laßt det Jeklapper! Nachher kann ufjeräumt
werden! Raus mit euch! Habe ick euch nich jesagt: uf'n
Hof, un denn – – *(Macht Bewegung des Kämmens.)* Sie
jlauben nich, werte Damen, man muß die jroßen Mächens
alle Woche mal laus– *(verbessert sich)* kämmen, wie die
kleinen Kinder, sonst erlebt man was. *(Klatscht in die
Hände.)* Raus, raus, wird's bald?!

*(Mädchen zögern, werfen neugierige, finstere Blicke auf die
Damen. Die ersten klappen langsam zur Tür.)*

K u b i z k e. Sehen Sie, Herr Pastor, da meinen Sie immer,
die Mächens wären beschämt – haha, die un beschämt! –
Laura, kuck nich so dreiste, hast gar keene Ursache, so mit
de Oogen zu schmeißen! *(Zu den Damen.)* Die is nämlich
schon das dritte Mal hier. Aber wenn se nu nochmal
Schrippen aus die Frühstücksbeutel nimmt oder bunte
Bänder von ihre Fräuleins, um die Kerls in die Augen zu
stechen, denn adje, Arbeitshaus! Denn kommt det anders,
nich so scheene, denn wird se injespunden ins Frauenjefäng-
nis. – Du, kuck nich so scheel, kuck jradeaus! – Ja, ja, det
seidne Kleid, werte Damen, und der Unterrock mit die

Frisur, det is en Magnet. Wat glauben Sie wohl, meine
Damens, manche von die hier is akkurat so nobel jejangen
auf die Friedrichstraße. Nu sieht sie det keiner an!

S c h n ö r r l e r *(verlegen)*. Jawohl, jawohl, Frau Kubizke,
Sie haben ganz recht! Ach ja, es ist traurig! *(Zu den Mäd-
chen.)* Geht, Kinder, geht auf den Hof! 's ist heut wie
Frühling. Genießt ein bißchen Luft!

*(Mädchen zögern noch.)*

K u b i z k e. Raus, raus, soll ick euch Beene machen? Matuschek, hier jibt't nischt zu jaffen. Dali, dali! De Müllern paßt uf, det der Radau nich zu jroß wird. *(Läßt die
Mädchen an sich vorbeidefilieren.)* Laura, kuck jrade! –
Meincke, Brust raus, Bauch rin – jeht nich, sagste? Na,
denn jondle man so los! – Fiedler, haste dir nich gewaschen? Schäme dir for die feinen Damens! – Raus, raus!

*(Die letzten Mädchen verschwinden.)*

S c h n ö r r l e r. Christine Müller – nicht wahr doch: Christine? – Frau Kubizke, behalten Sie die Müller doch noch
gefälligst einen Augenblick hier, die Damen möchten mit
ihr sprechen.

K u b i z k e. Müller! Christine Müller! Na, kannste nich
hören? Hierbleiben! *(Geht ihr nach.)*

S t a d t r ä t i n *(sich ängstlich umblickend)*. Mein Gott,
Herr Pastor, das ist aber doch schwer, diese Mädchen zu
regieren! Das habe ich mir ganz anders gedacht.

S c h n ö r r l e r. Oh – das können Sie jetzt nicht ganz be-
urteilen, verehrte Frau! Die Mädchen leben hier abseits
der Welt, ganz in der Stille, und nun kommt mit dem Erscheinen der beiden Damen wieder ein Hauch der Welt zu
ihnen, jener Welt, in der sie gestrauchelt sind, gefallen,
und – gelitten haben. Da stürmen denn Erinnerungen auf
sie ein, ihre armen Seelen zittern, werden sich mit Schmerzen des eignen Elends bewußt – sie sind erregt!

S t a d t r ä t i n. Diese Typen erschüttern mich! *(Zur West.)*
Liebe Luise, haben Sie das ganz junge Mädchen bemerkt?
Die mit den schönen, dunkeln Augen?

W e s t. Welche?

S c h n ö r r l e r. Gnädige Frau meinen die mit dem lockigen
Scheitel? Die kleine Polin! Ach ja, das ist ein betrübendes
Kapitel!

S t a d t r ä t i n. Wieso, wieso? Ach, erzählen Sie uns doch,
verehrter Herr Pastor! Mich dünkt, dies Kind paßt gar
nicht zu den übrigen. Was hat es für ein unschuldiges Gesicht! Seine Augen blicken so sanft.

W e s t. Ein so junges Ding! Mich wundert, Herr Pastor,
daß Sie diese Halbwüchsige zwischen die andern stecken.
Das kann ihr doch unmöglich zum Heil gereichen!

S t a d t r ä t i n. Ja, das meine ich auch! Kinder wie diese
müßten gesondert sein. – Ach, Luise, finden Sie nicht, sie
erinnert so sehr an meine Else?!

W e s t. Um Gottes willen, Frau Stadtrat, wie können Sie
da nur einen Vergleich anstellen?!

S t a d t r ä t i n. Ich kann mir nicht helfen, es sind dieselben
Augen – nur so traurig! Ach, meine Else ist so ein heitres
Geschöpfchen. Verehrter Herr Pastor, könnte man nichts
für dieses Mädchen tun? Matuschka heißt sie ja wohl –
Materna – oder wie doch gleich?

S c h n ö r r l e r. Matruschek!

K u b i z k e *(tritt ein, die Müller vor sich her schiebend).*
Ne, Herr Pastor, Matuschek heißt se! Daß Sie auch nie
die Namens behalten können! – *(Zur Müller.)* Jeh man
rein, jeh! – ’s jrößte Lu– *(sich verbessernd)* die jrößte
Kana– nee, wollte sagen – verzeihn Se, aber wenn ick uf
*die* Jöre komme, wer’ ick janz unparlementarisch! Die
verdorbenste Kreatur is se, die je hier in’n Arbeitshaus
jewesen. In alle Sättel jerecht, trotz ihre fufzehn! Die
endet noch in’t Zuchthaus.

S c h n ö r r l e r. Aber, Frau Kubizke, ich bitte Sie! Sie nehmen den Damen ja alle Illusionen!

K u b i z k e. Illusionen?! Jotte doch, Herr Pastor, mit die
Illusionen! *(Zuckt die Achseln.)* Aber hier is nu die Müller!

S c h n ö r r l e r. Kommen Sie nur näher, Kind, nicht so
scheu, nur näher!

S t a d t r ä t i n. Christine Müller, wir kommen Ihretwegen!
Wir sind Delegierte vom Verein zur Fürsorge für entlassene weibliche Strafgefangene und wir –

M ü l l e r *(murmelt, gesenkten Blicks).* Ich bin nich strafjefangen!

K u b i z k e. Ruhe! Bist du jefragt? Nee, werte Dame, det
dürfen Se aber auch nicht sagen, ›strafjefangen‹, die is ja
nur in's Arbeitshaus!

S t a d t r ä t i n. Pardon! Nein, nein, ich wollte Sie nicht
kränken, Christine Müller, gewiß nicht! Es freut mich –
ich finde es sehr schön, daß Sie auf Ihre Ehre halten!
*(Verlegen.)* Ich weiß nicht, wie ich mich einführen soll,
wie es Ihnen klarmachen – ach, Herr Pastor, vielleicht
haben Sie die Güte. Sagen Sie ihr, daß ich die Präsidentin
des Vereins zur Fürsorge für entlassene weibliche Stra –
hm – daß ich die Präsidentin eines Vereins – einer Ge-
meinschaft bin, die – nun die –

W e s t *(energisch).* Und ich bin die Schriftführerin des Vereins zur Fürsorge für entlassene weibliche Strafgefangene.
Warum nicht das Ding beim richtigen Namen nennen?
Arbeitshaus oder strafgefangen – darüber sind wir uns
doch wohl klar – kommt im Grunde ganz auf dasselbe
heraus.

S c h n ö r r l e r. Verzeihen Sie, meine Gnädige, gestatten
Sie gütigst ein Wort! *(Zur Müller.)* Liebes Kind, sehen
Sie, diese beiden Damen kommen lediglich aus Interesse
für Sie, aus lauter Interesse! Sie haben in die Akten über
Sie Einsicht genommen, wissen von Ihrem Geschick, von
Ihrer Verfehlung, aber auch von Ihrem Leid. *(Herzlich.)*
Haben Sie nur Vertrauen! Ich denke, Sie sind lange genug
hier, Sie müssen es jetzt doch wissen, wie gut wir es mit
Ihnen meinen. Nicht wahr, Christine? Sehen Sie mich mal
an, senken Sie nicht immer so den Blick! – was habe ich
doch am Sonntag in der Kapelle gepredigt? Den Bußferti-

gen gibt Gott Gnade, nicht wahr? Heben Sie nur getrost
Ihr Auge, Ihnen wird Gnade!

W e s t. Wir sorgen für Sie – dafür sind wir ja da – nur
Courage! Man muß den Kopf nicht hängen lassen, Christine Müller!

S t a d t r ä t i n. Wir wollen Ihnen ja so gerne helfen!

S c h n ö r r l e r. Da hören Sie's, mein Kind! Ach, Gott sei
gedankt, daß es noch gute Menschen gibt! Christine, sehen
Sie mich mal an, nicht wahr, Ihnen wird jetzt auch leichter
ums Herz? – – Sie sehen mich nicht an – aber warum denn
nicht? Nur keine Scheu! Warum denn nicht?

K u b i z k e. Du sollst den Herrn Pastor ansehn, hörste
nich? Kopp hoch! – – na?!

C h r i s t i n e   M ü l l e r *(hebt den Kopf, sieht scheu auf,
schlägt den Blick gleich wieder nieder).*

S c h n ö r r l e r. So, so ist's recht! Nun, Christine, lassen
Sie sich von den Damen mal was erzählen.

W e s t. Wir werden nicht Kosten scheuen noch Mühe, noch
persönliche Opfer – *(sieht sich um)* es zieht!

S c h n ö r r l e r *(beeilt sich, die Tür fester einzuklinken).*
Oh, es zieht! Ich bitte sehr um Entschuldigung, Frau
Stadtrat, mein Fräulein! Es ist unverzeihlich von mir, die
Damen unsrem ewigen Zug auszusetzen! *(Hüstelt.)* Man
wird den Katarrh hier gar nicht los. Ich möchte bitten, ins
Sprechzimmer zu kommen –

K u b i z k e *(einfallend).* Man ja nich, Herr Pastor, da
haben die Rackers ja jestern 'ne Scheibe injeschmissen – se
is noch nich repariert – da zugt es noch viel mehr!

S c h n ö r r l e r *(entschuldigend).* Ein kleines Malheur! Die
Mädchen spielten gestern unter meinem Fenster Ball – man
kann ihnen doch nicht jedes unschuldige Vergnügen verbieten.

K u b i z k e. Nu hat es sich aber ausjeballt!

W e s t *(hin und her tretend).* Es ist recht fußkalt hier, trotz
der Gummischuh – finden Sie nicht, Frau Stadtrat?

S t a d t r ä t i n (*die Boa[1] fester ziehend*). Ich finde die Luft so feuchtkalt.

K u b i z k e. Ja, Eisbeene sind hier wohlfeil!

S c h n ö r r l e r. Mein Gott, Frau Kubizke, daß wir auch daran nicht denken! Bitte, besorgen Sie doch für die Damen ein paar Fußbänkchen oder ein Kissen oder ein Stück Teppich! Und dann nehmen Sie doch endlich Platz, meine Damen! Frau Kubizke, sind denn nicht ein paar Stühle da?!

S t a d t r ä t i n. Ach danke, danke! Lassen Sie nur! Nein, keine Umstände, nein, nein!

W e s t. Wir sind ja nicht zu unsrem Vergnügen hier!

(*Beide Damen setzen sich auf eine Bank. Schnörrler und Kubizke stehen bei ihnen. Müller allein in der Mitte.*)

S t a d t r ä t i n. Christine Müller, wir haben zu unsrer Freude aus Ihrem Führungsattest ersehen, daß Sie willig und geschickt sind und bescheiden.

K u b i z k e. Det is se, mein bestes Mächen, nur was maulig!

S t a d t r ä t i n. Das ist ja sehr schön! Nun also denken wir, wenn Sie in etwa vierzehn Tagen hier entlassen werden, nach Ihrer Entlassung Sorge für Sie zu tragen. Der Verein wird sich bemühen, Ihnen eine passende Beschäftigung zuzuweisen.

W e s t. Und seine Hand über Ihnen zu halten. Sie werden so vor der Versuchung bewahrt, in Ihren früheren Lebenswandel zurückzufallen.

K u b i z k e. Na, Müller, wat sagste nu? (*Zieht sie am Ohrläppchen.*) Du, von dich is de Rede! Steh nich so damlig da, als jinge dich det allens nischt an! (*Spöttisch.*) Du hast die Ehre!

S t a d t r ä t i n. Was meinen Sie wohl, liebe Luise, zu welcher Arbeit das Mädchen am besten zu verwenden wäre?

W e s t (*sie durch die Lorgnette[2] musternd*). Sehr stark sieht sie nicht aus!

---

1. eigtl. Riesenschlange, hier Halspelz.
2. Stielbrille.

S t a d t r ä t i n. Sagen Sie, Kind, zu welcher Beschäftigung
hätten Sie denn wohl am meisten Lust? Was meinen Sie,
Luise, wäre Landleben nicht das beste für sie!

W e s t. Ei, warum denn nicht?! Hören Sie, Christine Müller, Sie müssen aufs Land! In gesunden ländlichen Ver-
hältnissen werden Sie den Verlockungen der Großstadt
entzogen sein, Luft und Licht genießen Sie da aus erster
Hand – sie kosten nichts – bei einfachen Ackerbürgern, in
einfachen Umgebungen, bei Gemüsebauen und Blumen-
pflanzen werden Sie sich behaglich und zufrieden fühlen.

S c h n ö r r l e r. Glücklich, sagen Sie glücklich! Wenn ich
denke, wie glücklich ich mich auf dem Lande gefühlt habe!
Meine Pfarre war zwar nur klein, und hier ist mein Wirkungskreis ein so großer – ach ja, ein sehr großer! – aber
wie heiter habe ich jeden Morgen den Sonnenaufgang be-
grüßt! Mich dünkte jeder Lerchentriller ein Preislied zu
des Schöpfers Herrlichkeit. In meinem Garten lauter
Wohlgerüche – gerade unter mein Fenster hatte meine
Frau Reseden und Levkojen gepflanzt – oh, wie die duf-
teten! Abels Opferduft kann nicht süßer aufgestiegen sein.
Auf hundert Blumenkelchen hundert Sonnenstrahlen und
in meinen Äpfel- und Birnbäumen leises Windrauschen,
als nahe Gott der Herr sich im Säuseln. Ach ja, es ist schön
auf dem Lande!

W e s t *(etwas spöttisch).* Der Herr Pastor ist ein Dichter –
ein Idealist.

K u b i z k e. Stimmt. Det is er!

S t a d t r ä t i n. Ach, so gern waren Sie auf dem Lande?
Das tut mir ja leid, Herr Pastor, daß Sie das aufgeben
mußten!

S c h n ö r r l e r *(resigniert).* Ja, meine verehrte gnädige
Frau, wenn man Familie hat! Ich habe sieben Kinder. Und
die drei ältesten Jungen gehen aufs Gymnasium. Die hätten wir in Pension tun müssen – wie sollten wir das ermöglichen? Gehalt klein, Vermögen nicht vorhanden,
Konnexionen so gut wie keine – da habe ich denn hier

zugegriffen. *(Seufzt.)* Nun geht's ja, man findet sich drein.

W e s t. Also aufs Land! Christine Müller, Sie kommen aufs Land.

K u b i z k e. Det wird se wohl nich können, werte Dame! *(Lacht.)* Müller, zeig mal deine jeschwollenen Beene! – Sehn Se? Nee, Feldarbeit is nich! Un hier die Ärmchens! Herr du meine Jüte! Als sie det erstemal hier war, war schonst nich vill mit se los, nu liegt se alle Nase lang uf de Krankenstation.

W e s t. Aber das Landleben kräftigt doch!

K u b i z k e. Jawoll! Die jeht Ihnen ein!

S t a d t r ä t i n. Nein, dann ja nicht, dann ja nicht aufs Land! 's ist recht schade. Aber wie wäre es denn mit einer kleinen Stadt? Hören Sie, Kind, hätten Sie nicht Lust zu allerhand netten Handarbeiten? In einer kleinen Stadt könnten Sie sich ganz bequem durch Stricken und Häkeln und Nähen Ihr Brot verdienen. Sie antworten nicht? Warum denn nicht? Möchten Sie denn nicht in so eine hübsche, kleine Stadt?

M ü l l e r *(schüttelt verneinend)*.

K u b i z k e. Nanu, man nich so dreiste!

S t a d t r ä t i n. Aber warum denn nicht? Was kann Sie denn hier in Berlin halten?! Sie werden sich's schon noch überlegen, nicht wahr?

M ü l l e r *(schüttelt wieder verneinend)*.

S c h n ö r r l e r. Nun, nun, nicht voreilig, mein Kind! Wenn man so jung ist, muß man sich raten lassen.

W e s t. So jung? Wie alt sind Sie?

M ü l l e r. Neunzehn!

S t a d t r ä t i n *(entsetzt)*. Was – neunzehn? Erst?! O Gott, wenn ich da an meine Else denke! Erst neunzehn – schrecklich!

K u b i z k e. Ja, so was nimmt mit!

W e s t. Sie muß fort von Berlin. Auf alle Fälle.

K u b i z k e. Werte Dame, die jeht nich! Die is auf Berliner

Pflaster jroßgezogen, det klebt wie Pech. Wenn es sie noch so dreckig jeht, fort wollen se alle nich. Was, Müller?

M ü l l e r. Ick jehe nich von Berlin.

S t a d t r ä t i n. Aber warum denn nicht, warum denn nicht?

W e s t. Sie können sich unter diesen Umständen doch unmöglich glücklich fühlen?

M ü l l e r *(mit einem Blick).* Jlücklich –?! *(Pause.)*

S t a d t r ä t i n *(schüchtern).* Aber möchten Sie denn nicht wieder ein ordentliches Mädchen werden? Ein ordentliches Mädchen, wie schön!

W e s t. Ein brauchbares Mitglied der menschlichen Gesellschaft, denken Sie!

S c h n ö r r l e r. Ja, ja, liebes Kind, höre auf das, was dir freundliche Menschen raten!

K u b i z k e. Na, man nicht so bockig!

W e s t *(eifrig).* Christine Müller, werden Sie ein ordentliches Mädchen *(hält ihr die Hand hin)* schlagen Sie ein! Sie wollen ein ordentliches Mädchen werden, und wir helfen Ihnen dazu – Hand her!

S c h n ö r r l e r. Schlagen Sie ein, mein Kind, schlagen Sie ein!

K u b i z k e. Na, so schlag man! *(Geht, ein Lächeln verbeißend, ans Fenster, klopft.)* Wollt ihr woll stille sein – ihr da – na warte, wenn ick euch auf den Kopp komme!

*(Mädchen, die außen am Fenster gelauscht und gelacht, huschen fort.)*

S t a d t r ä t i n *(fast weinend).* Ich denke an meine Else – mir ist, als müßte mir das Herz springen! Kind, hören Sie doch auf uns, schlagen Sie ein, gehn Sie fort von dem bösen Pflaster, werden Sie ein ordentliches Mädchen!

M ü l l e r. Ick jehe nich von Berlin!

K u b i z k e *(vom Fenster her).* Det hab ick Ihnen ja vorher jesagt, werte Damen – ick kenne doch meine Mächens!

S c h n ö r r l e r. Ich glaube auch, meine Verehrten, hier unsrer Frau Kubizke beipflichten zu müssen. Wer weiß,

was das Mädchen so fest an Berlin kettet! Wer kann so
tief in diese Seele blicken?

K u b i z k e *(ans Fenster trommelnd).* Na, na.

S c h n ö r r l e r. Aber vielleicht ließe sich ein Ausweg finden. Wenn die verehrten Damen nun auch am Ende in
Berlin für sie sorgen wollten, ihr dort eine Beschäftigung
nachwiesen?! Ich bin überzeugt, darauf würde sie mit
Freuden eingehn. Nicht wahr, Christine?

M ü l l e r *(nickt bejahend).*

W e s t. Nein, nein, das wäre nur halbe Sache! Man muß
den Menschen auch gegen seinen Willen glücklich machen.

K u b i z k e *(lacht laut auf).*

S c h n ö r r l e r. Nun, Frau Kubizke, was ist denn?

K u b i z k e *(mit dem Rücken nach der Stube, immer noch am
Fenster).* Ach, ich dachte man bloß, ich meinte man bloß!

S t a d t r ä t i n. Ich finde, Sie sind immer ein klein bißchen
energisch, liebe Luise! Ich meine, es wäre vorzuziehn, wir
schlössen in diesem Falle ein Kompromiß: Wir sorgen für
eine passende Beschäftigung in Berlin, und Christine Müller verspricht uns, ein ordentliches Mädchen zu werden.

M ü l l e r *(seufzt laut und zittrig auf).*

K u b i z k e *(sich umdrehend).* Se kann nich so lange stehen
uf die jeschwollenen Beene!

S t a d t r ä t i n. Das arme Geschöpf! Welch ein Jammer!
*(Wischt sich Tränen ab.)* Ich bin ganz erschüttert. Ich
denke an meine Else – an all die Töchter in unsren Kreisen – wie hütet man die! Ach, was mag dies unglückliche
Wesen für eine Kindheit gehabt haben!

M ü l l e r *(für sich hin).* Dresche und Dresche un wieder
Dresche! Mutter trug Zeitungen aus; sie is an der Schwind-
sucht jestorben, als ich noch klein war. Wir waren unsrer
achte. Denn nahm Vater so eene in't Haus – so eene – na!
Er keilte ihr, un sie keilte ihm. Da macht man sich dünne,
so bald als man kann. Wo er nu jeblieben is, weeß ick
nich – wahrscheinlich in Plötzensee – *(schadenfroh
lächelnd)* da jehört er ooch hin. Un ich – *(Stockt.)*

**Beide Damen** *(begierig)*. Erzählen Sie, erzählen Sie weiter!

**Müller** *(wie in die Ferne starrend, ganz verloren)*. Ich lernte bei Tanten uf Unterröcke. Aber bei's Unterröckenähen wird man nich fett, kaum trocken Brot, un det nich jenug. Denn näht' ich Herrenschlipse in Akkord – det is zum Verhungern. Denn stickte ich for'n Jeschäft – da jingen meine Oogen in de Wicken. Denn lernt' ich uf Wattstepperei an de Maschine – da kriegt' ich Blutspucken. Un denn –

**Stadträtin.** Mein Gott, mein Gott, welche Misère!

**West.** Diesen Zuständen muß abgeholfen werden!

**Beide.** Und dann – und dann?!

**Müller.** Dann jing ich uf de Straße.

*(Pause.)*

**Kubizke** *(die Daumen umeinanderdrehend)*. Det alte Lied! Ja, meine Damen, det is Sie was Neues – mir nich. Hab ick schonst hundertmal jehört – was, Müller?

**Müller.** Uf de Straße hat man doch wenigstens Luft. *(Zur West sich wendend.)* Die kost' ooch in Berlin nischt! – Un et is ja ooch allens ejal. An'n Ende kommt allens uf't selbe raus. Sterben is unser aller Los, sagt der Herr Prediger.

**Schnörrler.** Aber *wie* wir sterben! Christine Müller, *wie* wir sterben!

**Stadträtin** *(weint in ihr Taschentuch)*.

**Schnörrler.** Verehrte Frau, gnädige Frau, nehmen Sie sich's nicht zu sehr zu Herzen!

**West** *(aufspringend)*. Da muß Hülfe geschafft werden! *(Faßt die Müller am Arm.)* Hören Sie, Sie können alle Sonntag in meine Küche kommen, ein gutes warmes Essen wird für Sie bereitstehen!

**Stadträtin.** Für Ihre Kleidung sorge ich. Hören Sie, Kind? Nicht wahr, Luise, die Sachen von Elschen werden ihr gewiß passen?

**Schnörrler.** Da wäre ja für des Leibes Notdurft gesorgt. Und der Vater, der im Himmel wohnt, wird auch sein Licht in die Seele leuchten lassen, die noch im Dunkeln irrt.

K u b i z k e. Bedank dir, bedanke dir! Du hast'n Dusel!

S t a d t r ä t i n. Kommen Sie, Christine, geben Sie mir Ihre Hand!

K u b i z k e *(raunend).* Na, so jib schon! Nanu, wird's bald? Dali!

M ü l l e r *(mit gesenktem Kopf, die Hand reichend).* Danke. *(Pause.)*

S c h n ö r r l e r. Danke Ihnen, meine Damen, danke Ihnen! Mir fällt eine Last vom Herzen. Wenn man, wie ich, stündlich von Elend umgeben ist, wird man selbst ganz bedrückt, so daß einem eine Stunde wie diese eine wahre Erhebung ist. Nicht wahr, Christine, Sie werden nie vergessen, was Sie diesen beiden Damen schuldig sind, nicht wahr?

M ü l l e r *(schüttelt verneinend).*

S c h n ö r r l e r *(weich).* Die himmlische Barmherzigkeit neigt sich zu Ihnen, die Liebe, die nimmer aufhört.

M ü l l e r. Wat for'ne Liebe?

S c h n ö r r l e r. Die Menschenliebe, die zugleich Gottesliebe ist. *(Breitet enthusiastisch die Arme.)* Kommet her zu mir, alle, die ihr mühselig und beladen seid!

K u b i z k e. Ja, wenn se man kommen!

S c h n ö r r l e r. Ihre Zeit hier ist nun bald um, liebes Kind, möge sie Ihnen zum Segen gereicht haben!

M ü l l e r. Ersten März komme ick raus.

W e s t. Dann also auf Wiedersehen! Ich habe einen Bekannten, der eine Kartonnagenfabrik hat, da denke ich Sie bestimmt anzubringen. Melden Sie sich sofort bei mir: Hallesches Ufer 5, zwei Treppen. *(Zur Kubizke.)* Hier meine Karte!

S t a d t r ä t i n. Auch gleich bei mir: Lennéstraße 24, erste Etage. *(Zur Kubizke.)* Bitte, nehmen Sie auch meine Karte solange in Verwahrung!

W e s t.  Hiermit wäre denn alles erledigt. Wir können uns
nun wohl empfehlen, Frau Stadtrat? Herr Pastor, unsren
besten Dank!

S t a d t r ä t i n.  Ja, wärmsten Dank, Herr Pastor, für die
gütige Unterstützung!

S c h n ö r r l e r.  Wir haben zu danken, meine Damen!

*(Damen wollen gehen.)*

K u b i z k e.  Halt, die Damen! Uf *een* Wort! Wie denken
sich das denn die Damen, jlauben Sie, die Müllern wird
jleich bei Sie ankommen? I wo, keine Spur! Da müssen die
Damen sich schon selber herbemühen und se hier in Empfang nehmen, so wie se rauskommt, sons is se – *(Macht
Handbewegung, wie: sonst ist sie fort.)*

S t a d t r ä t i n.  Wieso, wieso – wo ist sie hin?

W e s t.  Wohin denn? Sie hat ja gar keine andre Zuflucht!

S c h n ö r r l e r.  Aber, Frau Kubizke, Ihr Mißtrauen ist ja
förmlich kränkend für das Mädchen!

K u b i z k e.  Herr Pastor, ich sagte schon: ick kenne doch
meine Mächens. Futsch sind se, sowie die Tür sich auftut.
Werte Dame, Sie irren, die weiß schonst: wohin.

D a m e n  *(sich ansehend).* Verstehn Sie das?!

K u b i z k e.  Ne, det jloobe ich. Keene Ahnung! Da haben
noch janz andre keene Ahnung von. *(Lacht.)* Was, Müller,
keene Ahnung?!

S c h n ö r r l e r.  Aber so reden Sie doch, Frau Kubizke!
Nicht diese halben Andeutungen!

S t a d t r ä t i n.  Liebe Luise, mir wird ganz unheimlich!

K u b i z k e.  Na, wat jlauben Sie wohl, wat die in Berlin so
festhält? Det Pflaster, die Jroßstadtluft – janz richtig –
un – un – na, det liegt doch uf der Hand – un der Kerl! –
Keene ohne den! Ich sehe et ja, kaum kommen se raus –
wie se sich verständigen, weeß Jott! – se sind kaum hinter
der Mauer, so pfeift er schonst. Da steht er, die Hände in
die Hosentaschen, un nimmt se in Empfang. Da is keen
Loskommen mehr, da sind se rein wie jebannt. Anjebun-
den, anjekettet, fester wie anjetraut. Un wenn er sie auch

janz niederträchtig behandelt, bei ihn bleiben tun se doch. Lieber Jott, se haben ja ooch nischt weiter! Was, Müller, sei man ufrichtig, hab ick recht oder nich?

M ü l l e r *(laut aufschreiend)*. Wohin sollen wir denn?! – Raus will ich, raus! Ich will raus!

K u b i z k e *(sie zurechtstupsend)*. Ruhe! In vierzehn Tagen. So lang warte man schon.

S c h n ö r r l e r. Aber Christine?!

S t a d t r ä t i n. Sie wollten doch ein ordentliches Mädchen werden, Sie haben es doch versprochen!

W e s t. In der Tat, das ist eine Gefahr. Gut, ich werde mich einfinden. Geben Sie mir nur seinerzeit gefälligst die Stunde an, so werde ich pünktlich zur Stelle sein. Ich selber werde die Müller in Empfang nehmen. Da wollen wir doch mal sehen!

M ü l l e r. Was – was – Sie selber wollen mir in Empfang nehmen?! Sie – –?! Det werden Se schön bleiben lassen. Ich will raus! Wenn meine Zeit um is, jehe ich keenen wat an – Finger weg!

K u b i z k e. Nanu, hören Se't nich, meine Damen? Willste woll stille sein – du –!

M ü l l e r. Nee, ich wer' nich mehr stille sein! Die sollen mir lassen, se sollen mir janz in Ruhe lassen, ich will ihre Wohltat nich! Raus will ich, weiter nischt! En ordentlichet Mächen – haha – det sagte Tante ooch, bei die ich uf Unterröcke nähen jing, dabei hatte se selber eenen. Ordentlich – haha – se taugen alle nischt, die in Seide erst recht nischt! *(Droht den Damen.)* Was wollt ihr hier?! Ich will euch nich sehen – ihr raschelt mit die Seide, ihr stinkt nach die Anständigkeit – ich danke für eure Barmherzigkeit! Eure Wohltat is mich 'ne Last! Ich schmeiße se euch vor die Füße – da! *(Will nach der Tür.)* Ich will raus – – da steht er! Sein bin ich, mit Haut und Haar! Ruft nur de Pollezei – jawoll die, haha, die hat Angst vor ihm! Die soll ihm nur aus'n Weje jehn, der fackelt nich lang! *(Sie lauscht.)* Horch, da pfeift er! *(Steht wie auf dem Sprung.)*

**Kubizke** *(sichtlich amüsiert).* Na ja, da haben wir de
Bescherung! Ne, die Damens – ick sage schonst – det is
nischt mit die Damens, det jießt nur Öl in't Feuer. Müller,
willste dir woll anständig aufführen?! Na, warte man,
komm du mich jleich bei't Kämmen, da wer' ick dir schon
sanft kriegen wie'n Lamm! Meine Damen, jehn Se man,
jehn Se man! Allons, Müller, komm du man hier bei mich!
*(Faßt sie am Arm.)*

**Müller** *(mit Kraft).* Weg! – Ich muß raus! – Ja, pfeif,
Arthur, pfeif! Ich komme schon! *(Stürzt nach der Tür.)*

**Schnörrler** *(sich ihr in den Weg stellend).* Halt! Im
Namen Gottes: halt! Verirrte Seele, wo willst du hin?!
Wohin, Christine Müller? In die sündige Liebe, in den
Arm des Verbrechens? Ich rufe dir zu: halt! Ich beschwöre
dich um dessentwillen, der alle Tiefen des Elends für dich
durchmessen hat, der sein Blut für dich hingegeben – halt!

**Müller.** Ä, Faxen! *(Strebt an ihm vorbei.)*

**Schnörrler.** Ich lasse dich nicht! Du bist mir anvertraut
– hör auf mich, hör auf des Herren Ruf! Christine Müller,
ich will für dich beten – – Herr, mein Gott, mehr kann ich
nicht tun! – – Mein armes Kind, ich bete für dich!

**Müller** *(sanfter).* Sie meinen et janz jut, Herr Pastor,
aber det Beten – nee, Herr Pastor, det Beten allein hat
noch keenen jeholfen. *(Stark.)* Jebt unsren Eltern Brot,
wenn wir noch klein sind, daß sie uns lieben können und
nich hassen brauchen, daß wir ihnen 'ne Freude sind und
keene Last! Jebt den Eltern von unsren Eltern Brot, daß
unsre Väter schon jelernt haben, was Liebe is! – – Liebe –
haha – – Angst, Angst bei jedes Kind, scheele Gesichter
bei jeden Bissen Brot mehr! – Verdienen müssen wir noch
in die Kinderschuhe, ruf ufs Pflaster: renn man, renn
man, renn dir lahm um *eenen* Jroschen! – – Nee, Herr
Pastor, da hilft keen Beten nich!

**West.** Wir müssen alle arbeiten, Mühe und Plage ist unser
aller Los!

**Müller** *(sich wütend nach ihr kehrend).* Was – die noch

hier? Die mit's Damenjesichte?! – – Jebt uns – jebt uns –
ha, was sollt ihr uns noch jeben? – – Alles, alles!

D a m e n *(aufkreischend).* Herr Pastor, ich bitte Sie! – Herr
Pastor, schützen Sie uns!

S c h n ö r r l e r. Beruhigen Sie sich – mein Gott, mein Gott
– meine Damen – entschuldigen Sie – welche Unannehm-
lichkeit – Verzeihung! Frau Kubizke, sofort führen Sie
die Müller ab! Sofort!

K u b i z k e *(geht auf die Müller los, diese schlägt um
sich).*

M ü l l e r. Faßt mich nich an! Ich lasse mir nich anfassen!
Wer hat'n Recht, mir anzufassen? Arthur! Ha, die in
Seide, jetzt haben se Angst! Sonst immer in die Wagens,
jetzt zu Fuß! Sonst in die erste Etage, jetzt hinter die
Bänke in's Kellerloch! Haha, wie se retirieren, wie se retirieren! Herr Pastor, Kubizke, kucken Se man, lachen Se
man – haha – wie se retirieren – haha – haha –! *(Lacht in
einem fort.)*

S c h n ö r r l e r. Sie ist ganz von Sinnen! Die Unglückliche!
Frau Kubizke, um Gottes willen!

K u b i z k e. Den Rappel hat se, se bild't sich ein, se hört
ihren Arthur pfeifen. Klingeln Se man, Herr Pastor, klingeln Se – fix! Nu haben se ihr so weit, nu krieg ich ihr
nich mehr alleine unter. Der Portier soll kommen! – –
Müller, ick sage dir, läßte det Kratzen – det Strampeln
nich – Dresche kriegste, Mächen –

M ü l l e r. Er pfeift – er pfeift! Arthur, komm her! Zu
Hülfe, Arthur!

*(Man hört hastiges Pantoffelgeklapper, die Mädchen er-
scheinen in der Tür, sie glotzen.)*

S c h n ö r r l e r *(ihnen zurufend).* Der Portier soll kommen, der Portier!

K u b i z k e *(mit der Müller ringend).* Verdammte Kröte,
hat die 'ne Kraft! Ruft den Portier, den Portier!

*(Mädchen rühren sich nicht, murren leise.)*

D a m e n. Zu Hilfe, zu Hilfe! *(Mädchen lachen laut.)*

K u b i z k e. Jetzt habe ick ihr, wart, Kanallje! Herr Pastor, halten Se ihr mal de Hände fest!

M ü l l e r *(sich freimachend, mit wildem Schrei).* Festhalten wollen se mir –?! Arthur, Arthur! *(Stürzt auf den Tisch los, packt das Brotmesser. Gegen die Damen losgehend.)* Jawoll! Ich wer' euch zeigen! Mir aus'n Jesichte! Ich will se nich mehr sehn, die Bande! Aus meinem Weg! Arthur, fort mit se – Arthur! A – – –

K u b i z k e *(ihr von hinten her die Schürze über den Kopf werfend und ihren Schrei erstickend).* So, Schnuteken, jetzt haben wir dich!

*(Die Mädchen schreien auf.)*

K u b i z k e *(Müller das Messer aus der Hand schlagend).* So, Blindekuh, aus is das Spiel! Die Kubizken is dich doch über.

*(Der Portier kommt zu Hilfe, zerren die Müller ab.)*

S t a d t r ä t i n *(auf eine Bank sinkend).* Ich werde ohnmächtig – oh, Luise!

W e s t. Um Gottes willen, Frau Stadtrat! Oh! Eau de Cologne, schnell! Wasser, Wasser, nur etwas Wasser!

*(Mädchen glotzen, auf einen Haufen gedrängt.)*

S c h n ö r r l e r *(verwirrt).* Wasser – ja, Wasser – nur etwas Wasser! Wasser! – Meilenbreit – meilentief – es strömt – – es strömt – – es trennt – – es trennt – – – – – – Herr, du mein Gott, schwach sind unsre Hände – wer schlägt die Brücke?!

*Vorhang fällt*

# Auswahlbibliographie

Anthologien, Zeitschriften, Programmliteratur

Hart, Heinrich, und Julius Hart: Kritische Waffengänge. Leipzig: Wigand 1882–84. (6 Hefte.)

Arent, Wilhelm (Hrsg.): Moderne Dichter-Charaktere. Mit Einleitungen von Hermann Conradi und Karl Henckell. Leipzig: Friedrich 1885. – 2. Aufl. unter dem Titel: Jungdeutschland. Berlin: Thiel 1886.

Berliner Monatshefte für Literatur, Kunst und Theater. Hrsg. von Heinrich Hart. Minden: Bruns 1885 (H. 1/2). Leipzig: Friedrich 1885 (H. 3–6).

Die Gesellschaft. Realistische Wochenschrift für Literatur, Kunst und öffentliches Leben. Hrsg. von Michael Georg Conrad. München 1885 ff. (Ab Jg. 2 wechselnde Untertitel. In verschiedenen Verlagen.)

Bleibtreu, Karl: Revolution der Literatur. Leipzig: Friedrich 1886.

Bölsche, Wilhelm: Die naturwissenschaftlichen Grundlagen der Poesie. Prolegomena einer realistischen Ästhetik. Leipzig: Reissner 1887.

Freie Bühne für modernes Leben. Hrsg. von Otto Brahm (Jg. 1 und 2, danach wechselnde Redaktoren). Berlin: S. Fischer 1890 bis 1893. (Ab Jg. 3, 1892, unter dem Titel: Freie Bühne für den Entwickelungskampf der Zeit. Seit 1894 als: Die Neue Rundschau weitergeführt.)

Conrad, Michael Georg: Die Moderne. München: Poessl 1891. (Münchener Flugschriften, 1. Serie, H. 1.)

Holz, Arno: Die Kunst. Ihr Wesen und ihre Gesetze. Berlin: Schuhr 1891. – Auszugsweise in: A. H., Werke. Hrsg. von Wilhelm Emrich und Anita Holz. Bd. 5. Neuwied u. Berlin: Luchterhand 1962.

Grottewitz, Curt (Hrsg.): Die Zukunft der deutschen Literatur im Urteil unserer Dichter und Denker. Eine Enquete. Berlin: Hochsprung 1892.

Hart, Heinrich: Gesammelte Werke. Hrsg. von Julius Hart. Bd. 3 Literarische Erinnerungen, Ausgewählte Aufsätze. Bd. 4 Ausgewählte Aufsätze, Reisebilder, Vom Theater. Berlin: Fleischel & Co. 1907.

Ruprecht, Erich (Hrsg.): Literarische Manifeste des Naturalismus 1880–1892. Stuttgart: Metzler 1962.

Schlawe, Fritz: Literarische Zeitschriften 1885–1910. 2., durchgesehene und ergänzte Aufl. Stuttgart: Metzler 1965. (Sammlung Metzler.)

Meyer, Theo (Hrsg.): Theorie des Naturalismus. Stuttgart: Reclam 1973. (Universal-Bibliothek Nr. 9475-78.)


Zeitgenössische Kritik des Naturalismus (bis 1900)

Alberti, Conrad: Der moderne Realismus in der deutschen Literatur und die Grenzen seiner Berechtigung. Hamburg: Verlagsanstalt und Druckerei A.-G. (vorm. J. F. Richter) 1889. (Im gleichen Verlag 1890 = Deutsche Zeit- und Streit-Fragen, N. F., 4. Jg., H. 52, S. 125–160.)

Bahr, Hermann: Zur Kritik der Moderne (Gesammelte Aufsätze, Bd. 1). Zürich: Verlags-Magazin 1890. – Zweite Reihe: Die Überwindung des Naturalismus. Dresden: Pierson 1891. – Studien zur Kritik der Moderne. Frankfurt a. M.: Rütten & Loening 1894.

Berg, Leo: Der Naturalismus. Zur Psychologie der modernen Kunst. München: Poessl 1892.

Binder-Krieglstein, Carl von: Realismus und Naturalismus in der Dichtung. Leipzig: Duncker & Humblot 1892.

Brahm, Otto: Kritische Schriften über Drama und Theater. Hrsg. von Paul Schlenther. 2 Bde. Berlin: S. Fischer 1913, 1915.

Brahm, Otto: Theater, Dramatiker, Schauspieler. Hrsg. von Hugo Fetting. Berlin: Henschel 1961.

Brahm, Otto: Kritiken und Essays. Ausgewählt, eingeleitet und erläutert von Fritz Martini. Zürich u. Stuttgart: Artemis 1964.

Dühring, Eugen: Die Größen der modernen Literatur. Populär und kritisch nach neuen Gesichtspunkten betrachtet. Zweite Abteilung. Leipzig: Naumann 1893.

Fontane, Theodor: Sämtliche Werke. Hrsg. von Edgar Gross. Bd. 22,2 Causerien über Theater. Zweiter Teil. München: Nymphenburger Verlagshandlung 1964.

Fried, Alfred: Der Naturalismus. Seine Entstehung und Berechtigung. Wien: Deuticke 1890.

Gottschall, Rudolf von: Zur Kritik des modernen Dramas. Vergleichende Studien. Berlin: Allgemeiner Verein für deutsche Literatur 1900.

Hanstein, Adalbert von: Die soziale Frage in der Poesie. Leipzig: Freund & Wittig 1897.

Jaskulski, Kornel: Über den Einfluß der sozialen Bewegungen auf das moderne deutsche Drama. Czernowitz: Pardini 1899.

Kerr, Alfred: Gesammelte Schriften in zwei Reihen. Erste Reihe in fünf Bänden: Die Welt im Drama. Berlin: S. Fischer 1917.

Litzmann, Berthold: Das deutsche Drama in den literarischen Bewegungen der Gegenwart. Hamburg u. Leipzig: Voß 1894. – 3., erweiterte Aufl. 1896.

Mauthner, Fritz: Zum Streit um die Bühne. Ein Berliner Tagebuch. München 1893. (Deutsche Schriften für Literatur und Kunst, 2. Reihe, H. 5.)

Mehring, Franz: Beiträge zur Literaturgeschichte. Bearbeitet und hrsg. von Walter Heist. Berlin: Gebr. Weiß 1948.

Mehring, Franz: Gesammelte Schriften. Hrsg. von Thomas Höhle, Hans Koch, Josef Schleifstein. Bd. 11 Aufsätze zur deutschen Literatur von Hebbel bis Schweichel. Bd. 12 Aufsätze zur ausländischen Literatur, Vermischte Schriften. Berlin: Dietz 1961, 1963.

Steiger, Edgar: Der Kampf um die neue Dichtung. Leipzig: Friedrich 1889.

Valentin, Veit: Der Naturalismus und seine Stellung in der Kunstentwicklung. München 1891. (Deutsche Schriften für Literatur und Kunst, 1. Reihe, H. 4.)

Vollmoeller, Carl Gustav: Die Sturm- und Drangperiode und der moderne deutsche Realismus. Berlin: Walther 1897.

Ziel, Ernst: Das Prinzip der Modernen in der heutigen deutschen Dichtung. Zeitgemäße Betrachtungen. München: Rupprecht 1895.

Allgemeine Darstellungen

Bab, Julius: Der Naturalismus. In: Das deutsche Drama. Hrsg. von Robert F. Arnold. München: Beck 1925. S. 653–725.

Benoist-Hanappier, Louis: Le Drama naturaliste en Allemagne. Paris: Alcan 1905. (Bibliothèque de la Fondation Thiers, Bd. 7.)

Claus, Horst: Studien zur Geschichte des deutschen Frühnaturalismus. Die deutsche Literatur von 1880–1890. Halle: Akademischer Verlag 1933.

Doell, Otto: Die Entwicklung der naturalistischen Form im jüngstdeutschen Drama (1880–1890). Halle: Gesenius 1910.

Fechter, Paul: Die Deutsche Literatur vom Naturalismus bis zur

Literatur des Unwirklichen. Leipzig: Bibliographisches Institut 1938. S. 1–226.

Günther, Max: Die soziologischen Grundlagen des naturalistischen Dramas der jüngsten deutschen Vergangenheit. Weida i. Th.: Thomas & Hubert 1912.

Hamann, Richard, und Jost Hermand: Naturalismus. Berlin: Akademie-Verlag 1959. (Deutsche Kunst und Kultur von der Gründerzeit bis zum Expressionismus, Bd. 2.)

Hanstein, Adalbert von: Das jüngste Deutschland. Zwei Jahrzehnte miterlebter Literaturgeschichte. Leipzig: Voigtländer 1900.

Lessing, O. E.: Die neue Form. Ein Beitrag zum Verständnis des deutschen Naturalismus. Dresden: Reissner 1910.

Lublinski, Samuel: Literatur und Gesellschaft im neunzehnten Jahrhundert. 2 Bde. Bd. 2 Blüte, Epigonentum und Wiedergeburt. Berlin: Cronbach 1900. (Zuvor = Am Ende des Jahrhunderts, Bd. 17.)

Lublinski, Samuel: Die Bilanz der Moderne. Berlin: Cronbach 1904.

Lublinski, Samuel: Der Ausgang der Moderne. Ein Buch der Opposition. Dresden: Reissner 1909.

Mahrholz, Werner: Deutsche Literatur der Gegenwart. Probleme, Ergebnisse, Gestalten. Durchgesehen und erweitert von Max Wieser. Berlin: Sieben-Stäbe-Verlag 1931.

Meyer, Richard M.: Die deutsche Literatur des Neunzehnten Jahrhunderts. Volksausgabe. Berlin: Bondi 1912.

Münchow, Ursula: Deutscher Naturalismus. Berlin: Akademie-Verlag 1968.

Röhl, Hans: Der Naturalismus. Ein Überblick über die literarische Bewegung in Deutschland gegen Ende des 19. Jahrhunderts. Leipzig: Quelle & Meyer 1927. (Deutschkundliche Bücherei.)

Soergel, Albert: Dichtung und Dichter der Zeit. Eine Schilderung der deutschen Literatur der letzten Jahrzehnte. Leipzig: Voigtländer 1911.

Soergel, Albert, und Curt Hohoff: Dichtung und Dichter der Zeit. Vom Naturalismus bis zur Gegenwart. Erster Band. Düsseldorf: Bagel 1961.

Stern, Adolf: Studien zur Literatur der Gegenwart. Neue Folge. Dresden: Koch 1904.

Urban, Richard: Die literarische Gegenwart. 20 Jahre deutschen Schrifttums 1888–1908. Leipzig: Xenien-Verlag 1908.

Zum Drama und Theater des Naturalismus

Dosenheimer, Elise: Das deutsche soziale Drama von Lessing bis Sternheim. Konstanz: Südverlag 1949. S. 117–183.

Fechter, Paul: Das europäische Drama. Geist und Kultur im Spiegel des Theaters. Bd. 1 Vom Barock zum Naturalismus, S. 427 bis 496. Bd. 2 Vom Naturalismus zum Expressionismus, S. 33 bis 129. Mannheim: Bibliographisches Institut 1956, 1957.

Hoefert, Sigfrid: Das Drama des Naturalismus. Stuttgart: Metzler 1968. (Sammlung Metzler.) (Enthält die bisher ausführlichste Bibliographie, einschl. Dissertationen und Zeitschriftenaufsätze über einzelne Autoren.)

Kindermann, Heinz: Theatergeschichte Europas. Bd. 8 Naturalismus und Impressionismus. Teil 1 Deutschland, Österreich, Schweiz. Salzburg: Müller 1968.

Nestriepke, S[iegfried].: Geschichte der Volksbühne Berlin. Teil 1 1890–1914. Berlin: Volksbühnen-Verlags- und Vertriebs-G.m.b.H. 1930.

Schaumberger, Julius: Die Volksbühne und das moderne Drama. München: Poessl 1891. (Münchener Flugschriften, 1. Serie, H. 4.)

Schley, Gernot: Die Freie Bühne in Berlin. Der Vorläufer der Volksbühnenbewegung. Berlin: Haude und Spener 1967.

Selo, Heinz: »Die Kunst dem Volke«. Problematisches aus den Jugend- und Kampfjahren der berliner Volksbühne. Berlin: Volksbühnen-Verlags- und Vertriebs-G.m.b.H. 1930.

Steiger, Edgar: Das Werden des neuen Dramas. Zweiter Teil Von Hauptmann bis Maeterlinck. Berlin: Fontane & Co. 1898.

# Verzeichnis der Autoren, Texte und Quellen

Der Text folgt den im Anhang jeweils nachgewiesenen Druckvorlagen (D).
Orthographie und Interpunktion wurden behutsam modernisiert. Offen-
sichtliche Irrtümer und Druckfehler wurden stillschweigend berichtigt.

## PAUL ERNST

7. 3. 1866 Elbingerode (Harz) – 13. 5. 1933 St. Georgen a. d. Stie-
fing (Steiermark)

Der Sohn eines Steigers studierte von 1886 bis 1891 evangelische
Theologie in Göttingen, Tübingen und Berlin. Wie mancher junge
Theologe seiner Generation kam er im Zeichen eines ›religiösen
Sozialismus‹ zur Sozialdemokratie, der er sich als Redner und
Publizist verschrieb. Mitglied des progressiven Berliner Literaten-
vereins »Durch«. Debüt als Tolstoianer (*Tolstoi und der slavische
Roman*, 1889). 1890 erblickte er (in der *Freien Bühne*) im Sozialismus »vielleicht« die »Religion der Gegenwart«. Schloß ein philo-
sophisches und volkswirtschaftliches Studium an (Dr. rer. pol.).
Nach zehnjährigem politischem Engagement, das eine längere praktische Sozialtätigkeit einschloß, waren seine Hoffnungen auf eine
Emporentwicklung der Menschheit durch Partei und Demokratie
geschwunden; die Kunst avanciert zur Ersatzreligion. Seit 1895
mit Arno Holz befreundet, während ihrer Wohngemeinschaft
1897/98 entstanden einige Einakter sowie der im *Phantasus*-Stil
gehaltene Lyrikband *Polymeter* (1898), die Ernsts Beitrag zum
Naturalismus ausmachen. *Lumpenbagasch*, eine harmlose Burleske,
wurde am 27. März 1898 in der Berliner »Dramatischen Gesellschaft« aufgeführt, die drei Einakter *Im Chambre séparée*, *Die
schnelle Verlobung* (eine Farce aus dem Commisvoyageur-Milieu)
und – bereits neuromantisch-symbolistisch getönt – *Wenn die Blät-
ter fallen* am 14. Mai 1899 in der Berliner »Urania«.

Der ›Holz-Schüler‹, erst als Dreißigjähriger zur Literatur gestoßen, stellte den Naturalismus, kaum daß er unter seiner Flagge
begonnen hatte, auch schon in Frage. In einer Selbstanzeige der
(Soergel: »in peinlich getreuer Sprechsprache nachgeschriebenen«)
Stücke *Lumpenbagasch* und *Im Chambre séparée* heißt es zweifle-
risch: »Lohnt es denn die unendliche Mühe, eine Mühe, die frühere
Künstler nicht geahnt haben, all dieses elende, triviale Zeug, das
uns im Leben schon so anwidert, auch noch künstlerisch darzustel-

len?« Eine Reihe von (meist unausgeführten und bisher unveröffentlichten) Dramenentwürfen brachte um 1900 die Ablösung vom Naturalismus. Von dessen Renegaten war er – ästhetisch wie weltanschaulich auf dem »Rückweg zum Absoluten« (Soergel) – vielleicht der radikalste. Eine italienische Reise à la Goethe führte 1900 zu der ersehnten Klärung: Er entdeckte die antike Tragödie und die altitalienische Novelle (eine zweibändige Sammlung gab er 1902 heraus); die angebliche »ewige Form« der einen wie der anderen wurde ihm zum Vorbild. Bereits 1903 erschienen 17 eigene Novellen (Soergel: »überschlicht«), 1905 folgte eine *Demetrios*-Tragödie, die den Stoff ins klassische Griechenland verlegt. Es war das Programmdrama nicht nur Paul Ernsts selber, der fortan provokativ »Themen und Probleme von Weltruf in die tragische Form zu zwingen« suchte (Soergel) und mit dem Demetrius-Stoff (Schiller, Hebbel) einen hohen Einsatz wagte, sondern der gesamten neoklassizistischen (»neuhumanistischen«, »neuklassischen«) Richtung, die um 1905 symbolisch in Weimar Quartier bezog. 1906 lieferte Ernst mit *Der Weg zur Form* seinem *Demetrios* die ästhetische Theorie nach. Bis 1910 druckte der Insel-Verlag nicht weniger als neun Bühnendichtungen von Paul Ernst.

Der literarische Neuklassizismus blieb auf Grund seines elitären, zeitfremden und bläßlich-unsinnlichen Charakters – wie die Neuromantik – ein bloßes »Zwischenspiel« (Mahrholz). Der Theoretiker wie der Tragödienschreiber Paul Ernst wurde lange kaum gehört, die Aufführungen waren meist erfolglos; Witkop fällt das harte Urteil »ein Kunstdenker, kein Kunstschöpfer«, Soergel spricht von Überschätzung des »ordnenden Kunstverstandes«, R. M. Meyer sieht ihn mit Festigkeit »seinen einsamen Weg« zu Sophokles gehen, Fechter redet offener von der »individualistischen Isolierung« als der »Schwäche« eines, der den Kontakt zur Gesellschaft verloren hat, sich trotzdem aber »immer als Führer und fast als priesterlicher Vertreter der Deutschen« sah. Dennoch kam es 1916 bis 1922 zu einer 15bändigen und 1928 bis 1931 zu einer 19bändigen Werkausgabe.

Eine kurze linksrevolutionäre Phase nach dem Untergang des Kaiserreichs (*Der Zusammenbruch des Idealismus*; *Der Zusammenbruch des Marxismus*, beide 1919) nimmt sich in dieser geistigen Entwicklung auf den ersten Blick merkwürdig aus; sie wirft jedoch ein Licht auf den zeit- und kulturkritischen, moralistischen Kern von Ernsts Neoklassik: sein Kampf gegen die »Relativität aller Sittlichkeit« (Soergel) schloß zwangsläufig eine »Kritik der Bourgeoisie« (Mahrholz) ein. In späteren Jahren lebte Paul Ernst – bis zuletzt literarisch produktiv – auf seinem österreichischen Landsitz. Die Konjunktur, die nach der Machtergreifung Hitlers 1933 der Neuklassizismus und damit auch sein Werk erfuhren, hat er nicht mehr erlebt.

*Im Chambre séparée* [entstanden 1896]   . .   111

In: *Lumpenbagasch. – Im Chambre séparée.* Zwei Schauspiele. Berlin: Sassenbach 1898. – *Dramen I.* München: Langen/Müller 1932. S. 31–50 (D)
Mit freundlicher Genehmigung von Herrn Karl August Kutzbach, Bonn.

## OTTO ERICH HARTLEBEN

3. 6. 1864 Clausthal (Harz) – 11. 2. 1905 Salò (Gardasee)

Nach einem Jurastudium zunächst Gerichtsreferendar. Der »Sozialist und ungenierte Künstler« hielt es in Beamtenmilieu und Philisterium jedoch nicht lange aus und wurde freier Schriftsteller. In den *Modernen Dichter-Charakteren* (1884), der Anthologie der neuen Generation, ist der Zwanzigjährige mit feinziselierten »kühlschönen Sätzen« (Soergel) in antiker Manier vertreten. Seit 1883 war schon der Student, wie so viele junge Stürmer und Dränger, nach Friedrichshagen bei Berlin zu Wille, Bölsche und den Brüdern Hart gepilgert, an deren kurzlebigen *Berliner Monatsheften für Literatur, Kunst und Theater* (1885) er ebenso mitarbeitete wie an Conrads *Gesellschaft* (ab 1885). Hartleben war in der Folgezeit fast überall dabei, wo die naturalistische Bewegung aktiv wurde, bei der Gründung der »Freien Volksbühne«, der Berliner »Freien literarischen Gesellschaft«, der »Neuen Freien Volksbühne« usw. Gleichzeitig mit Gerhart Hauptmann wurde er 1890 S.-Fischer-Autor. Eigenem Zeugnis zufolge war er »zeitweise Sozialdemokrat« (bis etwa 1895) – als solcher aber »Frondeur nach oben wie unten« (Bierbaum), »aus dem Bourgeoishaß des Antiphilisters heraus« (Soergel), nicht als Parteimann, Ideologiegläubiger oder sozial Mitleidender. Zuerst in Berlin und Leipzig ansässig, lebte er seit der Jahrhundertwende, als seine Gestaltungskraft rapide abzunehmen begann, meist am Gardasee, wo er im Alter von 41 Jahren starb. Sein früher Tod ließ das »verklärte Bild« eines trinkfesten Epikureers und ›ewigen Studenten‹ entstehen, des »Liebenswürdigsten aus der Generation von 1860« (Soergel).

Seine schriftstellerische Laufbahn begann der Lyriker, Erzähler und Dramatiker 1889 mit der »nicht eben allzu witzigen« (R. M. Meyer) Ibsen-Parodie *Henrik Ipse, Der Frosch*; der enttäuschte Ibsenianer warf seinem Idol vor, sich vom Naturalismus immer weiter in Richtung auf »Symbolfaxerei« und »Geheimniskram« entfernt zu haben. Dabei stand Hartleben selbst dem doktrinären Naturalismus durchaus fern, er war vielmehr, trotz seiner engen persönlichen Beziehungen zu dessen Häuptern, der typische ›Halbnaturalist‹. Mangel an Klarheit, an Ordnung störte ihn, der selber als Lyriker klassizistische Bahnen ging, an dem späteren phantastisch-magischen Norweger. Die Parodie (nach Meyer Hartlebens »Hauptrezept«) wurde zu einem wichtigen Wesenszug seines gesamten Werkes, auch der folgenden Bühnenstücke (Fechter: »unvermerkt Parodien, Selbstparodien«), die bezeichnenderweise nicht Tragödien, sondern Komödien waren (die späten Offizierstragödien *Abschied vom Regiment*, 1899, und *Rosenmontag*, 1900, ausgenommen). Die Skala seiner parodistischen Ausdrucksmöglichkeiten reichte von den humorigen Schnurren und heiteren Schwänken des Erzählers bis zu bitterer Ironie (auch Selbstironie), zur Satire und dem »elegant vorgetragenen Zynismus« (Meyer) des Lyrikers; gemildert wurde dieses Grundelement durch Sentimentalität, Erotizismus, elegische Müdigkeit und einen »heimlichen Ernst« (Meyer), der ihn z. B. Goethe und Angelus Silesius lieben ließ (Breviere 1895 bzw. 1896).

Der Dramatiker Hartleben, der »außerordentlich wirksames Theater mit ungewöhnlich besetzter Konversation« (A. Günther) zu machen verstand, läßt die Wucht und Handlungsstärke etwa eines Gerhart Hauptmann, dem er in der sozialkritischen Tendenz als verwandt empfunden wurde, völlig vermissen. Das merkwürdig Unengagierte, Zurückgenommene, ja Gleichgültige des Autors fiel auf: Soergel spricht von »harmloser Anödung der braven Philister«, Fechter geradezu von einem »literarischen Relativismus« (»etwas wie die erste Selbstaufhebung der Literatur«), Bartels tut ihn als »ein leichtes, ja bedenkliches Talent« ab (»doch hat er einige feine Lyrik«), Meyer will sogar eine Menschenverachtung à la Maupassant bemerken (Urban nannte ihn den »deutschen Maupassant«) sowie eine »gewisse Weltverdrossenheit«, die in »Weltschmerz« mündet, kurz, ein recht unnaturalistisches Temperament. Vor allem wurde aber der »Virtuose« kritisiert, dem formal eigentlich nie etwas mißlang, weil er klugerweise stets in den

Grenzen seines Talents blieb; das »kümmerliche« Tagebuch (1900) entblößte »die Dürftigkeit seines Geistes, die mühevolle Anstrengung seiner Virtuosität«, im Falle des Erzählers die »Virtuosität dieser in jeder Zeile kunstvoll berechneten Erzählertechnik« (Meyer). Einen »Mangel an dichterischer Intensität« muß selbst sein postumer Lobredner Alfred Günther (1912) im Blick auf den Lyriker konstatieren, der »belanglos« sei und lediglich (»nicht ohne leise Banalität«) stärkere, entschiedenere Talente repetiere und erst mit der »zeremoniösen Freundlichkeit« des antikisierenden *Halkyoniers* (1904) Eigenart erlangt habe. Auch Meyer hielt den Lyriker für »nicht sehr originell, aber äußerst sicher und gewandt in der Form« – Hartleben selber bekannte: »Mögt ihr mich schelten einen ›Plateniden‹ – / Schönheit ist Form – und was geklärt, ist klar.« In dem Prosaisten jedoch sah Soergel einen »großen Stilkünstler«, Fechter hielt Hartlebens Bühnenwerke sogar für (gescheiterte) Transponierungen von Erzählungen, und Meyer schätzte wohl gleichfalls den Erzähler am höchsten ein: »In gemütlich leise antastender Ironie Geschichten vorzutragen, die zwischen verhaltener Sentimentalität und offenem Zynismus schwanken, ist seine Spezialität.« Als sein »kunstvollstes Werk« überlebte zunächst jedoch das persönliche Bild dieses Mannes, das Bild eines »schneidig-gemütlichen Ironikers«: »Er ist zum Helden künftiger Literaturromane geschaffen; er mag der Fürst Pückler des Jüngsten Deutschlands werden.« In der Entlarvung der Bürgerlichkeit, Mediokrität sah Günther Hartlebens Stärke – »denn er ist selbst ein Bürger, ein Mittelmäßiger«. Für Mahrholz vertrat er »die leichte, plänkelnde Avantgarde, die den Bourgeois reizte, neckte, ängstigte, ohne doch eigentlich bösartig zu sein und seine Lebensform ernsthaft in Frage zu stellen«.

Das dramatische Œuvre Hartlebens fiel in die neunziger Jahre, seine Höhepunkte bildeten die (1892 in der *Freien Bühne für den Entwickelungskampf der Zeit* gedruckte und im folgenden Jahr im Berliner Lessing-Theater aufgeführte) »Komödie« *Hanna Jagert* und der mit dem Grillparzer-Preis ausgezeichnete Fünfakter *Rosenmontag*, der einen Triumphzug über die deutschen und österreichischen Bühnen erlebte und doch das Ende von Hartlebens Karriere als Dramatiker bedeutete. In den drei Akten der *Hanna Jagert* verletzte Hartleben seine sozialdemokratischen Freunde (Franz Mehring reagierte empört), indem er das Recht der Frau auf Entfaltung ihrer Persönlichkeit ausgerechnet dadurch demonstrierte, daß er die Proletarierin, Parteigenossin und Braut eines sozialistischen Märtyrers zunächst in die Arme eines akademisch gebildeten Fabrikbesitzers führte und sodann in die Ehe mit einem geistig unbedeutenden Adligen, der sie als Weib zufriedenzustellen vermag. Wobei neben soviel ideologiefeindlichem Individualismus noch unklar blieb, ob das Motto »Verachte das Weib!«, das Hartleben der *Angele*-Komödie (1890) vorangestellt hatte, auch für die (im Thema des Partnerwechsels verwandte) *Hanna Jagert* und die gleichfalls 1893 herausgekommene *Erziehung zur Ehe* gelten sollte. Daß er seine glatte Technik von Sudermann entlehnt habe, dürfte besonders im Hinblick auf den *Rosenmontag* gemeint sein, ein geschicktes Intrigenstück, dessen sensationeller Erfolg seinen Verfasser selber irritierte.

Stark in der Zeichnung seiner Gestalten und im Dialog, schwach in der Handlung, leitete Hartleben (für Meyer) die »lyrische Erweichung« des realistischen Dramas ein, womit er »vielleicht selbst auf Hauptmann gewirkt« hat und die ihre Fortsetzung bei Halbe und Schnitzler fand – ein Vorbote des Impressionismus, der »sich allzuleicht allen Eindrücken und Stilen leiht«. Die Frau erscheint bei ihm, ähnlich Schnitzler, lediglich als animalisches Triebwesen – Ansatzpunkt seiner Ironie, vielleicht aber auch Grund seiner »Resignation und Leidenschaft der Melancholie« (Günther).

*Abschied vom Regiment* [entstanden 1897] . 129

In: *Die Befreiten*. Ein Einakter-Zyklus. Berlin: S. Fischer 1899. S. 99–130. (D)

## GEORG HIRSCHFELD

11. 2. 1873 Berlin – 17. 1. 1942 München (?)

Der Sohn eines Berliner Fabrikanten studierte nach einer Kaufmannslehre in München und Berlin. Seit 1905 lebte er ständig in München. Begann als Dramatiker und Erzähler. Dem 19jährigen Studenten soll 1892/93 der zehn Jahre ältere Gerhart Hauptmann bei der Arbeit an seinem Erstling, dem Einakter *Zu Hause*, geholfen und ihn den einzigen ernstlich Mitstrebenden unter der jungen Generation genannt haben. Die Uraufführung dieses »zerlumpten Familienbildes«, das in Hauptmanns Art eine »innerlich verfaulte Familie« vorführte, erfolgte am 1. März 1894 im Münchner »Akademisch-dramatischen Verein«; Meyer pries das Stück als »eine starke Talentprobe« und rühmte – wie auch Urban – »die außerordentliche Naturtreue dieses naturalistischen Gemäldes« aus »Berlin-W.«, er wies auch auf die »bewußte Nachfolge in der Kunstform Hauptmanns« hin. Der als »Hauptmann-Epigone« (Hoefert) in die Literaturgeschichte eingegangene Hirschfeld ließ auf den »sonderbaren Einakter« (Urban) rasch sein erstes (und wichtigstes) größeres Drama, *Die Mütter*, folgen, das am 12. Mai 1895 auf der Berliner »Freien Bühne« gezeigt wurde. Seitdem galt er als große Hoffnung des deutschen Theaters. Trotz seiner Hauptmann-Nähe pries ihn Litzmann als »zu Großem berufen«: »Was vor allem an dieser jugendlichen Gestalt so wohltuend berührt, ist, daß er der erste aus der Zahl der Jungen ist, der in jedem Pinselstrich Schulung durch modernes Leben und moderne Literatur verrät und der doch gar nichts Schulmäßiges an sich hat. Er vertritt keine Richtung mehr, er ist er selber, ein Geschöpf seiner Zeit, aber kein Produkt einer Schule.« Seit 1896 war Hirschfeld S.-Fischer-Autor. Doch der mit soviel Vorschußlorbeeren Bedachte erlebte mit seinen nächsten Stücken (im Falle der ambitiösen *Agnes Jordan*, 1897, zu Recht) eine Serie von Mißerfolgen, die ihm vermutlich nach der Jahrhundertwende den Übergang zum Roman nahelegte. Nur mit der Komödie *Mieze und Maria* (1907) gelang ihm noch einmal ein Comeback als naturalistischer Dramatiker, das ihn auf der alten Höhe der *Mütter* und der *Pauline* (1898) zeigte. *Die Mütter* lassen an Hauptmanns *Friedensfest* denken, die *Pauline* an den *Biberpelz*, das »Salzburger Märchendrama« *Der Weg zum Licht* (1902) wurde nach Urban in »bewußter Anlehnung« an die *Versunkene Glocke* konzipiert.

Im letzten Vorkriegsjahrzehnt war Hirschfeld der gepflegten bürgerlichen Unterhaltungsliteratur zuzurechnen, die für keinen konsequenten Stil optierte. Der Stern des einst von Brahm, Hauptmann, Fontane u. a. Geförderten erlosch nach dem Ersten Weltkrieg vollends. Der »deutschvölkische« Adolf Bartels schimpfte ihn einen »Unterhalter«, der nationalistisch-antisemitische Geißler argwöhnte (1913), man habe den Juden um 1895 »mit der üblichen Reklametrompete hochzublasen versucht«. Heute ist das einstige Wunderkind des deutschen Naturalismus völlig vergessen; nicht einmal sein Todesdatum ist gesichert.

Der naturalistische Musterschüler ist ein Beispiel für die dem Naturalismus inhärente Tendenz zur Selbstaufhebung, zur Überwindung gerade des vollgültig Naturalistischen. Nach Witkop ergehen sich Hirschfelds Dramen »in breiten, stimmungsweichen Zu-stands- und Charakterschilderungen, die dem Wesen des Naturalismus entwuchsen, aber nicht zum Drama, sondern nur zur novellistischen Szenenfolge führen konnten«. Milieumalerei, der Mangel an ausgetragenen Konflikten und die Nähe zum Gefühlvollen sind für seine Dramen ebenso charakteristisch wie der offene Schluß, mit dem alles im Unbestimmten auszittert. Der »mit zwingender Einseitigkeit der Anlage« (Meyer, Urban) Naturalist war und mit der »dramatischen Reproduktion der Wirklichkeit« (Meyer) sein Bestes gab, scheiterte (für Soergel) an der Klippe der Sentimentalität und verflachte in den letzten Jahren vor 1900. Wie Schnitzler, mit dem er etwa gleichzeitig zu S. Fischer kam, liebte Hirschfeld komplizierte Charaktere (Soergel nannte den nervösen jungen Künstler Robert in den *Müttern* einen »weichen Stimmungsmenschen«). Das läßt ebenso an den Impressionismus denken wie sein gerühmter »Dichtercharme« und »eine feine, zu feine Art, das Leben anzufassen« (Geißler). So wurde der geborene Naturalist gleichsam unbemerkt von seinen Anlagen aus dem Naturalismus herausgeführt: »seine Sehnsucht ist das Beste«, schrieb Meyer über den »Jüngling mit dem zarten Kindergesicht, gleichsam einer Transponierung von Hauptmanns Kopf aus Dur in Moll«.

*Zu Hause* . . . . . . . . . . . . . . . . 45

In: *Freie Bühne für den Entwickelungskampf der Zeit.* 4. Jg. (1893) S. 294–313. (D) – Buchausgabe: Berlin: S. Fischer 1896.
Mit freundlicher Genehmigung des S. Fischer Verlages, Frankfurt a. M.

## ALEXANDER LANGE KIELLAND

18. 2. 1849 Stavanger – 6. 4. 1906 Bergen

Nach einem Jurastudium zunächst Unternehmer (Ziegeleibesitzer). Entschließt sich, knapp dreißigjährig, zum Schriftstellerberuf, geht 1878 nach Paris und debütiert im folgenden Jahr mit einer Novellensammlung (deutsch 1881). Bis 1891 im Sinne des Naturalismus literarisch tätig. Übernimmt 1892 in seiner Heimatstadt das Amt des Bürgermeisters. Seit 1903 Amtmann in Molde. Stavanger errichtete ihm 1928 ein Denkmal.
Kielland war ein führender Repräsentant des ›nordischen‹ Naturalismus, Bruno Wille zählte ihn 1890 in seinem Aufruf zur Gründung der »Freien Volks-Bühne« im selben Atemzug mit Tolstoi, Dostojewski, Zola und Ibsen zu jenen modernen Schriftstellern, die in der Berliner Arbeiterschaft Resonanz gefunden haben. Kiel-

land war Novellist, Romancier und Bühnenautor. Seine Erzähl-
bände und Romane erschienen regelmäßig in deutscher Übersetzung. Kiellands erster Roman, *Garman & Worse* (1880), der die
norwegische Gesellschaft kritisch schildert, begründete seinen Ruhm
und wurde dreimal verdeutscht (zwei Ausgaben bereits 1881). Die
wichtigsten Prosawerke entstanden in der ersten, die Komödien in
der zweiten Hälfte der achtziger Jahre. Mit gewandter, als »geistreich« geltender Feder focht »der Franzose unter den Norwegern«,
vornehmlich mit den Mitteln des Humors und der Satire, gegen die
Erzübel der bürgerlichen Moral: Lüge und Heuchelei. Er trat dezidiert zugunsten der von den Naturalisten geforderten neuen Sittlichkeit, einer moralischen Regeneration ein. (Der Einakter *Auf
dem Heimwege* ist dafür beispielhaft.) Nach seinem Tode blieb
ihm das Publikum lange treu: den Werkausgaben von 1897/98
(11 Bde.) und 1903/04 (6 Bde.) folgten weitere 1907 und 1929,
daneben u. a. fünf Briefbände. Eine deutsche Ausgabe – *Gesammelte Werke*, 6 Bde., 1905–08 – begann kurz vor seinem Tode zu
erscheinen.
*Auf dem Heimwege* wurde zusammen mit dem Programmdrama
*Die Familie Selicke* von Holz und Schlaf am Ostermontag
(7. April) 1890 als siebte Vorstellung des Berliner Vereins »Freie
Bühne« gegeben. Anläßlich dieses bedeutsamen Ereignisses in der
Geschichte des deutschen naturalistischen Dramas schrieb Paul
Schlenther in der *Freien Bühne* über den Norweger, er benutze die
Bühnenschablone dazu, »mit satirischem Ernst gegen seelsorgerische
Zudringlichkeit und vor allem gegen eine allzu schwächliche Spekulation auf die Gebrechlichkeit der menschlichen Natur Front zu
machen, während er mit bewußter Tendenz das Recht der schroffen Tugend und Tüchtigkeit gegenüber einer laxen, das Verbrecherische im Menschen fördernden Nachsicht mit menschlicher Schwäche
geltend macht«.

In: *Freie Bühne für modernes Leben*. 1. Jg. (1890) S. 305–312. (D)

## RAINER MARIA RILKE

4. 12. 1875 Prag – 29. 12. 1926 Val-Mont sur Territet (Vaud)

Ungeachtet seines Debüts als Lyriker 1894 galt das Interesse Rilkes
in seinen literarischen Anfängen, den neunziger Jahren, nicht
minder dem Prosadrama und der erzählenden Prosa. Von 1895

bis 1901, zeitlich also sowohl vor wie nach seiner Flucht aus der
»Familienhölle« (Demetz) und der Prager Kulturprovinzialität,
beschäftigten den Zwanzig- bis Fünfundzwanzigjährigen eine Viel-
zahl dramatischer Pläne, von denen ein gutes halbes Dutzend
ausgeführt wurde. Daß der neuromantische Lyriker um 1895
kurze Zeit zugleich realistischer Dramatiker war, erklärt sich nicht
zuletzt als Trotzreaktion gegen das naturalismusfeindliche, an
Wien orientierte offizielle Prager Kulturleben, besonders das
Theater der deutschen Oberschicht. (Der Naturalismus galt als eine
Prag wesensfremde Berliner Angelegenheit.) Eudo C. Mason sieht
zudem in den realistischen Zügen des szenischen Frühwerkes Rilkes
den Ausdruck des zeitgenössischen Weltbildes, das »darwinistisch-
monistische« und »positivistische, fast materialistische Vorausset-
zungen« besaß, welche die »Grundvoraussetzungen unzähliger Mit-
lebender, man darf wohl sagen der fortschrittlichen Geister seiner
Generation überhaupt« waren. Erkenntnistheoretisch stand der
junge Rilke (für Mason) auf dem Boden des »neuzeitlichen naturwissenschaftlichen Empirismus«, er teilte den Glauben seiner Generation an ein radikal diesseitiges »Leben« und an die Entwicklung;
in seiner Ablehnung des Weltfeindes und Sexualasketen Jesus
Christus war er gleichfalls ein Kind seiner Zeit.

Spätestens 1896, als Rilke sich für Ganghofers Kammerstück *Meer-
leuchten* begeisterte, war jedoch die Abkehr von der naturalistischen Zeittendenz einer Veränderung der sozialen Welt vollzogen
und – unter Einfluß Nietzsches – die Hinwendung zu einer »un-
politischen, betont individualistisch-aristokratischen Existenzdeu-
tung« erfolgt. »Rilkes Dichtung der Innerlichkeit kat-exochen ver-
dankt aber ihre außerordentliche Anschaulichkeit und Durch-
schlagskraft nicht am wenigsten dem Umstand, daß dahinter noch
immer der große potentielle Realist steckt mit seiner Empfäng-
lichkeit für alle Nuancen der äußeren Welt, seinen wachsamen
Sinnen und seinem Verlangen nach Erlebnissen jeglicher Art«
(Mason). Solche gesteigerte Sensibilität war aber kennzeichnend
für den Naturalismus wie für die ihn ablösenden Richtungen: eine
»ungeheure Stimmung« erzeugt zu haben rühmt Rilke ausgerechnet
seiner naturalistischsten Talentprobe *(Jetzt und in der Stunde
unseres Absterbens)* nach. Zur naturalistischen Bewegung und ihren
Führern bestand kein persönlicher Kontakt; der überaus ehrgeizige
junge Dichter versuchte in jenen Jahren wahllos in alle literarischen
Himmelsrichtungen zugleich Fäden zu spinnen.

Der umfangreichste wie auch gewichtigste Versuch René Maria Rilkes auf dramatischem Felde, der »hauptmannisierende« (Mason) Dreiakter *Im Frühfrost*, stammt von 1895 und wurde (in einer abgemilderten Überarbeitung) am 20. Juli 1897 von einem Berliner Ensemble nicht ohne Erfolg in Prag aufgeführt. (Der Untertitel »Ein Stück Dämmerung« erinnert an das unter dem Pseudonym Ernst Rosmer 1893 in der *Freien Bühne* gedruckte und im selben Jahr auf der »Freien Bühne« Berlin aufgeführte Drama *Die Dämmerung* der Österreicherin Elsa Bernstein.) Rilkes »naturalistisches Panorama eines Familienunterganges« (Demetz) enthält sicherlich autobiographische Elemente; thematisch (Ruinierung eines Mannes durch seine materiell anspruchsvolle, gesellschaftlich ambitiöse und lebenshungrige Frau) berührt es sich mit Hirschfelds *Zu Hause*. In seinen »lyrischen Bruchstücken hoher Intensität« wächst dieser durchaus bemerkenswerte dramatische Versuch »gegen Renés eigenen Willen« (Demetz) bereits über den Naturalismus hinaus. Auf den Brettern vorangegangen war am 6. August 1896 die (ebenfalls gelungene) Inszenierung des Einakters *Jetzt und in der Stunde unseres Absterbens* (Sommerbühne des deutschen Volkstheaters Prag); diese vermutlich Anfang 1896 geschriebene, kurz darauf im zweiten Heft von Rilkes kurzlebiger Eigenverlagszeitschrift *Wegwarten* gedruckte dramatische Skizze hat mit ihrer krassen Gegenüberstellung von arm und reich, in ihrer Anklage der brutalen Unmenschlichkeit der Besitzenden zweifellos das gelegentliche Mißverständnis eines frühen »sozialistischen Rilke« ausgelöst. In dem (von Mason als »unmöglich plump« abqualifizierten) Schauerdrama spricht (für Demetz) der »naturalistische Pessimist«, der die »gesamte Maschinerie des Berliner Naturalismus« mobilisiert und »schwarz in schwarz« malt: beliebte naturalistische Motive wie Krankheit und qualvolles Sterben, Opferung der Unschuld und erpresserische Machtausübung des ökonomisch Stärkeren (wie in Hirschfelds *Steinträger Luise*) beherrschen das Stück, dessen grausiger Schluß (Inzest) eine um des Effektes willen konstruierte Pointe ist. Daß sogar hier den Dialogen – wie bei vielen naturalistischen Autoren – die Direktheit der Volkssprache oder gar eine lebensnahe Dialektfärbung abgeht, ist nicht nur auf das gewählte bürgerliche Milieu zurückzuführen, sondern versteht sich überdies aus der speziellen Sprachsituation der deutschen Dichter Prags.
Noch im selben Jahr (1896) schreibt der äußerst agile René die Devise »Stimmungslyrik« auf sein Panier (sein dritter Gedicht-

band *Traumgekrönt*) und glaubt sich bereits Ende dieses für seinen weiteren Weg vielleicht entscheidenden Jahres »über das Ungesunde, Zersetzende meines ›Sturm und Drang‹ hinaus«. In München, Rilkes erster Station nach seiner Flucht aus der Enge Prags und der »Gefangenschaft« in der »fremden Familie« (Demetz), entstanden im Winter 1896/97 das einaktige »Drama« *Mütterchen* (veröffentlicht Anfang 1898) und im Frühjahr 1897 der (bis 1961 ungedruckt gebliebene) »Akt« *Höhenluft*. Die beiden Zweiakter *Ohne Gegenwart* (Herbst 1897, gedruckt Ende 1897) und *Das tägliche Leben* (Frühjahr 1900, veröffentlicht bei Albert Langen und erfolglos im Residenz-Theater Berlin aufgeführt Ende 1901) beschlossen zusammen mit der »Szene« *Waisenkinder* (Frühjahr 1901, gedruckt Mai 1901) Rilkes Versuche, auf der Bühne Fuß zu fassen. Zwischen den Zweiaktern liegt Rilkes Reise nach Florenz (Frühjahr 1898) zu den präraffaelitischen Quellen des Jugendstil-Ästhetizismus.

Gegen Ende seines Lebens hat Rilke seinen frühen dramatischen Experimenten, diesen »Angehörigen meiner literarischen Kindheit«, entschieden »allen Wert« abgesprochen und sich ihrer Wiederveröffentlichung als »etwas eindringlich Störendem« widersetzt. Die Rilke-Philologie in ihrem allzulangen »magisch-theologischen Zeitalter« (Demetz) folgte dieser Selbsteinschätzung des Dichters durch fast ausschließliche Betonung des hermetischen lyrischen Spätwerkes, ja vernachlässigte sogar die noch von Nachklängen des Realismus durchzogene mittlere Periode der ersten Pariser Jahre.

In: *Sämtliche Werke. Vierter Band. Frühe Erzählungen und Dramen.* Frankfurt a. M.: Insel Verlag 1961. S. 813–827. (D)

Mit freundlicher Genehmigung des Insel Verlages, Frankfurt a. M.

## ARTHUR SCHNITZLER

15. 5. 1862 Wien – 21. 10. 1931 Wien

Schnitzler entstammte dem skeptischen jüdischen Bürgertum Wiens, sein Vater war ein bekannter Arzt. Er studierte Medizin in Wien und war danach selber sein Leben lang als Arzt tätig. Literarisch trat er erstmals 1893 hervor; zwei Jahre zuvor war von seinem Freund Hermann Bahr der Naturalismus totgesagt worden. Mahrholz rechnete ihn zu den fünf scharfprofilierten »schöpferischen Gestalten« des deutschen Naturalismus (neben G. Hauptmann, Th. Mann, Liliencron und Dehmel). Schnitzler war vor allem Dramatiker und Novellist. Als Prosaist war er literarhistorisch bedeutender (seine erste Novelle, *Leutnant Gustl*, 1901, gilt zugleich als erstes deutschsprachiges Beispiel für den ›inneren Monolog‹); der Bühnenautor stand formal in der Ibsen-Nachfolge und verzichtete auf Experimente.

Mit seinem dramatischen Frühwerk kann Schnitzler sowohl als Naturalist wie als neuromantischer Impressionist gelten, da beide – sonst konträre – Strömungen eine verfeinerte, individualisierende Charakterisierungskunst und nuancierte Stimmungsbilder anstrebten. (Die »individuelle Stimmung« war bereits ein Desiderat des Naturalismus gewesen, dessen Ästhetiker offen eine »Stimmungskunst« propagiert hatten.) R. M. Meyer wertete daher zu Recht Schnitzlers Dramen als »psychologische Studien«. Doch fehlte die andere Seite des Naturalismus – Milieu, Zeitfragen, Kritik der gesellschaftlichen Moral und der bürgerlichen Verhaltensmuster – anfänglich keineswegs. Die ersten zwei Dramen Schnitzlers nach dem *Anatol*-Debüt – *Märchen*, 1894, und *Liebelei*, 1896 – durchhuschen »leise soziale Streiflichter« (Soergel). In den nächsten beiden Theaterstücken stehen soziale Probleme der Zeit sogar im Mittelpunkt: in *Freiwild* (1898) der kägliche Sozialstatus des Künstlers sowie das Phänomen der Ehre (Duell-Frage), in *Das Vermächtnis* (1899) die bürgerlich nicht integrierte ledige Mutter. Das naturalistische Sujet der Willensfreiheit bzw. -determination kehrt gleichfalls bei Schnitzler wieder, ebenso die Entlarvung der Lebenslüge (Zerstörung fundamentaler Illusionen) und die im Naturalismus immer wieder behandelten Themen Krankheit und Tod. Daß allgemein in den neunziger Jahren die Lyrik die Führungsrolle vom Drama übernimmt und sich allenthalben auch im Naturalismus eine »weichere, lyrisch-sentimentalere Färbung« (R. M. Meyer) durchsetzt, macht sich bei dem psychologischen Naturalisten in Wien besonders bemerkbar, den Soergel wegen des Fehlens scharfer Kontraste in seinen Stücken einen »Pseudodramatiker« nannte.

Der naturalistische Schlachtruf Wahrheit wird von Schnitzler allen lauten Pathos entkleidet und nimmt in der »seltsam aus Sentimentalität und Frivolität gemischten Wiener Luft« (Meyer) einen ironischen, weichen und müden, später melancholischen Zug an, ohne daß jedoch deshalb der Wahrheitsdrang selber wirklich an Objektivität und Intransigenz einbüßt. In den zwischen 1897 und 1901 geschriebenen Einaktern verdichtet sich der Gehalt der frühen Dramatik Schnitzlers. Meyer sieht das »Hauptproblem« des Wieners – »wie weit wir unsere Gefühle fühlen, wie weit wir unser Leben erleben« – in den *Letzten Masken* ausgesprochen. Doch die hier gegebene schonungslose Lebensbilanz eines Erfolglosen ist zugleich eine knappe Seelenanalyse des spätbürgerlichen Geistesproletariers. In letzter Zeit wird in Schnitzler mehr gesehen als nur »ein von den französischen Dekadenten angeregter Soziolog und Psycholog der melancholischen, verwöhnten und verspielten Wiener Gesellschaft, für die er – ein unergriffener, enttäuschter Zuschauer ihres Lebens – die eleganten Einakter und Novellen schafft« (Eppelsheimer). Hinter dem neuromantischen Stimmungsgewebe und einer hauchzarten Eindruckskunst entdeckt man heute Tiefe und Ernst: unbestechlich verwies der Analytiker Schnitzler auf die Brüchigkeit jeder menschlichen Existenz.

In: *Lebendige Stunden.* Vier Einakter. Berlin: S. Fischer 1902. – *Gesammelte Werke in zwei Abteilungen.* Zweite Abteilung: *Die Theaterstücke in vier Bänden.* Zweiter Band. Berlin: S. Fischer 1912. S. 370–390. (D) – *Gesammelte Werke. Die Dramatischen Werke.* Erster Band. Frankfurt a. M.: S. Fischer 1962.

Mit freundlicher Genehmigung des S. Fischer Verlages, Frankfurt a. M.

## CLARA VIEBIG

17. 7. 1860 Trier – 31. 7. 1952 Berlin

Unter dem Autorennamen C[lara] Viebig verbarg sich die Berliner Verlegersgattin Clara Cohn, geb. Viebig. Die Tochter eines höheren Beamten (die Familie stammte aus der Provinz Posen) studierte Musik in Berlin, heiratete dort 1886 und kam erst Mitte der neunziger Jahre zur Literatur. Sie wurde vor allem als Prosaschriftstellerin bekannt; als Bühnenautorin und Lyrikerin blieb sie erfolglos.

Die »soziale Dichterin« debütierte 1897 mit Dorferzählungen *(Kinder der Eifel).* Ihre Fähigkeit, bäuerliches Milieu und karge Landstriche zu schildern, bewährte sie am äußersten Westen wie Osten des damaligen Deutschen Reiches. Von ihren Großstadtromanen gelang ihr nur der ›Dienstbotenroman‹ *Das tägliche*

*Brot* (1900). Die ›Zola-Schülerin‹ erschrieb sich ihren Ruhm mit
›Frauenromanen‹, deren Heldinnen in der Regel sinnlich-vitale
Instinktmenschen sind. Die Herrschaft dumpfer Triebhaftigkeit
stellte Clara Viebig als »Kampf um den Mann« nicht nur 1905 in
vier Einaktern, sondern bereits 1900 in ihrem ersten Erfolgsroman,
*Das Weiberdorf*, der in der Eifel spielt, dar. Der geistige Typus
hingegen mißlang ihrer »schlechthin glänzenden Charakterisierungskunst« (Geißler). Besonders bewundert wurde ihre Fähigkeit,
»massenpsychologische Zeitbewegungen« zu zeichnen; in ihren
»kulturhistorischen Romanen« *Die Wacht am Rhein* (1902) und
*Das schlafende Heer* (1904) sah Soergel »gelungene Experimente«.
Ihren Zeitgenossen galt sie als Meisterin in der Kunst, »Jammer
und Elend riesenhaft sich ausleben zu lassen«.
Von der Doktrin des Naturalismus wie von den nachnaturalisti-
schen Strömungen blieb sie gleichermaßen unbeeinflußt; sie begann
zu schreiben, als der Naturalismus bereits totgesagt war, und hat
an einer realistischen Malweise unangefochten festgehalten. Ein
nicht geringer Teil ihres Werkes, so der (wohl autobiographische)
Roman *Es lebe die Kunst!* (1899), welcher das Ringen einer jungen
Schriftstellerin in der Großstadt behandelt, gehört zur spätbürgerlichen Unterhaltungs-, wenn man will: zur Trivialliteratur.
Eine achtbändige Werkauswahl erschien 1922.

In: *Der Kampf um den Mann*. Dramenzyklus. Berlin: Fleischel
& Co. 1905. S. 39–75. (D)

## WILHELM WEIGAND

13. 3. 1862 Gissigheim (Baden) – 20. 12. 1949 München

Der Bauernsohn studierte Romanistik, Kunstgeschichte und Philo-
sophie in Brüssel, Paris und Berlin. Seit 1889, als er mit seinem
humoristischen Kleinstadtroman *Die Frankenthaler* debütierte, in
München ansässig. Der hochgebildete Mann wurde eine angesehene
Figur der Kulturszene der Isarmetropole, beriet zeitweise die
staatlichen Museen und war 1904 Mitbegründer der *Süddeutschen
Monatshefte*. Versierter Editor älterer französischer Literatur
(Rabelais, Montaigne, Abbé Galiani), galt als Wiederentdecker
Stendhals. Der Essayist wurde allgemein gepriesen: der Band über
die französische Literatur seit Voltaire (1891), der »psychologische
Versuch« *Friedrich Nietzsche* (1893) und die »geistreiche Streit-

schrift« (Meyer) *Das Elend der Kritik* (1894), die M. G. Conrad in der *Gesellschaft* als »ein Muster stilistischer Vornehmheit« lobte, verraten die eigentliche Begabung und die geistige Position dieses homme de lettres. Conrad nannte ihn 1894 »einen Berufenen«, der »als Dichter, Essayist und Kunstfreund seit Jahren auf dem vordersten Plan der modernen Bewegung« stehe, entdeckte an den Essays »umfassendes Wissen, Gedankentiefe und hochentwickelten Sinn für Schönheit«, bescheinigte ihrem Verfasser »Gründlichkeit und Anmut«. Die Dramenproduktion, in den neunziger Jahren im Vordergrund von Weigands literarischer Arbeit (*Die Renaissance*, ein Zyklus, 1898 ff.; *Moderne Dramen*, 2 Bde., 1900), versiegte nach der Jahrhundertwende allmählich. Der Dichter Weigand kann heute bestenfalls noch als kultivierter Erzähler (*Novellen*, 2 Bde., 1904, 1906) einen Platz innerhalb der wilhelminischen Belletristik beanspruchen. In den zwanziger und dreißiger Jahren wollte er nochmals als Romanschriftsteller Fuß fassen. Die Ressentiments des Erfolglosen und Vergessenen trieben ihn in die Arme des Nationalsozialismus. 1940 erschien seine Autobiographie *Welt und Weg*. Weigands Werk ist derzeit völlig verschollen.

Der mit Gerhart Hauptmann Gleichaltrige war bereits als Romancier, Novellist, Lyriker und Essayist an die Öffentlichkeit getreten, als er 1893 mit der zahmen Satire *Der Wahlkandidat* sein Glück auch als Bühnenautor versuchte. Er gehörte in der Folgezeit nicht eigentlich zu der Schar jener Halb- und Viertelsnaturalisten, die sich nach einigen Talentproben rasch wieder von der Bewegung abwandten; vielmehr war Weigand (nach Soergel) »nie Naturalist« gewesen. Der Jünger einer spätbürgerlichen Schönheitsreligion und eines Geniekultes verabscheute jederart ästhetische Dogmen, insbesondere jedoch die ›wissenschaftliche‹ Doktrin des Naturalismus, der ihn geistlos und eine Lästerung des Schönen dünkte. Er befürchtete von ihm eine Verbürgerlichung der Kunst und sah in ihm »das große Fragezeichen kleiner Geister«. Der Elite-Ideologe und Renaissance-Erwecker Gobineau, auch Jacob Burckhardt und Hippolyte Taine übten Wirkung auf Weigand. Seine Renaissancedramen, schon vor 1890 begonnen, fanden mehr Beachtung als seine Zeitstücke, die z. T. die typischen Hoffnungen jener Jahre auf den »neuen Menschen« widerspiegeln (*Agnes Korn*, 1895; *Das Opfer*, 1896). Soergel bedauerte, daß Weigand »nicht wenigstens eine Zeitlang durch die naturalistische Schule ging«.

Der Einakter *Der Vater*, am 8. Dezember 1896 in der Leipziger
»Literarischen Gesellschaft« aufgeführt, ist vom Stoff her Weigands beherztester Ausflug in naturalistische Gefilde; für Hoefert
steht er hier »ganz im Bann von Ibsens *Gespenstern*«. Während
jedoch bei dem Norweger die Gespenster der modischen Vererbungslehre gebannt werden, biegt Weigand den Schluß ins He-
roisch-Tragische ab und zollt mit der Tat des degenerierten Adligen (Tötung des kranken Kindes und Freitod) einem fatalistischen
Determinismus, zugleich Darwins und Nietzsches Ideologie des
starken Lebens Tribut.

*Der Vater* . . . . . . . . . . . . . . . . 83

In: *Die Gesellschaft*. Monatsschrift für Literatur, Kunst und So-
zialpolitik. Begründet und herausgegeben von M. G. Conrad. Jg.
1894 (= 10. Jg.) S. 72–91. (D) – Buchausgabe: München: Lukaschik
1894.

# Inhalt

# Naturalismus

## Einakter des Naturalismus

Hrsg. von Wolfgang Rothe. Universal-Bibliothek Nr. 9468 [3]

Autoren: P. Ernst, O. E. Hartleben, G. Hirschfeld, A. L. Kielland, R. M. Rilke, A. Schnitzler, C. Viebig, W. Weigand

## Lyrik des Naturalismus

Hrsg. von Jürgen Schutte. Universal-Bibliothek Nr. 7807 [4]

Autoren: Fr. Adler, W. Arent, K. Bleibtreu, H. Conradi, R. Dehmel, A. v. Hanstein, H. Hart, J. Hart, O. E. Hartleben, G. Hauptmann, K. Henckell, A. Holz, O. Jerschke, O. Kamp, J. H. Mackay, M. R. v. Stern, B. Wille

## Prosa des Naturalismus

Hrsg. von Gerhard Schulz. Universal-Bibliothek Nr. 9471 [4]

Autoren: H. Bahr, O. J. Bierbaum, H. Conradi, P. Ernst, O. E. Hartleben, G. Hauptmann, P. Hille, A. Holz, M. Kretzer, Ph. Langmann, D. v. Liliencron, J. H. Mackay, O. Panizza, W. v. Polenz, S. Przybyszewski, J. Schlaf, A. Schnitzler, F. Wedekind

## Theorie des Naturalismus

Hrsg. von Theo Meyer. Universal-Bibliothek Nr. 9475 [4]

Autoren: C. Alberti, H. v. Basedow, L. Berg, K. Bleibtreu, W. Bölsche, E. Brausewetter, M. G. Conrad, H. Conradi, E. G. Christaller, Ch. v. Ehrenfels, M. Flürscheim, W. H. Friedrichs, R. Goette, E. Haeckel, M. Halbe, H. Hart, J. Hart, G. Hauptmann, K. Henckell, J. Hillebrand, A. Holz, L. Jacobowski, F. v. Kapff-Essenther, W. Kirchbach, E. Koppel, H. Merian, M. Nordau, E. Reich, J. Röhr, J. Schlaf, B. v. Suttner, I. v. Troll-Borostyáni, O. Welten, E. Wolff, E. Zola

Philipp Reclam jun. Stuttgart

## 5. TRIPS TO THE NEW WORLD

In the Renaissance very little was known about the world outside. Then we discovered America and Asia. The trips to the continent added to European knowledge about these civilisations and great natural resources. You will learn about the maps, the Mayan astronomy, and some notions of physics.

## 6. THE SILK ROAD

The Silk Road helped the circulation of goods and knowledge between the East and the West. You will learn to construct your own compass so you don't get lost, and you will learn to count without numbers using an abacus.

## 7. THE CRUSADES

With the Crusades finished the age of splendour of Muslim science and art. From the knowledge of the Arabs we created the foundations of chemistry, mathematics, and medicine. You will find out where numbers come from and alchemy.

## 8. TRIPS THROUGH THE MEDITERRANEAN

The civilisations that surrounded the Mediterranean Sea in Antiquity developed knowledge of astronomy, physics, mathematics, philosophy, mechanics, etc. You will know the origins of writing, pyramids, and one of the first woman scientists.

## YOU CAN FIND...

| | |
|---|---|
| MATHEMATICS → CHAPTERS 5, 6, 7, 8 | GEOLOGY → CHAPTERS 1, 3, 5, 6 |
| ASTRONOMY → CHAPTERS 1, 3, 5, 8 | TECHNOLOGY → CHAPTERS 1, 2, 4, 5, 8 |
| PHYSICS → CHAPTERS 1, 2, 4, 5, 8 | MEDICINE → CHAPTERS 2, 6, 7 |
| CHEMISTRY → CHAPTERS 4, 6, 7 | GEOGRAPHY → CHAPTERS 3, 5, 6, 7, 8 |
| BIOLOGY → CHAPTERS 2, 3, 4 | PHILOSOPHY → CHAPTERS 6, 8 |
| | HISTORY → CHAPTERS 1, 2, 3, 4, 5, 6, 7, 8 |

# INTRODUCTION

## TRIPS, SCIENCE, AND TECHNOLOGY

SINCE ANCIENT TIMES, PEOPLE HAVE TRAVELLED TO OBTAIN FOOD AND NATURAL RESOURCES, TO SELL AND BUY GOODS, OR CONQUER NEW TERRITORIES. THIS IS HOW WE HAVE LEARNED ABOUT OTHER WAYS OF THINKING AND UNDERSTANDING THE WORLD THAT HAVE FORMED THE FOUNDATIONS OF SCIENCE AND TECHNOLOGY TODAY.

IN THIS BOOK WE OFFER YOU A TRIP TROUGH SCIENCE AND TECHNOLOGY, A TRIP THROUGH TIME FROM NOW TO ANTIQUITY, AND ALSO THROUGH DIFFERENT CORNERS OF THE EARTH AND THE IMMENSITY OF THE UNIVERSE.

## TO BEGIN

IN EACH CHAPTER WE WILL BEGIN SPEAKING OF A TYPE OF TRIP AND WE WILL INDICATE THE CENTURIES IN WHICH IT TOOK PLACE AND ALSO WHAT DISCOVERIES WERE MADE DURING THAT TIME.

## INTERVIEWS WITH THE MAIN CHARACTERS

WE HAVE MADE AN IMAGINARY TRIP THROUGH TIME IN ORDER TO INTERVIEW SOME OF THE MOST CURIOUS PEOPLE FROM THE HISTORY OF SCIENCE AND TECHNOLOGY.

## EXPERIMENT AND OBSERVE

WITH THE EXPERIMENTS YOU WILL HAVE THE OPPORTUNITY TO PLAY WITH MAKING SCIENCE AND DEVELOPING TECHNOLOGIES.

## A GAME FOR YOU!

WITH THIS GAME YOU WILL ENJOY LEARNING MUCH OF THE INFORMATION AND CURIOSITIES OF THE BOOK. IN **THE GRAND PRIX OF SCIENCE** YOU WILL PLAY WITH COUNTERS WITH THE MAIN CHARACTERS OF SCIENCE, WITH A DICE YOU MAKE YOURSELF, WITH 72 QUESTIONS AND ANSWERS, AND WITH A BOARD TO GET YOU TO THE FINISHING LINE.

# SPACE TRIPS

The conquest of space has changed our way of seeing the world, whose borders extend to the infinity of the Universe. The great projects of investigation have attained surprising results and the discoveries have not only added to our knowledge, but also improved the technology of war.

## THE EARTH IS BLUE
(Yuri Gagarin)

During the Soviet mission Vostok, Yuri Gagarin was the first person who saw our planet from outside and was surprised to see that it is so blue.

## Ready, set...GO!

The participants in the Space Race were the old Soviet Union and the United States of America. Both competed fiercely to demonstrate to the entire world who was more powerful. The USSR won points with the first satellite and the first human being in space, but the U.S. had two astronauts land on the Moon.

# The Earth: A Special Planet

Of all the planets that make up the solar system, the Earth is the only one that supports life. This is a planet where the surface temperatures remain moderate because of the presence of water and an atmosphere. The crust remains very active geologically and is in a continual state of formation.

Life as we know it can survive only on planets where there is water in liquid form. The atmosphere acts like a protective shield against lethal radiation and meteorites.

The Earth contains 845,450,600 cubic miles (1,385,984,610cukm) of water. The salt water of the seas comprises 96.54 percent of all the water on the planet.

The rotational speed at the Equator is 1,016 miles per hour (1,665km/h).

## The Unseen Side

The first images of the far side of the Moon were obtained in 1959, thanks to the photographs sent back to Earth by the Soviet space probe, Luna 3.

# Day or Night?

In the areas near the Earth's Poles, there are several months when there is only night, and others when it's always day. This is due to the angle of inclination of the Earth's rotational axis.

## Always the Same Side

*Since the Moon takes the same amount of time to complete a revolution on its axis as a complete rotation around the Earth, the same side always faces our planet.*

*The best time to observe the lunar relief with binoculars or a small telescope is in the waxing or appearing and waning or disappearing phases.*

## Did you know that...

The Moon experiences earthquakes that are detectable from the Earth.

## Tranquility

The first astronauts on the Moon walked in the Sea of Tranquility.

*One of the largest impact craters on Moon is the South Pole. Aitleen Basin that is roughly 2,500 km in diameter.*

# Collision Course!

Halley's Comet, which came close to the Earth in 1986, experienced a collision with some celestial body in 1993 that made it increase in size. When it next approaches the Earth, in 2062, we will be able to see the effects of the collision.

# Robots ON MARS

In order to obtain samples of rocks and images of Mars or the Moon, remote control vehicles called "Rovers", were used.

## Travelling rocks

The meteorites are made of particles of dust, ice, and rock that arrive to the surface of a planet and form a crater. They bring with them much valuable information about the solar system. Their origin could be due to asteroids and comets.

# Gravity

In order for the space missions to last many years and move through space without fuel, they use the force of gravity.

THE SHOOTING STARS THAT WE SEE ON SOME NIGHTS ARE ACTUALLY METEORITES THAT BURN WHEN THEY ENTER THE EARTH'S ATMOSPHERE.

# as fuel

GRAVITY

# To Show Centrifugal Force

# PROCEDURE

1. Tie the stone to the rubber band.
2. Whirl the stone around in a circle at arm's length. Can you see the tension in the rubber? This is caused by a force acting on the stone directly outwards from the centre of the circle. It is called the centrifugal force. Centrifugal forces come into play whenever an object is moving in a circle.
3. Whirl the stone faster. The stretch on the rubber will increase because the centrifugal force increases with the speed of rotation.
4. While rotating, suddenly let go of the band. In which direction does the stone fly off?
5. A centrifugal force occurs because a rotating object wants to keep moving in a straight line but is pulled around in a circle. This is why the stone speeds off in a straight line as soon as it is released.

## Did you know that...

On December 27, 1872 there occurred the greatest shower of falling stars known, when the Earth passed through the tail of the broken-up comet Biela.

## Where are Stars Born?

Nebulae are the raw materials from which stars were formed; their colors vary with their temperature.

## Outward Force...

Earth experiences a centrfugal force! It is an outword force and depends upon the object's mass, speed and distance. So, when the Sun pulls Earth towards it due to gravity, Earth going in a straight line.

# The Colours of Stars...

| Colour | Temperature | Examples |
|---|---|---|
| Blue | 25,000 - 11,000 K | Sirius, Vega, Rigel |
| Blue to White | 7,000 - 6,000 K | Canopus |
| White to Yellow | 6,000 - 5,000 K | Sun, Capella |
| Orange to Red | 5,000 - 3,500 K | Arcturus |
| Red | below 3,500 K | Betelgeuse, Antares |

# THE BAND OF MILK

Among the many galaxies that make up the Universe, the one we know best is the Milky Way, since that is where we are located. Earlier, it was thought the a Goddess has spilled milk. Hence the name!

## Count the Stars!

*The Milky Way contains around 300,000 stars.*

On a Moonless night and away from cities and other population centers, about 3,000 stars are visible to the naked eye.

### DEATH SCREAMS

If a young star keeps up its irregular contractions for very long, it uses up all its fuel and dies after just a few million years.

On the other hand, small stars are not as hot as large ones, so they "burn" more slowly and last longer.

### BLACK HOLES

There are regions in the space from which nothing, even light, cannot escape. These are the Black Holes. They can't be seen, but its effects are visible.

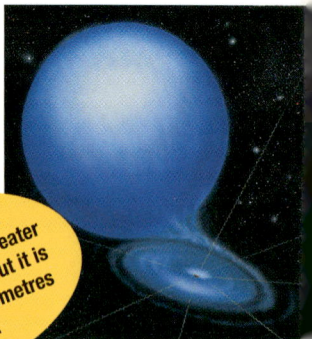

The mass of a Black Hole is several times greater than that of the Sun, but it is only a few miles/kilometres in diameter.

### THE WRATH OF GOD...

In ancient times, eclipses often were omens of evil occurrences, for it was supposed that the disappearance of the light was a punishment from the Gods. Today, we understand that they are a phenomenon that is a product of the celestial workings obscuring or blocking the light and casting shadows on each other.

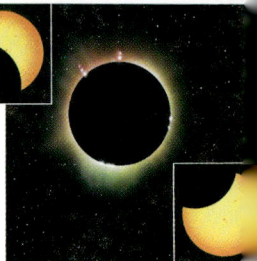

## ATTENTION!

You must never observe a solar eclipse directly, as it can cause serious damage to the eyes. You have to use special glasses.

# COPERNICUS, KEPLER, AND GALILEO

*During the sixteenth century these three astronomers did the basic work that completely transformed the concept of the Universe. After many calculations and observations, Copernicus declared that the Earth was not the centre of the Universe. Galileo demonstrated that Copernicus was right and conducted observations with the help of the telescope that he had invented.*

### BABYLONIA
*As early as 5,000 years ago the inhabitants of Babylon (modern-day Iraq), recorded on their tables the regularity of certain celestial phenomena, such as the changes in the phases of the Moon and the movement of the Sun.*

### CHINA
*Three thousand years ago, the Chinese constructed astronomical observatories that divided the year into four seasons.*

### INDIA
*Indian mathematicians created the concept of zero, a concept that took many centuries to take root in the human mind.*

*The Chaldeans invented the water clock to measure time in their observations.*

# ONE AFTER THE OTHER

Manned rockets tend to consist of several stages. Each stage is a rocket that pushes the others up to a certain altitude. When its fuel is exhausted the next stage ignites.

*Neil Armstrong said these famous words on television: "That's one small step for [a] man, one giant leap for mankind."*

## SIX TIMES ON THE MOON

There have been six other manned expeditions to the Moon (Apollo 12 to Apollo 17) since the first landing.

*Many had feared that the surface of the Moon was made of dust and that any spacecraft that landed would immediately sink. Experience showed otherwise.*

Skylab, the first American space station was put into orbit in 1973; as a result it became possible for teams of astronauts to stay in space for several months.

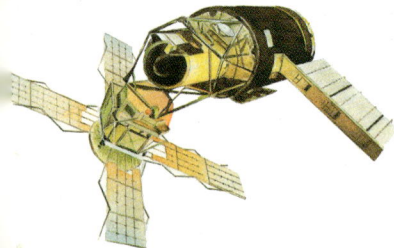

# ZERO GRAVITY

During the launch of a spaceship, the human body weighs up to ten times more than normal. Weightlessness, the absence of gravity, causes decalcification of the bones after an extended period of time.

# MUSCULAR WEAKNESS

Astronauts who remain in space for several months suffer from muscular weakness because of the lack of gravity, and when they return to Earth, they have to be carried on a stretcher until they regain their strength.

# SOL OR HELIOS OR THE SUN?

The Romans Called the Sun as Sol, while the Greeks named it Helios. The Sun is a modest star located in a corner of our galaxy, Still, we depend on it to live, and because it is so close, we know it better than any other star.

# Did you know that...

The diameter of the Sun is around 100 times greater than that of the Earth.

The Sun weighs around 330,000 times more than the Earth.

In producing energy, the Sun consumes 600 million tonnes of hydrogen every second.

The most recent period of maximum solar activity was in 2008; the next is expected around the year 2012.

The greatest solar prominences that cause interference on Earth that affects telecommunications.

Solar prominences in the form of a loop (quiescent prominences) don't achieve much height, but can last for months!

# TEMPERATURE

Sunspots are around 7,200°F (4,000°C).

# The End of the Earth

*When the Sun has consumed all its hydrogen and helium reserves, it will turn into a Red Giant; it will then increase considerably in size. The nearest planets such as Mercury and Venus will be engulfed and the heat will be so intense on our planet that every form of life will disappear.*

## DEPENDING ON THE SUN

**Since the Sun has adequate reserves for another five billion years, our planet still has that much time to live.**

2012: Doomsday!
Predictions had been made as early as the Mayans, that the world will end in the year 2012. Claims had been made that a fictitious planet, Nibiru, would collide with Earth. But according to NASA, these are all fake. Phew, what a scare!!

19

# THE DWARF
## and the eight planets of the solar system

Pluto was the ninth planet of the solar system, but since 2006 it is considered a Dwarf.

# M-V-E-M-J-S-U-N

The mnemonic, which is a learning technique, for the eight planets is: "My Very Educated Mother Just Served Us Nachos".

# THE EXPERIMENT

# SPACE ROCKET

**Material:**
- Tape
- Two little pieces of straw
- Balloon
- Clothes pin
- Thin rope

1. Pass the rope inside the two little pieces of straw and tie an end in a high place. Ask an adult for help so that your rocket can get very high.

2. Inflate your balloon, close the mouthpiece with the clothes pin and glue together the two pieces of straw with the tape, one in every end of the balloon so that the mouthpiece faces down. You can also decorate your space ship with a permanent felt-tip pen.

3. Tie the other end of the rope tó an object on the floor, for example a leg of a chair.

4. Hold the clothes pin from below. Now you can start the countdown: 10, 9, 8, 7, 6, 5, 4, 3, 2, 1... zero! Press and open the clothes pin and release your space ship.

Observe your space ship: Why does it rise rapidly? It's because of the loss of air inside. The real spaceships get to leave the Earth's atmosphere because they rapidly lose the gases from the combustion process.

3, 2, 1 zERO!!!

# MOONS OF METAL

The artificial satellites are like the Moon: they move around the planet. They can turn around the Earth or other celestial bodies. They obtain information and afterwards they send to the Earth in the form of waves.

## PARACHUTE MACHINES

Thè space probes have parachutes so that the instruments of measurement and analysis of rocks, gases, and others do not break when they separate from the space ship.

## FLOATING LABORATORIES

The space stations are laboratories where astronauts study the Universe and where they spend time working.

## From space to home

Many objects that surround us have been invented to be used in space like barcodes, the joysticks of videogames, plasma televisions and teflon skillets.

## No plugs among the stars

The energy used in stations and space probes comes from photovoltaic power stations.

## Turn to the left

The GPS equipment that indicates directions receives information from positioning satellites that rotate around the Earth at its same speed.

## EXPERIMENT: THE ENERGY OF THE SUN

MATERIAL:
• A GLASS BOTTLE THAT IS EMPTY AND TRANSPARENT
• CORK
• COTTON THREAD
• SCREW
• MAGNIFYING GLASS

1 Tie the screw at one end of the thread and hang it from the neck of the bottle.

2 Put the cork in the bottle.

3 Place the bottle under the Sun and, using a magnifying glass, direct the Sun beams to a point on the thread.

After a while you will see how the thread burns and breaks. Notice how the magnifying glass concentrates the solar energy. This is why you should never look into the Sun through a magnifying glass because this would hurt your vision.

# WHAT DO YOU WANT TO BE WHEN YOU ARE OLDER:
## ASTRONAUT, COSMONAUT, OR TAIKONAUT?

If someone asks you this question you can answer any of the three words, as they all refer to the same profession. If you are European or from the United States you will say that you want to be an astronaut, if you are Russian, a cosmonaut, and if you are Chinese, a taikonaut.

# DROUGHT IN SPACE

There is no way of obtaining water in space, therefore the astronauts do not shower. They wash themselves with humidity towels and in the space stations they recycle the water from air and from urine.

## Valentina Tereshkova

in 1963, she became the first woman astronaut and broke the record of longest stay in space.

## If you want to grow, go to space

Because in space there is no gravity, the spinal column stretches, that's why the astronauts return taller, although afterwards they go back to their normal height.

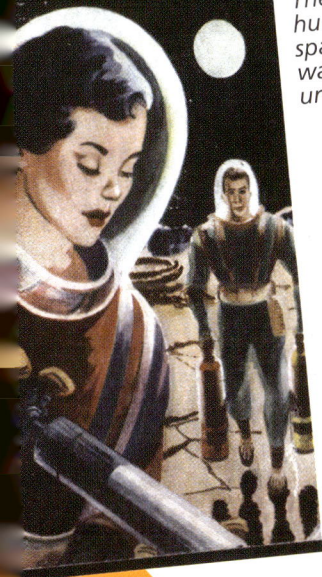

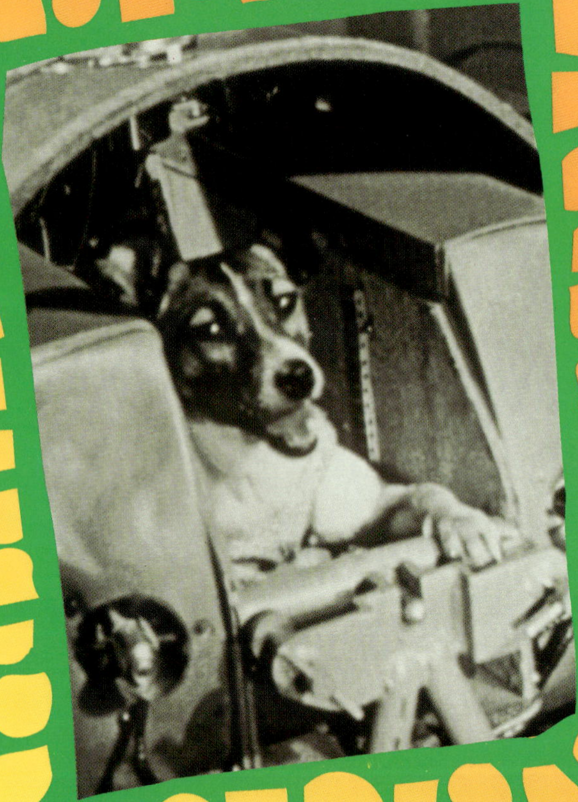

# IMAGINARY INTERVIEW WITH:

# Laika

## (? - 1957)

— Dear Laika, when wandering through the streets of Moscow did you ever imagine that you would be famous for being the first animal astronaut of history?

— *Woof! What a question! The truth is that I used to look up to the sky and hope that someone would give me something to eat. I never imagined that I would fly in Sputnik 2.*

— Did your life change when you entered the Soviet space program?

— *Woof! It changed completely, I ate everyday and various times, and in exchange I had to train very hard. They put me in a kind of ship, very very small, and I experienced vibrations, noise, and accelerations.*

— And how was the experience of orbital flight?

— *I will tell you in one word: Woofffffff! It was impressive. At first I was very scared, my heart beating a mile a minute. Afterwards I loved being without gravity, and I even looked down and I wanted to play with the blue ball that I saw, what you call Earth. But as travelling makes me hungry, I ate.*

— And to finish, what do you think about the circumstances of your death not being clarified until 2002?

— *You know, it was all politics, for those were the times of the Cold War. If my bosses communicated that I had died after 7 hours they would have lost points in the Space race. What's more, to admit that they could not grant my trip back to Earth would have given them a bad image of being cruel.*

| | |
|---|---|
| Median Distance from Sun | 35,319,000 miles / 57,900,000 km |
| Mass | .055 times that of the Earth |
| Diameter | 3,032 miles / 4,878 km |
| Length of Day | 58 Earth days |
| Length of Year | 88 Earth days |
| Surface Temperature Ranges | 950° F day and −346° F night |

A spaceship needs a speed of 2.6 miles per second to blast off from mercury's surface.

Gravity on the surface of Mercury is .39 times that of Earth.

Mercury has a very weak magnetic field.

It appears that there are vestiges of ice in the polar regions of the planet, but no one credits the possibility that it harbors any life.

## CHARACTERISTICS OF VENUS

| | |
|---|---|
| Median Distance from Sun | 65,880,000 miles / 108,000,000 km |
| Mass | 0.81 times that of the Earth |
| Diameter | 7,519 miles / 12,102 km |
| Length of Day | 243 Earth days |
| Length of Year | 225 Earth days |
| Surface Temperature | 866° F/480° C |

There are active volcanoes on Venus.

The clouds on Venus move at high speed, producing huge storms at that altitude.

*Winds on the surface of the planet are mild, and since there are no clouds, the tops of the mountains are easily visible.*

29

## CHARACTERISTICS OF MARS

| | |
|---|---|
| Median Distance from Sun | 139,000,000 miles / 228,000,000 km |
| Mass | .107 times that of the Earth |
| Diameter | 4,139 miles / 6,786 km |
| Length of Day | 24.5 hours |
| Length of Year | 1.88 Earth years |
| Surface Temperature Ranges | from 68° F / −220° F |

Gravity on the surface of Mars is .38 times that of Earth; the speed a rocket needs to reach to escape from its surface is 3 miles (5 km)/sec.

**Strong dust storms are responsible for surface erosion on Mars.**

The ice of the polar caps is made up of water and carbon dioxide; the latter is also the main component of the planet's thin atmosphere.

IT IS BELIEVED THAT MOST OF THE WATER THAT EXISTS ON MARS IS FROZEN IN THE SUBSOIL.

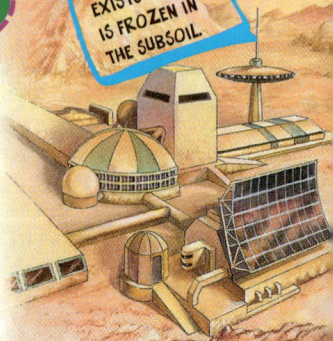

## CHARACTERISTICS OF JUPITER

| | |
|---|---|
| Median Distance from Sun | 474,580,000 miles / 778,000,000 km |
| Mass | 318 times that of the Earth |
| Diameter | 87,218 miles / 142,980 km |
| Length of Day | 10 hours |
| Length of Year | 11.9 Earth years |
| Surface Temperature | −166° F / −110° C |

Gravity on the surface of Jupiter is 2.34 times that of Earth.

Jupiter is the largest planet in our solar system. It is a gas giant and the third brightest object in the sky.

The rocky core inside the planet makes up just 4 percent of its total mass.

Jupiter gives off radio waves that can be detected with a home radio receiver on the frequency modulation band.

## CHARACTERISTICS OF SATURN

| | |
|---|---|
| Median Distance from Sun | 872,300,000 miles / 1,430,000,000 km |
| Mass | 95.2 times that of the Earth |
| Diameter | 73,529 miles / 120,540 km |
| Length of Day | 10.5 hours |
| Length of Year | 29.5 years |
| Surface Temperature | –240° F / –150° C |

The Moon of Saturn, Mimas, measures 239 miles (392 km) in diameter and has a tremendous crater 61 miles (100 km) in diameter.

It appears that Saturn's rings are matter from a satellite that never formed.

The space probe Voyager has proven that the rings are really a series of many thin rings that are superposed on top of one another.

Uranus is another of the giant planets, but given its distance from the Earth, it is scarcely visible with the naked eye. It has the same composition as the other gaseous planets, and it too rotates rapidly on its axis.

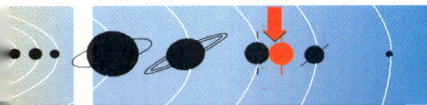

## CHARACTERISTICS OF URANUS

| | |
|---|---|
| Median Distance from Sun | 1,750,000 miles / 2,870,000,000 km |
| Mass | 14.6 times that of the Earth |
| Diameter | 31,182 miles / 51,118 km |
| Length of Day | 17.2 hours |
| Length of Year | 84 Earth years |
| Surface Temperature | –357°F / –216°C |

It also has several thin rings that are invisible through telescopes. It has 17 Moons (including five main ones) that have so far been discovered.

## SOLAR SYSTEM SYMBOLS...

 Venus

 Earth

 Uranus

 Mars

 Saturn

 Jupiter

 Mercury

 Neptune

Neptune is a blue gaseous planet that can be seen only with the aid of powerful binoculars. It has a very active atmosphere, as indicated by its spots and transverse bands. It is surrounded by a small ring and has eight Moons.

Nereida's diameter is 207 miles (340 km). It probably was a celestial body that was captured by the gravitational pull of Neptune.

| CHARACTERISTICS OF NEPTUNE | |
|---|---|
| Median Distance from Sun | 2,745,000,000 miles / 4,500,000,000 km |
| Mass | 17.23 times that of the Earth |
| Diameter | 30,212 miles / 49,528 km |
| Length of Day | 16 hours |
| Length of Year | 165 Earth years |
| Surface Temperature | –357° F / –216° C |

## DID YOU KNOW THAT...

Neptune's biggest Moon, Triton, measures 1,647 miles (2,700 km) in diameter and rotates in a direction opposite that of Neptune; as a result, its speed is gradually diminishing, and within a hundred million years it will fall into the planet and disappear.

Van Allen's Belts are areas that retain particles of solar wind due to the Earth's magnetic field.

From space, the polar aurora looks like a circle of light around the pole.

# POLAR AURORAS

This phenomenon is one of the most impressive ones caused by the arrival of charged particles in the Earth's atmosphere. However, the aurora can be observed only near the Polar Regions. The auroras take place when solar wind reaches the Earth's atmosphere and the electrons and protons emit beautifully coloured lights.

# A WONDERFUL SPECTACLE

For an observer on the ground, the polar auroras appear to be huge curtains of beautiful, coloured lights that move in the sky.

# CO-OPERATION FOR FINDING EXTRATERRESTRIALS

**T**here is a project to search for intelligent extraterrestrial life that, in order to analyse extraterrestrial radio signals, uses the computers of volunteers from all over the world.

*MESSAGE in a space bottle*

In the same way that we launch bottles into the sea with messages, various space missions take messages for the possible beings that live on other planets that they might find. These messages have images of Earth, music, greetings in various languages, human figures, star maps, the double helix of DNA, etc.

## Vacations to the Moon!

There are no flights offered to the Moon yet, but it is possible to travel to the International Space Station. But if you want to go, you need to undergo some medical tests and hard training, and also pay 20 million dollars.

THE NEUTRON
STARS WERE
DETECTED FOR THE
FIRST TIME BY
JOCELYN BELL.

# A SPACE TOURIST

*In April, 2001, an American multimillionaire, Dennis Tito, became the first space tourist.*

# A BASE ON THE MOON?

**The desire to colonize other heavenly bodies will probably begin with the Moon. The second planet to be colonized will probably be Mars, which offers similar conditions for constructing bases.**

# SHORTCUT THROUGH SPACE!

What if we could travel through time? Well, scientists are looking for a way through wormholes. If this can be achieved, perhaps the course of physics can be revised.

*Multiple space stations around the Earth, like the International Space Station (ISS), will be the first step in interplanetary travel; they will probably use the Moon as a launching site.*

## SPACE takes up a lot of SPACE!

Interstellar distances are so astronomical – it is difficult to measure its expanse. If the Voyager space probe travels at 37,000 miles per hours, it will take 80,000 years to reach Proxima Century our nearest star (4.2 light years away).

39

# E=mc²

E=energy
m=mass
c=speed of light

"IMAGINATION IS MORE IMPORTANT THAN KNOWLEDGE"

–ALBERT EINSTEIN

# IMAGINARY INTERVIEW WITH
# ALBERT EINSTEIN
## (1879-1955)

*—Mr. Einstein, why did the Times magazine call you the "person of the century"?*
— I imagine it was because my two theories were a revolution in classical physics: the special theory of relativity and the general theory of relativity.

**— But, there is something I don't understand. Why did they give you a Nobel Prize for your work about the photoelectric effect and not for those other theories?**
—Things of science; at that time many scientists did not accept my ideas and it also seemed that some of them didn't even understand them.

**— Do you know what your famous formula E=mc² was used for afterwards, besides appearing in all kinds of publicity?**
— This formula set the foundation for the formation of nuclear energy and also has helped in great advances in astronomy.

**— Are you a pacifist?**
— I know why you ask me that question. I was a pacifist during the First World War, but I admit I supported the Manhattan project for developing the first atomic bomb.

**— And what is so special about the general theory of relativity?**
— It changes Newton's conception of gravity. Thanks to this theory we could calculate the orbit of Mercury and also find out that the light of the stars is curved.

*Thank you very much and see you soon.*

# Big Bang!

These very powerful words are the name of the theory that explains the origins of the Universe. According to this theory, everything began with a great explosion and afterwards the Universe has been expanding until our time.

## EXPERIMENT:
### THE EXPANSION OF THE UNIVERSE OR THE Big Crunch

1. Inflate your balloon a little bit.
2. Paint several galaxies with different forms and spread them out evenly.
3. Now inflate your balloon little by little.

**Material:**
> A big balloon
> A permanent marker

**Notice** what happens with the galaxies of your balloon. Each time they separate more and in every direction. This is what would happen to the Universe according to the theory of the constant Expansion. But if you deflate the balloon at once, you will see what would happen according to the theory of the Big Crunch.

CLASSIFICATION OF THE GALAXIES:
- Elliptical and lenticular
- Spiral
- Spiral Barred
- Irregular

## SUBMARINES AND SCIENTIFIC REVOLUTIONS

**Did you know that...**

If the continents continue moving, it is calculated that within 300 million years a new supercontinent will be created.

**Drifting continents**

Alfred Wegener proved that the continents were united in the past and that afterwards drifted until reaching their current positions.

The development of military submarine technology allowed us to better understand the bottom of the ocean, to notice that it is expanding, and to confirm that the continents are separating, just as the theory of the Continental Drift predicted. From this developed the theory of the Tectonic Plates that revolutionised our understanding of the volcanoes, the earthquakes, the formation of the mountains, etc.

## THE PUZZLE OF THE CONTINENTS

If we cut the continents off of a map we will see how Africa and South America fit together perfectly.

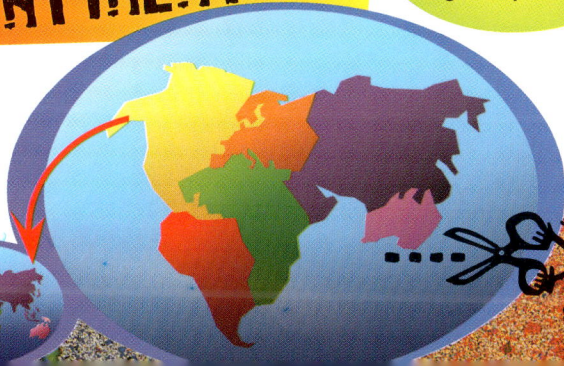

# Centre of the Universe?

There is no centre or edge of the Universe. We do not know whether the Universe is finite or infinite!

## Is the Earth Expanding?

Of course not, neither is the Milky Way. However, the distances between the clusters of galaxies are increasing. But, there is no limit to how fast the space can expand.

# THE GREAT EXPLOSION

### Did you know...

the Universe is 14 billion years old. Time was created in the Big Bang, before that, time did not exist.

## IS IT POSSIBLE...

Some theories suggest that our Universe is part of an infinity of Universes (Multiverses). This is possible but extremely difficult to prove.

From the instant of the initial explosion the temperature of the Universe has been decreasing; that is also true of the speed at which it is expanding.

# THE FIRST ATOMS...

Three hundred thousand years after the Big Bang, the Universe cooled off enough for the first atoms to be formed.

UNIVERSE CONTRACTION!

It is estimated that some eighty billion years will be needed from the instant of the Big Bang to the time when the Universe starts to contract.

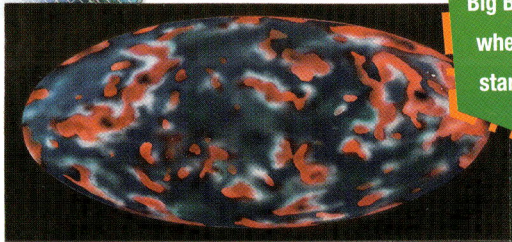

# AS REAL AS ACTUAL LIFE... OR NOT?

## Instantaneous interactions

In order for it to be virtual reality the interaction has to be instantaneous, in real time. It doesn't count if we touch something and it moves after three seconds. It must be immediate.

**Virtual reality (VR)** is the representation of things across mediums of information and electronics. It gives you a sensation of movement, touch, images and sounds that seem real and it even allows you to interact with what surrounds you.

## WHERE ARE WE GOING?

BY 2029, 99% OF THE WORLD'S COMPUTING CAPACITY WILL BE NON-HUMAN.

VR = HUMAN BRAIN SUPERCOMPUTERS!

20 quadrillion calculations per second!

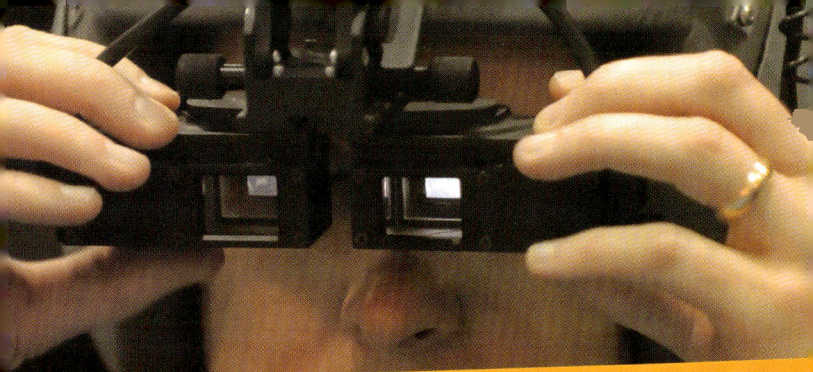

# VIRTUAL VACATIONS

Confusing a virtual environment with a real place still seems unlikely. But judging by the speed of research, maybe when you are older you could bathe in a virtual beach without getting wet and ski without snow.

## THE TOOLS

To perceive virtual reality we need a tool that provides a sensation: a helmet, a pair of gloves or even a mouse. In other words, we need an interface that makes us see, touch, hear or even makes us move.

## FOR PLAYING AND FOR LEARNING

Virtual reality can be used for playing or for visiting museums, but also it has many scientific and industrial uses, like testing the comfort of a car, learning to make a surgical operation or building a space satellite.

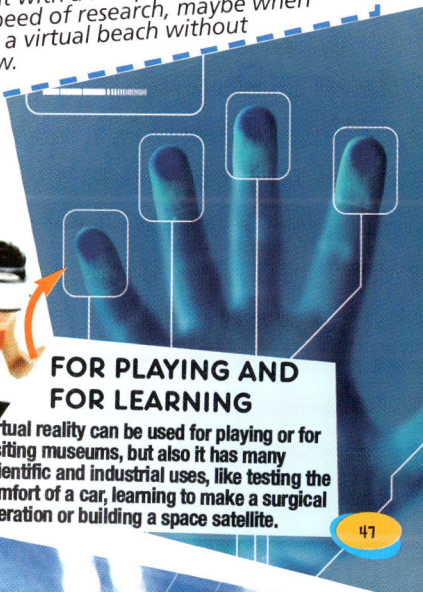

# THE TRIP OF

→ 19TH CENTURY - 21ST CENTURY

*The works of knowledge should be free,*
*there is no reason it shouldn't be like this.*

*Richard Stallman*

Information travels everywhere and in many ways: e-mail, the press, the radio, the television, the telephone, Internet and even through cells. Since the 19th century we have developed technologies of information that have increased the circulation of knowledge. The most recent is the Internet that also facilitates the development of collective knowledge.

## Send it to me by e-mail

One of the fastest ways for sending information is by Internet, using electronic mail commonly known as "e-mail".

http://w

## WWW...

*The web is an Internet service*
*that allows you to access and spread digital*
*information in the form of text, images and videos.*

## Everyone's together

Engineers, scientists, and fans of computer science collaborate on the development of free software that any person can use, modify, improve, copy, and spread for the benefit of humanity.

# INFORMATION

Home and office calculators are small computers that have a great capacity for performing calculations.

# FROM THE MARK I TO THE PC

The first computer, which was named the Mark I, needed millions of feet of wiring to function, and it was not programmable; in other words, it could perform only the function for which it was built. With the introduction of the transistor, the computers of the 1960s became faster and much smaller, and were the source of today's personal computers.

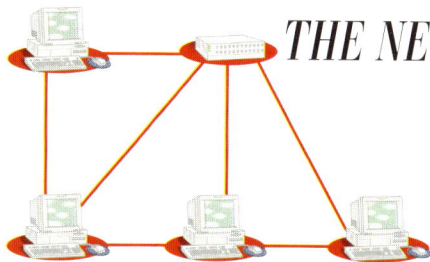

**Tree Network**

# THE NET OF NETWORKS

Personal computers can be linked together to form networks and share information. This method of working has been especially useful in medium-sized businesses in a period of growth.

**Bus Network**

## FULL THROTTLE AHEAD...

The Internet has developed only a part of its potential. when the financial, commercial, and technical problems inherent to anything so innovative are solved, it will be possible to realise the tremendous advantages that such a powerful medium for accessing information represents.

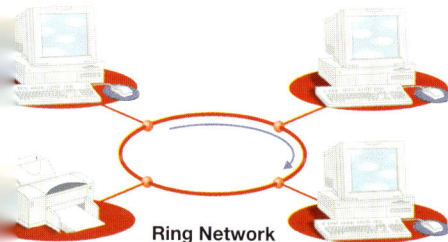

**Ring Network**

# DID YOU KNOW THAT...

*The network that served as the basis for developing the Internet was a military network known as ARPAnet: the American army wanted to use it to avoid interruptions to the communications between its units.*

51

# COMMUNICATIONS AND ELECTROMAGNETISM

The development of the theories about electromagnetism led to the invention of various gadgets for communicating in the distance like the telephone, the radio, or the television.

# 89.3 FM

*The great advances of the radio are based on the possibility of transmitting information at great distances without needing a cable. Instead, with a radio you need a system of emission and reception of electromagnetic waves.*

*The first emissions used the AM (amplitude modulation) until they invented the FM (frequency modulation), which improved the quality of sound.*

## Press

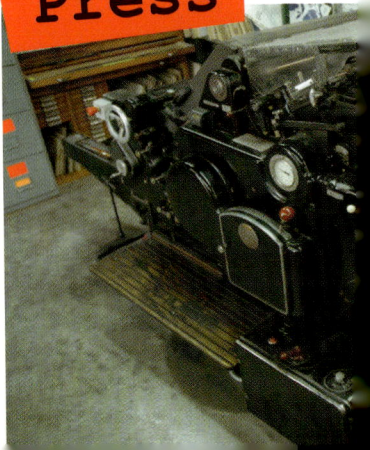

# TV

THE IMAGES AND THE SOUND REPRODUCED IN THE TELEVISION TRAVEL BY WAVES OR BY CABLE.

# THE CODE

The base of the telecommunications is the use of codes that transform sound and light, which are electromagnetic waves, in electrical signals.

Technical advances have improved the written press, such as the invention of the printing press, offset printing, or digital printing.

# PRINT...PRINT...PRINT...

In the printing technique invented by Gutenberg in the fifteenth century, words were formed by placing the letters one by one in guides, and when the page was complete it was coated with ink and pressed onto paper; the operation was repeated as often as necessary to produce the desired copies. As early as 1480, printing press had spread in Germany, Spain, Italy, France, England and Poland.

yellow     magenta     cyan     black

four-color

## *FOUR COLOURS - CMYK!*

today, in colour printing four different plates are printed separately and used for black, yellow, cyan, and magenta. the mixing of these colours in different proportions produces all other colors.

## DID YOU KNOW THAT...

One of the most commonly used printing processes is offset, in which the ink that coats the metal plate is transferred to a sheet of rubber rolled onto a cylinder, which in turn transfers it to the paper.

## GOING DIGITAL

In modern printing systems, the entire process is guided by computer. The printer receives a compact disc that contains both the text and the digitised images. A computer interprets the information and transfers it to the machines that prepare all the printing elements based on the instructions received.

# MOVING IMAGES

This phenomenon, which has been known for a very long time, was applied during the nineteenth century to devices with such complex names as phenaskistiscope, praxinoscope, and fantascope, the most familiar example of which is the zootrope. This consisted of a series of illustrations placed on a cylinder that spun quickly and caused them to pass in front of a slot through which the observer watched, making the images appear to move.

# Telephone experiment

## MATERIAL:

- two PLASTIC CUPS OR two CANS. YOU CAN RECYCLE YOGURT CONTAINERS OR FOOD CANS.
- THIN COTTON OR WOOL STRING, ABOUT 6 METRES LONG.
- two WOOD STICKS (YOU CAN USE MATCHES)

**1** Make a hole with a screw on the base of the cup or can. Ask an adult for help.

**2** Put one end of the string inside the hole of the cup, and tie one stick with two knots inside so the string doesn't come out. Do the same with the other cup.

Now look for a friend whom you want to speak with through your phone. Pull the string and ask your friend to put the cup close to his or her ear. Even if you talk softly through the cup your friend will hear you. Now ask him or her to tell you something so that you can hear. This is possible because the sound is transmitted by the string.

## SMILE PLEASE!!

People have been fascinated by the production of images ever since prehistoric times, as demonstrated by the cave paintings found in various parts of the world; however, the artistic and small-scale methods used made them available to only a few people. Camera was such an equipment to capture moments and preserve them for life.

## DID YOU KNOW THAT...

*Electronics arose as a division of electricity when Edison accidentally discovered that an electrical current flows from a hot filament. This was later identified as coming from free electrons when in the presence of another current charged with positive electricity.*

# RECORDING AND REPRODUCING

*The recording system for compact discs or CDs uses a laser to produce microscopic perforations on the disc's surface film. In the players, a low-intensity laser beam of is reflected off the surface of the disc, and the changes produced in it by the perforations are "read" by light-sensitive diodes.*

# FLICKERING THAT ANNOYS!!

When we see a scene of a movie or a television program on a television set, we see clearly that the image is flickering. In order to make this effect invisible, television stations broadcast twice as many images per second as necessary to produce the sensation of movement.

59

# CAPTURING MOTION

*Photography, movies, and television quickly became indispensable features of modern society. Special effects made it possible to create spectacular and unreal scenes, that were only imagined before!*

# MAKE A KALEIDOSCOPE

## MATERIAL:

- 2 LONG, NARROW MIRRORS
- A CARD
- CELLOTAPE
- PAPER
- OIL
- COLOURED MARBLE PAPER
- A TORCH

**1**

**2**

# PROCEDURE

1. Tape the mirrors together along the long side.

2. Now tape between them a piece of card, the same size as the mirrors, so that you get a triangular shape.

3. Cover one end with a piece of paper and tape it. Smear the paper with a little oil and let it dry.

4. Now cut tiny pieces of the coloured sheets of paper and put them in the tube.

5. Make a small hole in another piece of paper. Cover the top of the tube with it and tape it as shown. Your kaleidoscope is ready.

6. Shine a torch through the oiled side of the paper, and look through the hole. Notice the colour patterns.

# LET'S CREATE A RAINBOW

**MATERIAL:**
- a glass
- water
- a large piece of paper

## PROCEDURE

1. Choose a window from which sunlight is entering the room.

2. Place the glass on the window sill. Fill the glass to the brim with water. See that light falls on the water.

3. Place the white paper on the floor and receive the light refracted from the water. Can you see the rainbow colours? Which colour forms the outer-most band?

## MATERIAL:

- cards
- a compass
- a pencil
- a paint box and a brush
- glue
- toothpicks

# PROCEDURE

Draw and cut out circles of a card. Divide the circles into 4 sections and colour the sections red and green alternately.

Push a toothpick through the centre of the circle and fix it with glue.

Spin the wheel. What colour do you see?

Similarly make wheels with blue and red, blue and green and blue, red and green. Spin to see the effect.

Now make a wheel with the colours of the spectrum. You can leave out indigo. Dividing a circle into 12 sections is easier. Spin the wheel and see what happens.

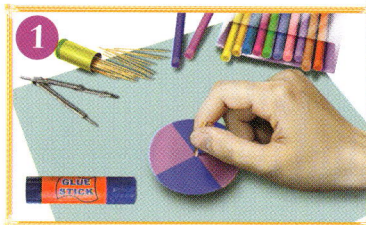

63

# CHANGE THE CHIP

If your console, your watch, or your computer don't work, maybe you have to change a chip. The integrated circuits commonly called chips are small plates of silicon that contain thousands or millions of transistors.

## LOOKING FOR CHIPS

If you have any electrical device at home that is not working, ask the help of an adult to take it apart and look with a magnifying glass to see if it has a chip. Afterwards observe the transistors and the other components of the chip.

# SILICON VALLEY

It is a term which refers to the Southern part of Northern California, USA. It is home to many of the world's largest technology corporations, hence the name.

## TRANSISTOR

It is the base of electronics and it is made with semiconductor materials and is used to control the electric current.

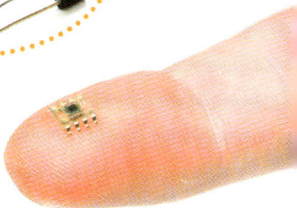

COMPUTE AND ORGANISE

The first transistors were made of Germanium (Ge), but after we realised it was better to use Silicon (Si) because it withstands higher temperatures.

The computers are machines that receive and process data that they transform into audiovisual information. They are able to calculate and organise the information and execute instructions very quickly.

# METAL BEINGS...

*Although television and movies have conditioned us to think of robots as mechanical beings that appear human, any machine that can perform a task automatically without the direct intervention of a human can be considered a robot.*

Robots can carry out tasks in surroundings that are dangerous for people (as in nuclear power plants) or that require sterile air (as in the pharmaceuticals industry).

## ROBOT INVASION?

*Such phrases have inspired many movies and movels. But, experts say that it is only a matter of time when robots will think for themselves. It is like marrying a vacuum cleaner and them letting it nag you every day.*

# SPACE ROBOTS

One of the most impressive tasks that robots carry out is loading and unloading NASA's space shuttles. This involves the use of a huge articulated arm that can move items weighing several tonnes with total precision. This arm is remarkable not only for its strength, but also for the delicacy with which it manipulates precision instruments that cost many millions of dollars.

# AN "ALMOST INTELLIGENT" DOG

In the last few years of the twentieth century, the Japanese company Sony developed a small robot that looked like a dog. It was named AIBO.

AIBO introduction of automatic machines and robots seems to represent a loss of employment for humans; however, as time passes, the machines create more satisfying and higher-paying jobs.

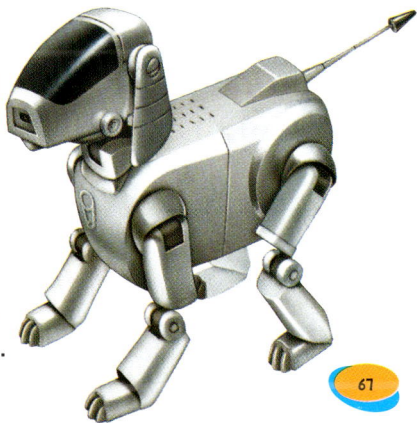

# DANGER!!!
## The lady of radioactivity

**Marie Curie** won two Nobel prizes for her work on radioactivity. She discovered that radioactivity is a property of certain atoms that originates in their nucleus.

Radioactive wastes are usually stored for a peroid of time until it no longer poses a hazard.

CHERNOBYL,
EXXON VALDEZ,
PRESTIGE,
THE GULF WAR...

These names represent nuclear accidents, oil spills in the sea, wars... They are environmental and social disasters related with energy from recent history.

# ALTERNATIVES TO THE ENERGY CRISIS

The possibility of running out of resources in the future and the environmental and social problems that have come from the over consumption of energy have led to energy saving measures, such as recycling and the use of renewable energies.

## Did you know that...

**30% OF ENERGY IS WASTED IN BUILDINGS OR USED INEFFICIENTLY.**

## PHYSICS OF THE SMALL

Quantum mechanics has sparked a revolution in physics and the development of nanotechnology. The nanotubes, for example, have infinite uses from electronics to medicine.

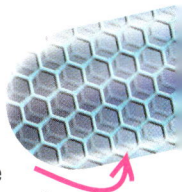

Don't think that you'll be able to see a nanotube with a magnifying glass. They are so small that we need very powerful microscopes.

**THE CONSUMPTION OF ENERGY TODAY IS 115 TIMES GREATER THAN DURING PRE-HISTORY.**

# THE SPIRAL STAIR

The book of life doesn't have the form of a book, instead it is like a string that revolves around itself creating a spiral. This is where all the information about life is written, not using ink but with chemical material.

# CASE OF A SNAIL

If we pulled the DNA strings of all the cells in our body forming a straight line they would measure

## 17 million miles!

## The contest OF THE CENTURY

There are parts of the HUMAN GENOME that no one knows the meaning of, but when we understand it to perfection, we will reconstruct the incredible trip of our evolution and cure many illnesses.

*In 2003, the contest of the human genome was over. The winners were the first group of scientists that deciphered all the genetic material of humans.*

*It took them 13 years!*

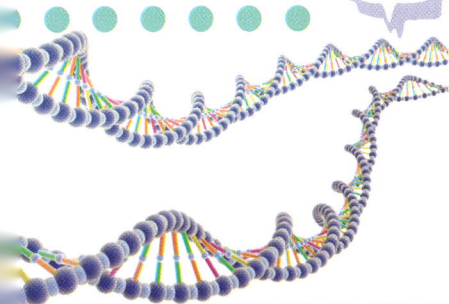

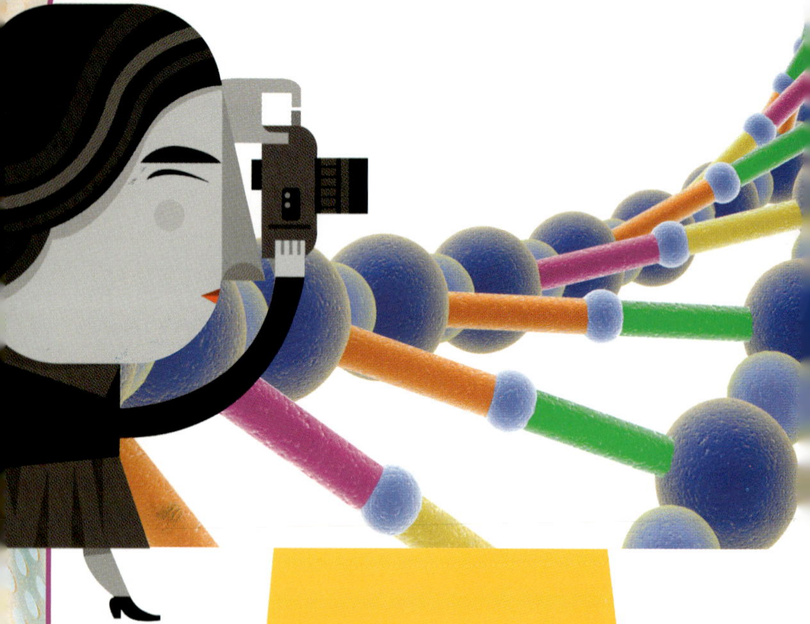

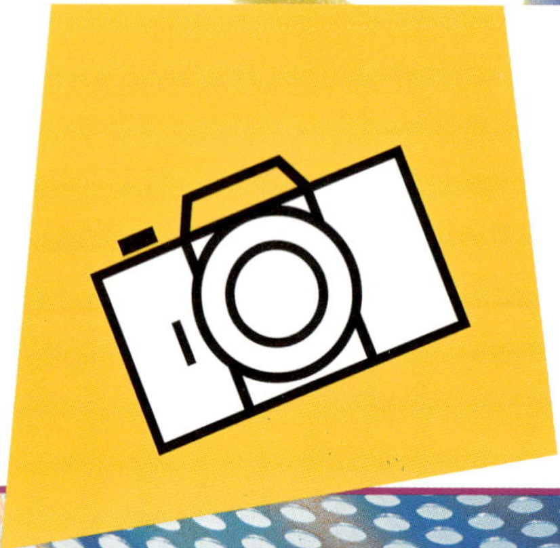

# Imaginary interview with... ROSALIND FRANKLIN:

— **Dear Doctor Rosalind, is it true that without your experiments the structure of DNA would never have been discovered?**

— *Frankly I don't know anyone that can take better photos of DNA than me with the technique of diffracting X-rays. And it is obvious that my pictures were the ones to reveal the mystery of their shape.*

— **How did you feel when you realised that someone had stolen the results of your experiments?**

— *It bothered me tremendously that my boss, Wilkins, excluded me from his research. I would have loved to share my results with the doctors Watson and Crick. But we never got along well, so I wasn't surprised at all.*

— **Do you think that you deserved the Nobel prize for your work with DNA, together with your colleagues Watson, Crick, and Wilkins?**

— *Yes, of course. But at that time women scientists were undervalued. Nevertheless, I am very proud for having worked on what I wanted to do and having obtained such good results.*

# BIOTECHNOLOGY

Today, we know the book of life of several organisms and many techniques for manipulating it. We can trim down a chapter of a fish's book and paste it onto a plant's book. This way the plant will learn to do something new, something that until now only the fish was able to do.

## THE FAMOUS SHEEP DOLLY

Dolly was famous for being the first animal without a mom and dad. She was conceived in a laboratory as an exact copy of her mother.

# CROSS GENETIC CONTAMINATION

*The information about the characters of cross genetic organisms has an incredible capacity to expand. Therefore there is a danger that using them diminishes biodiversity.*

## STRUGGLING AGAINST EPIDEMIC AND PLAGUES

THE STRUGGLE AGAINST SICKNESS HAS BEEN A CHALLENGE FOR ALL TIMES. KNOWING NATURE HELPS US TO LOOK FOR WAYS OF CURING THEM.

# AGROECOLOGY,
## BIOLOGICAL CONTROL OF THE PLAGUES

*T*he plagues are communities of insects that take over farmers' fields and devour them entirely. To fight them we have developed some very ingenious strategies.

### *AGAINST the plagues of your house*

If you have a plant at home has been attacked by fleas, can save it. Get as many lady as you can in a box and spre them on the plant. They will the fleas. Use a magnifyin, glass to look at the fleas and lady bugs!

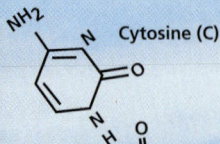

Fleas

Lady bug

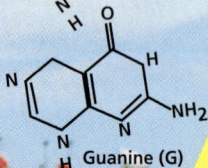

NH$_2$
Cytosine (C)

Guanine (G)

# SCENTED TRAPS

We can stop the insects from reproducing by playing with their pheromones, which are odour substances that many animals produc to attract and find a partner.

# Chemical insecticides

**I**nsects are able to adapt to living with insecticides and to make themselves resistant to it. That's why some insecticides stop working after a while and new ones have to be created. Also, they frequently kill lots of other species that are not plagues.

Thymine (T)

$H_2N$

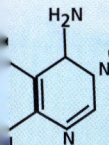

Adenine (A)

**DNA:**
Deoxyribonucleic Acid

**RNA:**
Ribonucleic Acid

# YUMMY!

*Cheeses, which are now made on an industrial scale, are one product of biotechnology.*

*Recombinant DNA is the result of introducing or removing parts of the original DNA chain.*

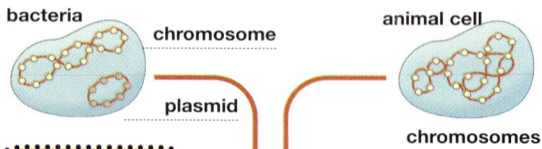

bacteria

chromosome

plasmid

animal cell

chromosomes

**THE PROCESS OF GENETIC ENGINEERING**

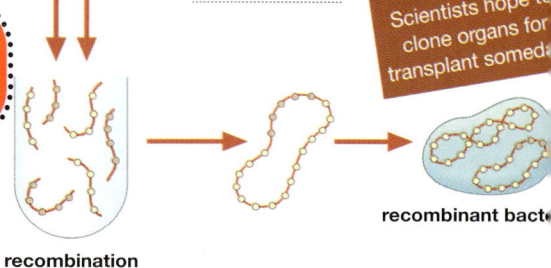

recombination

recombinant bact

## CLONES ARE NOT EXACT COPIES!

Clones are basically the genetic identical twins. The individual clones have their own characteristics and traits.

### HUMAN CLONING!

At the end of 2001, an American laboratory succeeded in cloning human embryos for the purpose of obtaining tissues for medical purposes.

Corn is one crop with which a fairly large number of transgenic varieties have been developed.

# INFORMATION IN THE BRAIN

**T**he cells that quickly transmit information in the brain are called neurons and they do it by electric impulses.

NEURON

The scientist **Ramón y Cajal** identified neurons for the first time and was able to explain the functioning of the nervous system. For this discovery he won the first Nobel prize for Medicine.

## Without pain

When a dentist began to use ether in order to extract his own tooth he started the use of anaesthesia that made a great advance for surgery. This medical progress has been very important for being able to make organ transplants that have saved many lives.

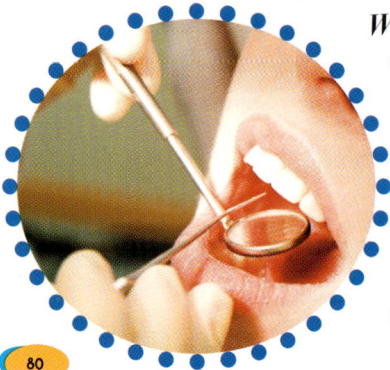

# SCIENTIFIC
# Medicine

During the 19th century medicine applied scientific knowledge and methods to the art of curing, therefore giving it a scientific character. The knowledge about physics and chemistry and the advances in research on cells was fundamental for this great leap forward.

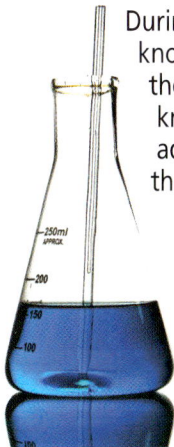

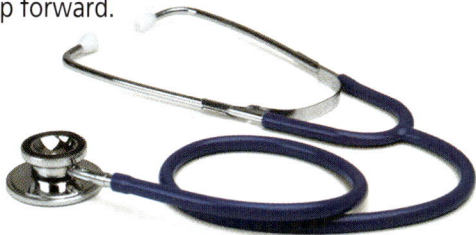

## STETHESCOPE EXPERIMENT

**MATERIAL:**
TWO FUNNELS AND A PLASTIC OR RUBBER TUBE

1. Attach a funnel in every end of the tube.
2. Put one funnel onto your chest or a friend's chest..

Do you hear the heart beats? And the respiration? You can also listen to the sound of your digestion if you put the funnel on your tummy. What you're doing is auscultating, like the doctors do. Almost always when we go to the doctor they auscultate us with the stethoscope. This instrument has been used in medicine since the beginning of the 19th century.

81

# TRIPS OF INDUSTRIAL GOODS

chooo! chooo! chooo!

## 18th century – 20th century

The steam engine revolutionised the way we lived and many people began to work in mechanised factories. We received food that arrived in trains and travelled in boats that did not depend on wind. Other inventions, like electricity or the airplane, have allowed us to travel beneath the ground or to fly.

# From the hands to the engines

Before we invented the steam engine the transportation of goods and people was done with carts pulled by horses or with sail boats, but with this new invention it was possible to travel quicker and farther

Do you know why we used to draw trains with smoke?

The train in the image is similar to the first locomotives. They had smoke coming from a chimney because the steam engine was making the trains move.

83

# MACHINE TOOLS

*The term machine is used to designate any instrument, whether simple or complex, that is capable of performing one or more actions. Tools have been use for millennia to ease the lives of human beings and have freed them from laborious duties.*

## HOW DO MACHINE TOOLS WORK?

In any machine tool, in addition to the motor, there are three different types of components that can be identified: a receiver, a transmission mechanism that commends the movement, and a tool or operator.

## DOMESTIC APPLIANCES

There are very affordable domestic versions of some of these tools that function with a small electric motor.

### Did you know that...

*Modern looms turn out fabric at high speed and with great precision.*

# A SAWMILL

In a sawmill large logs are cut using rip saws, radial saws and longitudinal saws. Earlier, people harvested timber and used to cut them by hands. What a painstaking process?

## WOOD: A MATERIAL WITH MANY VARIETIES...

The machines used in working with wood vary greatly in order to assemble or join pieces together, shaping gluing, etc.; and finally, smoothing and polishing tools are used in the finishing process.

## ON THE FARM

In developed countries it is rare to see farmers working with hand tools or with the help of animals; it is more common to see them driving a tractor, using rakes, mechanical plows, harvester or planters.

# METAL AGAINST METAL!

Machinery for metalworking can be divided into three classes: machines that produce shavings or chips, that change the shape of the metal, and that physically transform metal.

## ARE MACHINES THE ULTIMATE?

No matter how precise and automated a machine may be, there is always a person who controls how it works.

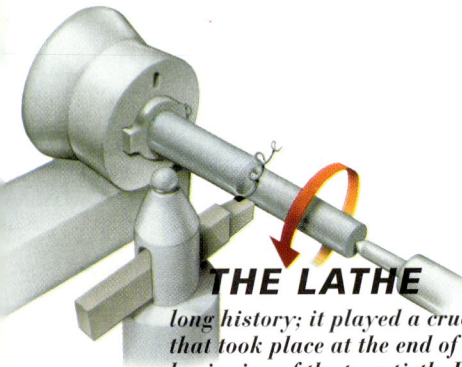

## THE LATHE

*The lathe is a machine with a long history; it played a crucial role in the industrialisation that took place at the end of the nineteenth century and the beginning of the twentieth. In order to understand its importance, you need only to consider that before it was invented, nuts and bolts were made by hand.*

# SMART MACHINES

*Little by little, machines have been turning into true robots that perform their tasks automatically, and people become involved only in programming their operation, overseeing their correct functioning, and performing certain repairs.*

## TIME TO ASSEMBLE...

A significant amount of industrial work is done by linking operations in assembly lines comprising a series of assembly line machines that automatically work on parts that move along them.

**It's true!**

*Robots perform their duties precisely and tirelessly; they are perfect for working in areas that present dangers to humans.*

# An engine that works *with water*

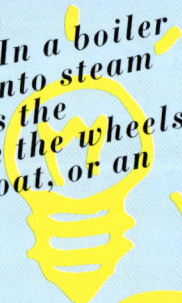

In the steam engine the heat is transformed into movement. In a boiler the hot water is transformed into steam and the pressure of this makes the mechanism activate and move the wheels of the train, the blades of a boat, or an industrial engine.

# FROM COAL ▶ ▶ ▶ TO OIL

## COAL ← REMAINS OF PLANTS

It was the main source of fuel until oil substituted it. We knew many sources, the extraction was cheap, and its use was simple, even for heating houses and for cooking.

REMAINS OF LIVING THINGS

## OIL

Nowadays, it is the principal source of energy that we use for industry, automobiles, the production of electricity, and the production of plastics.

The combustion of oil and of coal causes the emission of $CO_2$, a gas that increases the greenhouse gas effect and the global warming of the planet.

Oil has been the cause of economic crisis and wars.

# A VALUABLE RAW MATERIAL

Since petroleum derivatives are used so extensively, as fuel it is easy to overlook their use as raw materials in producing important products as plastics and synthetic rubber. And that is not the end of the uses for petroleum; it is also used in many other processes in the organic chemical industry, as in the production of synthetic fibres and the pharmaceuticals industry.

## NATURAL GAS

Natural gas is a fossil fuel that was formed much like petroleum. In the natural state it is a mixture of gases, primarily methane, but it also includes undesirable products that must be removed before distributing it.

# HYDROCARBONS

*Natural gas are sources of raw materials including methane, which is used in manufacturing varied and important products as nitrogen fertilizers, lamp black, ammonia, and anaesthetics.*

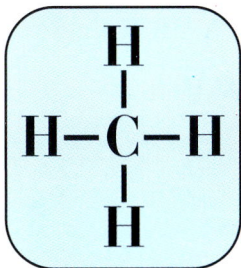

$$H-\underset{\underset{H}{|}}{\overset{\overset{H}{|}}{C}}-H$$

# FINITE OR INFINITE?

Oil consumption is highest in USA. The biggest oil producer is Saudi Arabia, followed by Russia.

Even though new deposits have been discovered in recent years and old ones are being exploited more efficiently, fossil fuels are a finite resource.

# THE EXPERIMENT
# COMBUSTION

**Material:**
- A deep dish
- A pitcher of water
- A candle
- A box of matches
- A narrow glass that is bigger than the candle

Before doing this experiment, ask for the help of an adult.

**1.** Place the dish on the table and fill it with water to the top without spilling.

**2.** Put the candle in the dish, inside the water, so that it stands up.

**3.** Light the candle and observe how the combustion process takes place: light and heat are given off.

**4.** Cover the candle with the glass and observe what happens.

You will see the flame goes out little by little and the water level rises in the glass.

Why does this occur?

Combustion is a chemical reaction that needs a combustible substance that in this case is the wax of a candle, and the presence of oxygen. Covering the candle with the cup consumes all the oxygen, for this reason the candle goes out and the water level rises to take the space once occupied by the oxygen.

# AN ENORMOUS GREENHOUSE

Greenhouses are a type of house constructed with glass where plants grow. The glass lets the heat of the sun pass, maintaining a constant temperature and retaining the humidity. The Earth is a gigantic greenhouse where the gases of the atmosphere would be comparable to the glass of a greenhouse.

## ALERT!!

Greenhouse gases contribute to GLOBAL WARMING! The average temperature of the Earth has increased by 3°C since the last 0 years. Climates are changing, glaciers are melting, diseases are spreading and biodiversity is being lost.

# Bicycles
## TO SUIT
## ALL TASTES

*A*t first there were different types of bicycles, some faster, others more comfortable, but none was better than another, they simply had different people using them such as mailmen, women or sportsmen.

## DID YOU KNOW THAT...

▶ The smallest bicycle ever created had wheels made from silver coins.
▶ Half of all parts of a typical bicycle are in the chain!
▶ There are roughly 1 billion bicycles in the world today.

94

# Legs that
# LIGHT UP

When you pedal during the night you can illuminate your path with a dynamo, a small gadget that goes on the wheel of the bicycle. This is formed by magnets and threads and, thanks to a phenomenon called "electromagnetic induction", it transforms the mechanical energy of your legs into electric energy and makes it function as a headlight.

## Crossing Atlantic...

The first to fly over the Atlantic was Charles Lindbergh and first woman to was Amelia Earhart.

# Who FLEW first?

The Wright brothers

In the race for obtaining the title of the first flight we have the Wright brothers in the United States and the French-Brazilian, Santos Dumont. Although the Wright brothers managed to fly first, they needed a machine to launch the airplane, whereas Santos Dumont managed to fly without the help of any other machine.

95

# Imaginary interview with…
# Leonardo da Vinci
## (1452–1519)

*Architect*

*Musician*

*Engineer*

*Scientist*

*Inventor*

*Sculptor*

*Designer*

*Mathematician*

*Botanist*

**GENIUS**

96

— Dear Leonardo, it is an honour to interview - the "master of the arts". To begin I would like to know what do you do exactly.

— *Thank you very much for calling me this, I never imagined that my works were worth so much. I love many aspects of science, technology, sculpture, architecture, and music. Ah... and also drawing and painting. You know the painting of Mona Lisa? Well I painted it...it took me four years more or less to make it, but I still think it's pretty.*

— My goodness! Leonardo, you do many things. It is said that besides being very wise, you are also a great inventor. Have you invented some means of transportation?

— *Observing and studying the birds I wondered if human beings could fly too. I tried to create some types of flying machines, but my dream of flying was not realised. To move more quickly, this time on the ground, I thought about a machine with two wheels that I could sit on...I believe today you call it a bicycle.*

— What is your true passion? Art or science?

— *My goodness, I never separate the two things. Science has art and art has science. It's a pity that scientists today are not more artistic.*

# FOUR-CYCLE ENGINES

During the infancy of the automobile, many types of motors were tried in vehicles with three and four wheels.

One internal combustion engine built by the German technician Nikolaus Otto in 1876 became the model on which the future gasoline motors would be based.

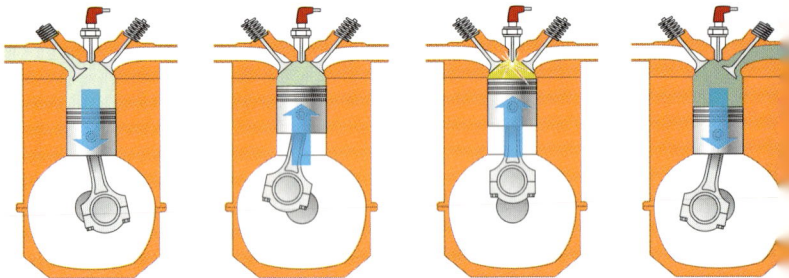

# THE FIRST MOTORS

The first fuel used for an internal combustion engine was gunpowder, but that was quickly abandoned in favour of other fuels such as vapour of turpentine and hydrogen.

# DIESEL

*Diesel motors revolutionised heavy transport of humans and goods starting in the twentieth century, and they facilitated the introduction of new and powerful locomotives.*

## ADVANTAGES OF DIESEL

*Because of the way it burns the fuel, the diesel motor is more economical and less polluting than other internal combustion engines. Improvements in the injection system and in construction materials have made diesel motors almost as light as gasoline engines, and they can now compete with them in power and acceleration.*

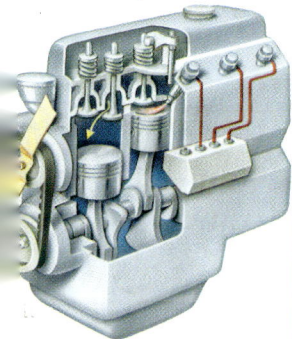

## NEW AGE MOTORS

Designers of new motors will have to be more conscious of energy efficiency and pollution reduction.

# TRAFFIC SIGNAL

## PROCEDURE

1. Make a 3-way switch with the 4 board pins and the paper clip, as shown, at the base of the wooden board.

2. Fix the torch bulbs as shown. Paint them red, orange and green so that they look like traffic lights.

3. Wire them to the battery through the 3-way switch. The bulbs are connected in parallel. So they can be switched on separately.

4. Connect the switch alternately to the three board pins to operate the traffic signal.

## Material

- 3 torch bulbs and sockets
- a 9-volt battery
- 2 battery clips
- an L-shaped wooden board
- 4 board pins
- a paper clip
- same insulated wire
- red, green and orange colo paints

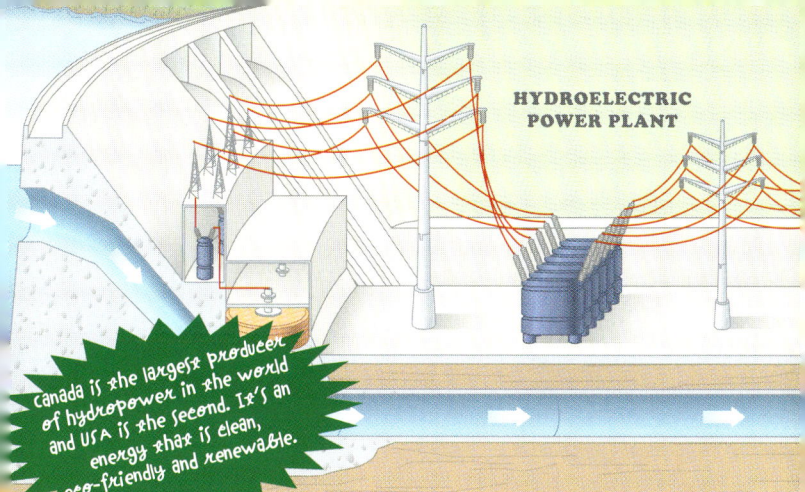

HYDROELECTRIC
POWER PLANT

Canada is the largest producer of hydropower in the world and USA is the second. It's an energy that is clean, eco-friendly and renewable.

# SAVE THE MONEY!

*Once people solved the problem of the type of current to produce, one of the cheapest ways to produce it was to take advantage of running water to power the generators in order to take better advantage of the power of the differences in water level. Hydraulic turbines were designed for the conditions of each reservoir.*

# TO MAKE A WATER WHEEL

## PROCEDURE

1. Cut four plastic or wooden fins.
2. Make four slits in the sides of the cork, and one hole through the middle of the cork.
3. Push the fins into the slits in the cork.
4. Make a hole at the bottom of the plastic bottle.
5. Push the knitting needle through the cork with the fins into the bottle and out through the hole at the bottom.
6. Now push the point of the knitting needle into the other cork. The needle should be able to turn round inside the cork.
7. Hold the bottle and put your water wheel under a tap and watch it turn round.
8. Tie a long thread with a matchbox on the other end to the second cork. As the water wheel turns, it will lift up the matchbox.

## Material

- an empty plastic bottle
- two corks
- small pieces of plastic or wood
- a knitting needle
- a pair of scissors
- thread
- an empty matchbox

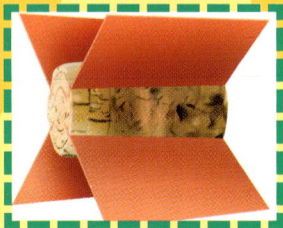

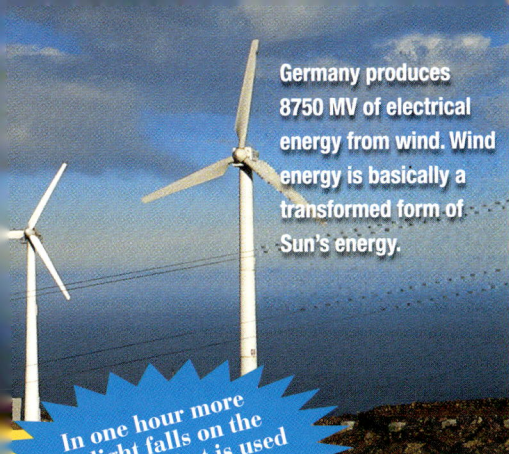

Germany produces 8750 MV of electrical energy from wind. Wind energy is basically a transformed form of Sun's energy.

# THE MIGHTY WIND

Wind-generated electricity is produced very cleanly and without consuming non renewable resources; however, in some cases people criticise the location of the wind farms in areas of ecological or scenic interest.

In one hour more sunlight falls on the Earth than what is used by the entire population in one year.

# THE BLAZING SUN...

The Sun gives off five million tonnes of its mass as radiation, and even though just one ten-millionth of that energy reaches the Earth, today it is a promising source of energy - the solar energy.

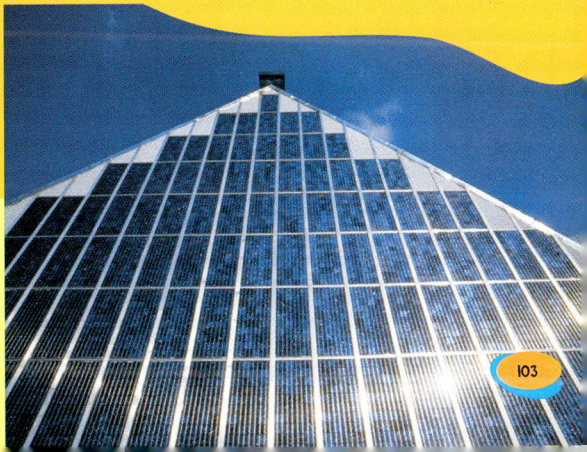

# READY FOR TAKEOFF

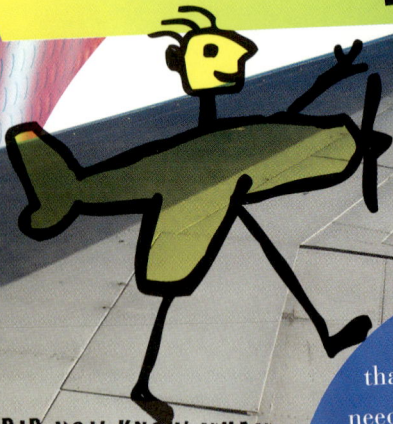

## DID YOU KNOW THAT...

Commercial airlines prohibit to carry mercury thermometers because mercury reacts with aluminium, and can badly damage the plane.

In order for a plane that weighs so much to fly, it needs tremendous force through the air. The secret is the form of the wings and the velocity. After the push that the turbines give to the plane the wind passes through the wings and, thanks to their formation, the air pushes the plane upwards.

# EXPERIMENT

## OF THE PAPER AIRPLANE:

As our paper airplane is light, it does not need a wing like a real plane nor a turbine to accelerate it. Your force is like the turbine of a real plane.

1 Put a mark in the middle of the longest part of the paper, folding and unfolding it. Now fold the two tips of the top part as indicated in the drawing.

2 Fold the sheet down, but not in the middle, so that the tip does not arrive to the base of the sheet.

3 Fold the top corners until the marked line from part 1, as indicated in the figure.

4 Fold the triangle upwards that appears below the fold of the marking from step 3.

5 Fold in the middle, on the line marked in part 1.

6 Now fold the wings as shown in the drawing.

7 Launch your paper airplane and observe it!

Currently there are several projects underway to reintroduce the dirigible as which is an aluminium cigar shape zeppelin that was a success in 1900, as a way of carrying cargo, especially over moderate distances, because they don't need much room to land.

# DOGGED BY TRAGEDY

The dirigible balloon or the zeppelin, as it was also known in honour of its inventor, showed for almost 30 years that it could be used not only for short and moderate flights, but also for ocean crossings, with the added advantage that it did not need specially prepared areas for takeoff and landing. It was successful as a means of transporting people and goods until a series of accidents capped by a major tragedy caused them to be outlawed.

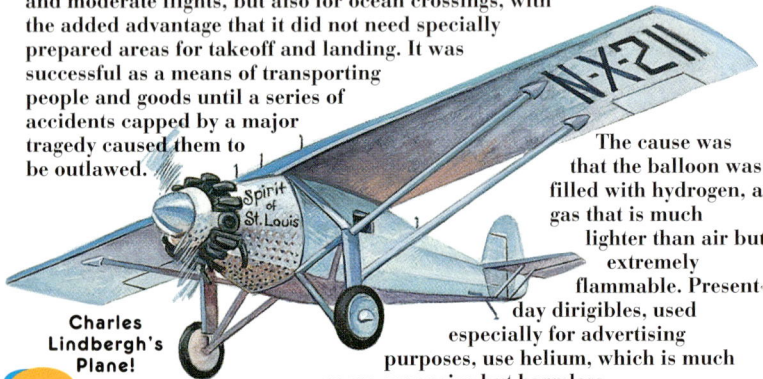

The cause was that the balloon was filled with hydrogen, a gas that is much lighter than air but extremely flammable. Present-day dirigibles, used especially for advertising purposes, use helium, which is much more expensive but harmless.

Charles Lindbergh's Plane!

# To Make a Whirl-fan

## PROCEDURE

1. Cut teeth in the circumference of the tin disk.

2. Bend the teeth a little for better effects (see picture).

3. Bend the knitting needle with the pliers and push in the cork to make a handle.

4. Pivot the toothed wheel on the free end of the needle.

5. Now hold it above a candle flame and see how the wheel revolves.

## MATERIAL:

- a thin circular tin disk like those used in tinned food packs
- a pair of scissors or cutters
- a knitting needle
- pliers
- a cork
- a candle
- a matchbox

1

2

# FIRE
# FOR FLYING

THE HOT-AIR BALLOONS AS WELL AS BLIMPS, MANAGE TO KEEP IN THE AIR DUE TO THE ARCHIMEDES PRINCIPLE.

The warmer the air the lighter it is. That's why the hot-air balloons manage to go up, because the heat of the fire warms up the air in the balloon and it becomes less heavy.

# ELECTRIC TRANSPORTATION

The first trolleys worked with steam engines, but later a system of high cables allowed them to function with electricity.

## Did you know that...

As the cities kept growing, the people, the cars, and the buses did not have enough room on the streets. One of the solutions was to build trains under the ground, called metros or subways.

# AN ELEVATOR
## FOR BOATS

How can you make a low level river navigable? You can utilise a type of elevator called a lock. The boat enters, the floodgate closes to fill the lock with water, and when it is at the same level as the other side of the lock, the second floodgate opens and the boat can continue sailing.

# MODERN TRANSPORTATION

## RAILROADS

*Electric trains are the most ecologically sound and economical modern means of transportation.*

*The invention of the railroad modified the countryside and the customs of millions of people throughout the world.*

Railway tracks expand in summer and contract in winter. Therefore, small gaps are left in between tracks to allow movement.

# Model of a railway signal

## PROCEDURE

1. Draw this frog shape on the cardboard.

2. Cut it out. Make a slot in the belly.

3. Loop the rubber band around the frog's belly.

4. Twist the loop twice with the hairpin, or till tight.

5. Cut out a very small piece of sellotape. Stick one part underneath the frog's hind legs. Stick the hairpin to the other part of the tape.

6. The band will try to untwist and pull the hairpin. This will make the frog jump.

## MATERIAL:

- an empty barrel of a ball point pen
- a nail
- insulated wire
- a 9-volt battery
- sellotape
- an ON-OFF switch
- a cardboard box
- a 6-inch wooden scale
- coloured paper
- thread

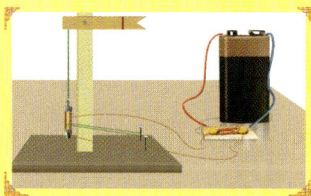

# WITHOUT FORCE
# NOTHING
# CHANGES

## NEWTON'S FIRST LAW:

When you shoot an arrow with an arc, why does it continue moving forward? Isaac Newton answered: "Any object that is moving in a straight line remains like this forever, unless 'something' stops it. And every object that is stopped will continue to be without movement unless 'something' makes it move."

# Feeling the force

*"The force required to move or to stop anything depends on its mass and on how fast you want it to move."*

*To understand better the relationship between force and mass you can push a cart full of suitcases and afterwards push it empty. Have you noticed any difference? To move or to stop the full cart that has more mass, more force is necessary than with the one that is empty and that has less mass.*

## NEWTON'S THIRD LAW:

**"The mutual forces of action and reaction between two bodies are equal, opposite and collinear."**

113

# A stubborn coin

## PROCEDURE

1. Place the postcard on top of the glass.

2. Put the coin in the centre of the card.

3. Now flick the card away with a quick hit. What happens to the coin? The stubborn coin refuses to leave its position of rest and drops into the glass.

## Material

- a glass
- a postcard
- a coin

Try a similar experiment: Pull a tablecloth off a table very quickly leaving all the dishes in place. MAGIC!!

The greater the inertia of an object, the harder it is to move!

**1**

**2**

**3**

# Bouncing and

**A**lways when you apply a force to something, this thing applies a force back onto you.

But this does not mean that if you hit the ground it will hit you back. If for example you are playing soccer and the following happens:

- HIT THE BALL
  The ball will go in the direction of the wall or goal.

- THE BALL BOUNCES ON THE WALL
  The wall "hits" the ball, and that is why it bounces back to you.

## FORCE = MASS X ACCELERATION

### Did you know that...

On Earth objects don't really remian in motion, because friction slows them down and gravity pulls them toward the ground.

## WHY DOES THE MARBLE STOP?

According to Newton's first law, if you push a marble it should move in a straight line until someone or something stops it. But there is a force that always acts when something is rubbed called the force of friction.

If we look with a magnifying glass, we can see that there are very big irregularities like the sand on the ground.

### FORCE OF GRAVITY!

It depends on the masses of the objects and the distance between the centres of the objects.

Imaginary interview with...

# Isaac NEWTON
## (1643 – 1727)

— Hello, Sir Isaac Newton, I feel much honoured to interview the "father of classical mechanics". Why do they call you this?

—*Because with my laws of motion I have contributed enormously to this area of physics..*

— Sir Newton, do you like apples?

— *What a strange question! But I know why you ask me this. It is because of the story they tell about how I started to study universal gravity, that force that attracts us to the ground and that does not let us fly away. They say that I was under an apple tree and that when an apple fell on my head I wondered why things fall.*

— Is it true?

—*Well...the truth is that I was taking a nap and I don't remember very well. But what is important in the story is that I was a great observer of nature and that, because of these observations, I asked myself various questions that I was able to answer. Excuse me but I have to go. It's almost time for tea and some friends baked me an apple pie that I don't want to get cool.*

—Enjoy your tea and thank you very much.

## ACTION AND REACTION UNDER YOUR FEET

TAKE SOME STEPS PAYING ATTENTION TO YOUR FEET. TO WALK, YOU STEP DOWN AND PUSH THE GROUND BACKWARDS. THEN THE GROUND PUSHES YOU FORWARD. IT'S THANKS TO ACTION AND REACTION THAT WE MANAGE TO WALK!

# THE SCIENTIFIC EXPEDITIONS

WITHOUT DOUBT, THERE IS NO PROGRESS (DARWIN)

Snails, beetles, shells, butterflies, leaves, fossils... The naturalists passed the day collecting elements of nature. They travelled through the entire world to add to their collections and to know the species of the whole planet.

# You need order

To be able to study so many collections the naturalists needed to organise them, to give names to species and to look for a way to classify them. This is how taxonomy emerged, the science that classifies species.

...e interest in ...scribing nature was ...pecially in fashion ...mong the European ...pper classes of the ...7th and 19th century.

**Did you know that...**

USING A MAGNIFYING GLASS, LOOK FOR FOUR DIFFERENCES AND TWO SIMILARITIES BETWEEN THE BEETLES 1, 2, AND 3

1

2

3

# Naturalists, fish, and deserts

HUMBOLDT CURRENT >>>

**O**n the coast of Peru passes a cold ocean current rich in plankton that has created deserts and important schools of fish. It's called the Humboldt Current in honour of the naturalist who discovered it.

# The Beagle

was a boat whose objective was to travel the world to improve maps. The trip lasted five years, and they discovered incredible places!

# An intrude
## into the expedition of the Beagle

*Charles Darwin convinced the expedition of the Beagle to let him join the expedition, and he didn't lose any time and took advantage of it. He returned with boxes full of reptiles, fish and colourful birds.*

As there was not even a free bed in the Beagle, Charles had to sleep during the trip in a hammock hanging in the stern!

123

# Revealing the secret of the evolution of the species.

When putting his collections in order, Darwin discovered that they contained a secret that would revolutionise the world:

The species have kept changing with time and those that we know now are products of **evolution.**

## Butterflies adapting to factories

# SURVIVAL OF THE FITTEST!

*In the birch forests of England lived many white butterflies that, when camouflaged among the trees, prevented the birds from eating them. When the trunks went dark because of the smoke of the factories, the butterflies that were born black survived and, with time, the white ones disappeared.*

# Food Chains

Plants

↓

Insects

↓

Fish

↓

Big Fish →

↓

Eagle

↓

Bacteria

**Humans**

# CHARLES DARWIN:

The characteristics that help us survive stay and the ones that are harmful or do not provide any advantage for survival are eliminated.

This means that there is a "natural selection" of the individuals that are better adapted to their environment.

# THE HISTORY OF

From the time of the emergence of life on our planet, some 3.5 to 3.6 billion years — or perhaps even more — have passed. Evolution has been going on since that moment, and it has resulted in increasingly complex organisms.

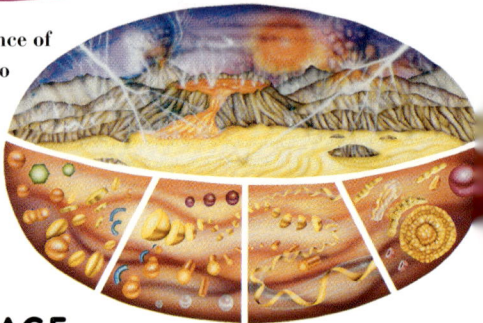

## THE ARCHEAN AGE

This is the oldest epoch, since it began some 3.6 billion years ago. It seems that there was great volcanic activity, huge storms, and very severe erosion of exposed land. This is the time when the first organisms appeared.

## THE PROTEROZOIC AGE

*This age began around 1.6 billion years ago. The formation of the most ancient glaciers took place during this time. The sea became populated with worms, jellyfish, and sponges, along with various types of aquatic plants.*

# LIFE ON OUR PLANET

## THE PALEOZOIC ERA

This era began some 600 million years ago. At the beginning it was warm; afterward, however, the dryness increased, and new glaciers were formed, followed by **reptiles**, and, toward the end, the first **dinosaurs appeared**.

## THE MESOZOIC ERA

This era began around 230 million years ago. This is the era in which the first **birds** and **mammals** appeared, and it was the highest point in the existence of the dinosaurs, which became extinct at the end of the Mesozoic era.

## THE CENOZOIC ERA

The Cenozoic era began around 65 million years ago, and it included several periods of **glaciation**. The continents were taking on their present shape.

127

Samurai crabs are called Heikegani in Japan...

# Saved by their face?

The number of samurai crabs has increased because nobody eats them. There is a legend that says the Japanese warriors who died in a battle became crabs.

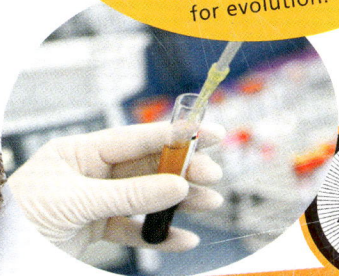

# Why the theory of natural selection was a revolution?

It contradicted the beliefs of that period. Then it was said that the Earth had suffered great changes caused by catastrophes, in which God destroyed the world to create another new one, every time more perfect.

# CO-OPERATION, THE MOTOR OF EVOLUTION

*Natural selection is not the only process of evolution: the union between two or more species has also given rise to new species.*

## Guide and digger

In the association between a fish and a blind prawn, the prawn excavates a lair where they will both be able to live. In exchange, the fish guides the prawn in the search of food.

# THE COWS

he cows and the rest of
uminants can digest the
rass thanks to
housands of
acteria that
ve in their
igestive system.

## THE
TOOTHPICK
BIRD!

he tiny blackbird
lover eats the
orsels INSIDE the
frican crocodile's
outh!

special bond or
hat?

## Gigantic worms:
### Are they imaginary or real?

*The gigantic tube
worms measure about
10 feet long and do not
have eyes, mouth, or
anus. They manage to
survive in the dark depths
of the ocean thanks to
their union with bacteria.*

## TWO-WAY SYSTEM!

The clownfish feeds on those that can
be harmful to sea anemone, and fecal
matter fertilises the anemone. The
stinging tentacles of sea anemones
protect clownfishes and their eggs
from predators.

# The first form of life

If life can only come from living matter, how did the first living creature appear? It is believed that about 4,000 million years ago, when there was not even a fly on Earth, there was only inert matter that evolved and gave rise to the first living creature that was similar to a bacterium.

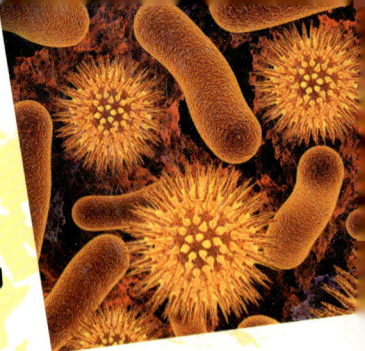

# At the bottom of the sea

We believe that life could have started at the bottom of the oceans, where there are chimneys of the hot volcanic waters that come out.

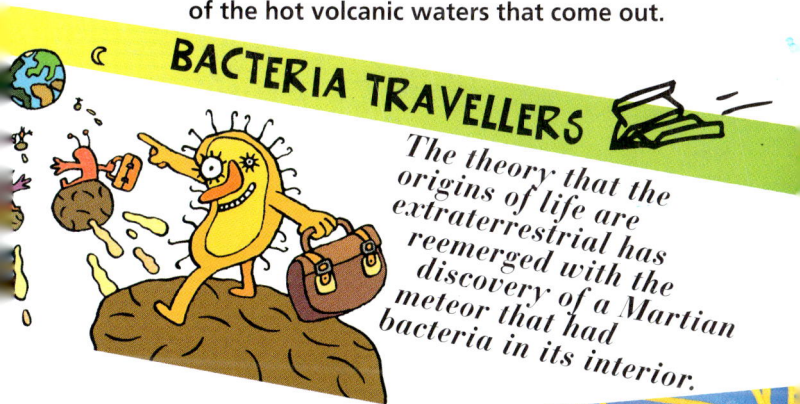

## BACTERIA TRAVELLERS

The theory that the origins of life are extraterrestrial has reemerged with the discovery of a Martian meteor that had bacteria in its interior.

# EXPERIMENT:

**Things are not always what they seem. But... where does life come from?**

3-4 days later

**Material:**
- *Two empty bottles*
- *A piece of gauze*
- *Two bits of fresh meat*

**1** Put a piece of meat in each of the bottles.

**2** Cover one of the bottles with the gauze. It is important that it remains very well closed.

**3** Leave them some days in a place where you can find flies (near a window, the balcony, the yard...).

**4** Observe the bottles after 3-4 days.

YOU WILL SEE THAT IN THE MEAT OF THE OPEN BOTTLE WORMS HAVE APPEARED SPONTANEOUSLY. WHERE DID THE WORMS COME FROM? FROM THE EGGS THAT THE FLIES LEAVE ON THE MEAT, AFTER WAITING A LITTLE, YOU WILL SEE HOW THE LARVAE WILL TURN INTO FLIES. IN THE CLOSED BOTTLE LARVAE DO NOT APPEAR, BECAUSE THE FLIES HAVE NOT BEEN ABLE TO LEAVE THEIR EGGS.

# THE QUEENS OF EARTH

The bacteria were the first inhabitants of the Earth and they lived here alone for more than 2,000 million years.

The bacteria evolved to form beings that were much more complex, such as plants, fungi, animals etc.

# EMBRYOS OF DIFFERENT ANIMALS

| shark | salamander | lizard | chicken | pig | rabbit | human |
|---|---|---|---|---|---|---|

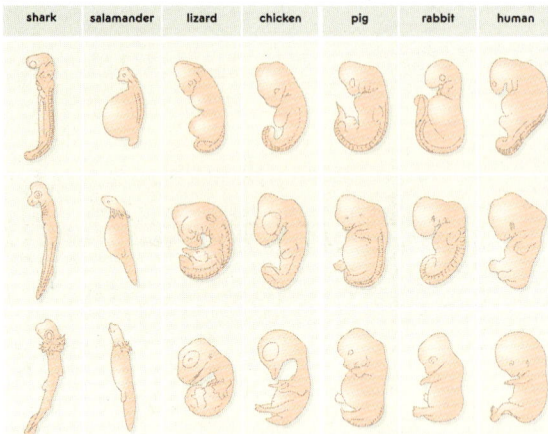

## FROM ZYGOTE TO ADULT

*With multicelled animals that reproduce sexuall the starting point the **zygote**, which results from the union of a **spermatozoid** and an **ovule**. From that moment on, the organism begins to develop, first by duplicating that initial cell and then dividing, in succession, the resulting cells until a multicelled mass of undefined shape is created. As growth continues, it resembles more and more the final adult form.*

## DID YOU KNOW THAT...

*Growth rings in a tree appear in the trunk every year. Dendrochrondogy or tree-ring dating is the scientific method to determine the age of a tree*

# STEMS THAT CLIMB

Whenever you see a bean plant or a honeysuckle, imagine how the stem attaches to the pole or other support. These creeping stems are called twiners or climbers. Other stalks climb by means of clinging roots, such as climbing ivy, of tendrils, such as vines, or of thorns, as with blackberry bushes.

## DID YOU KNOW THAT...

Potatoes are swollen underground sections of stalk and the stem of an onion is in the shape of a bulb.

# WHY DO WE LOOK LIKE OUR PARENTS?

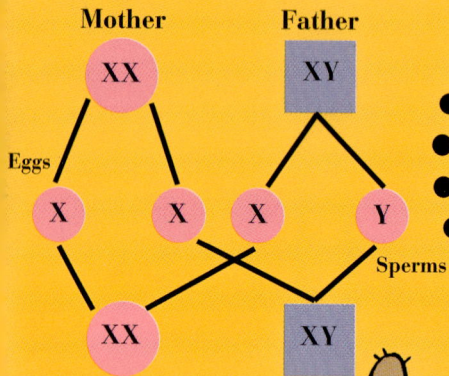

**Mother**
XX

**Father**
XY

**Eggs**
X    X    X    Y

**Sperms**

XX    XY

Among parents, children, brothers, and sisters we always find resemblance and differences. The similar traits are those that we have inherited from our parents, and the different ones, are those that generate diversity.

## The most observed peas

Mendel was a friar who passed all his free time growing and observing peas. He wanted to discover how the traits of parents to children were transmitted. He figured it out and described the rules of inheritance.

# Mice with dominant characters

A female brown mouse is bred with a white male mouse. If brown colour is the dominant trait, all the children would then be brown even if they had the information of the father's white hair.

# Exploring the interior of our cells

Ours bodies are formed by a mass of different cells that have very different functions. They all have an instruction manual that tells them what it is that they have to do, and this is called DNA.

## WHAT'S THAT?

*In the nucleus of each cell, the DNA molecule is packaged into thread-like structures called chromosomes. They come in pairs; our body has 23 pairs = 46 chromosomes.*

# Experiment:
## Do the seeds know how to orient themselves in space?

1. Let some beans soak all night.
2. Roll several paper napkins up and put them in each of the jars.
3. Name the jars: jar A and jar B.
4. Put a bean in every jar, between the paper and the wall, without going to the bottom.
5. Put some water to moisten the napkins. Leave it in a warm place.
6. After two days a small root comes out.
7. After two more days, the root continues down and the plant starts to sprout.
8. When the roots are about one inch long, cover up the jar B, close it well and turn it around.
9. Three or four days afterwards observe your plants well.

## MATERIAL:

- TWO BIG JARS OF GLASS, ONE WITH A COVER
- TWO PITCHERS OF WATER
- A BOWL WITH WATER
- PAPER NAPKINS
- DRY BEANS

You will observe that the plant of the jar A will have turned into a sprout with leaves. In jar B the plant will have turned around alone, and you will see that the roots and sprouts have changed directions. You can see how the seeds are oriented in space thanks to the effect of gravity.

# CHARACTERISTICS

The **genotype** is the genetic make-up of an individual based on one or more characteristics, for example, the genes that determine eye color.

Mendel founded the science of genetics by discovering the laws of heredity.

The word *heredity* comes from the Latin word *haerentia*, which means *things that are linked together* or *belonging*; the word *genetics* comes from the Greek *genesis*, which means *origin* or *creation*.

## DID YOU KNOW THAT...

In order for **protein synthesis** to take place, the DNA produces a messenger whose job it is to deliver the orders. The messenger is the **RNA-m** (messenger RNA); it is an elongated macromolecule that carries copies of the information from the DNA.

# THE SUPERIOR

Gregor Mendel (1822—1884) was the grandson of a gardener, and his parents worked on a small farm; hence his interest in plants. After his studies, he entered an Augustine monastery in 1834, where he spent decades studying hybridization, especially with his famous peas. When he was appointed superior in 1864, he had to give up his experiments, which fell into oblivion until "rediscovered" by the Englishman Correns.

## MENDEL'S FIRST LAW

When two pure strains that differ in only one characteristic are combined, all their descendants are the same.

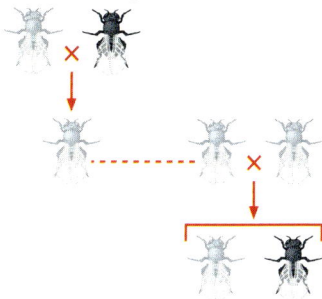

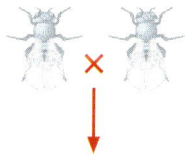

## MENDEL'S SECOND LAW

*When two hybrid individuals are crossed (generation 2, which is the product of generation 1) the descendants exhibit the phenotypes of the first generation in a fixed proportion.*

## MENDEL'S THIRD LAW

deals with the matter of dominance, where one has dominant genes and other has recessive genes.

143

# Imaginary interview with Charles Lyell:

**—Mr. Lyell, since you study the history of Earth, do you think that Earth has changed with time?**
*-Absolutely, I think that the Earth has kept on transforming with the years but very slowly.*

**—Then, are you against the science of catastrophism?**
*—Clearly, I can't make head or tail of those ideas!*
*They say that the great changes in Earth have been caused by great catastrophes, in which God destroyed the world to create it again, every time more perfect.*

**— Do you know that Charles Darwin adores you and says that your book 'Principles of Geology' has made him change his way of looking at the world?**
*—I suppose that what he liked about my book is the idea about actualism, which says that the natural processes that acted in the past are the same ones that act now, so if we understand the current natural phenomena, we will be able to reconstruct the history of Earth.*

The sailor Rodrigo de Triana is known in history for the famous phrase that he said when he saw mainland from the Pinta ship.

# LAND, AHOY!!!
# THE TRIPS TO THE NEW WORLD

15TH CENTURY - 16TH CENTUR

# STARTING ANEW!

With the trips to America we learned about new plants for medicine and for food. We also processed gold, silver and minerals of the new continent, but with the conquests most of the books that recorded the story and the knowledge of the pre-Hispanic civilisations were lost.

Christopher Columbus' father was a weaver and he wanted his son to become one too. But Columbus wanted to sail. So, he became a sailor at the age of 10.

# A stone in the path

Columbus wanted to arrive to Asia crossing Atlantic, but in the middle of the path he found an obstacle: America. They thought that they had arrived to Asia and called the conquered lands "The Indies", later they saw that it was an unknown continent in the West and they called it "The New World".

Aztecs

Mayans

Atlantic Ocean

Pacific Ocean

Incas

# Visions of another WORLD

The trips to America revolutionised the vision of the world. At last it was proved that the Earth was round, for until then it had only been a hypothesis.

The simplest way of representing the round Earth was with a globe. The first of history is from Nuremburg and was constructed in 1492.

# MAPS, BOATS, AND COMMERCE

## LEWIS AND CLARK

An expedition began to explore Asia under Meriwether Lewis and William Clark, commissioned by President Jefferson of United States in 1804 - one of their goals were to study the flora and founa and discovering methods to exploit it economically.

As the commercial routes for Asia were monopolised, the Portuguese and the Spanish looked for alternative routings through the ocean, which improved maps of the world.

The trips to America were possible thanks to the advances in cartography and in navigation.

# FROM PORT TO PORT

## DID YOU KNOW THAT...

The oldest surviving maps are from Mesopotamia made on clay tablets and those from ancient Mediterranean cultures made on mosaic tiles.

The portolan charts are the predecessors of modern maps. They were used for navigation, that's why only the coastlines were detailed and black lines crossed the charts joining the ports of arrival and departure.

# America and Américo

**A**merica is called so because a cartographer wrote in a map this name to refer to the New World. The name is in honour of Américo Vespucio, who said that Columbus had arrived to a new continent and not to Asia.

21st October 1492
- Columbus and shipmate spot land.

4th January 1493
- He returned to Spain.

25th September 1493
- He went on a second voyage.

30th May 1498
- He sets forth on a third voyage

9th May 1502
- He went on his last voyage.

## ATLAS...

The first modern atlas had 70 maps. It was called the Theatre of the World and in it the New World already appeared, in the 16th century.

# ALIGNMENT OF THE SUN, OF THE POLAR STAR, AND OF THE SOUTHERN CROSS

JACOB'S STAFF

These celestial points were guides for ocean navigation. Thanks to a series of rules for the observation of the stars and of the Sun, the sailors managed to know their latitude, determine local time, etc. One of the instruments was called the Astrolabe.

Determining the geographical length was more complex than the latitude, but one of the forms of measurement was the observation of the *Eclipses of the Moon.*

# MEASURING THE LATITUDE

Another instruments that the sailors used to measure their latitude was Jacob's Staff. With it they calculated the height of the polar star and determined latitude.

3m

NL 94
E 182

II

# EXPERIMENT:

Material: Lupa

## WHAT ARE YOUR COORDINATES?

THE UNIVERSAL TRANSVERSE MERCATOR COORDINATE SYSTEM (UTM) IS DIFFERENT THAN THE TRADITIONAL SYTEM WITH LENGTH AND LATITUDE, AND IS EXPRESSED IN FEET. ITS ORIGINS ARE IN THE PROJECTION OF MERCATOR IN THE 16TH CENTURY.

10
11
12
13
14
15
16  17

The UTM employs a series of 60 zones for map projection.

**1.** Locate in the map the country in which you live.

**2.** If it is above the Equator it will be in the Northern latitude and, if it is below, it is in the Southern latitude. Use the **magnifying glass or lupa** to look at the value of the nearest horizontal line, which is called a parallel. Like this you will obtain the value in degrees of latitude. For example, 20° parallel to the South.

**3.** Look for the value of the meridian with the **magnifying glass**, which is the nearest vertical line. If it is to the right of the 0° Meridian that passes through Greenwich (London) it will be to the East and if it is to the left, it will be to the West.

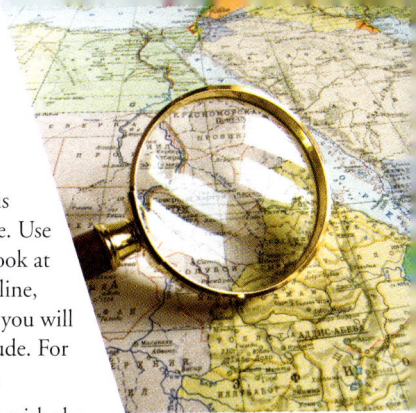

## Now you can play by giving coordinates to any point in the world!

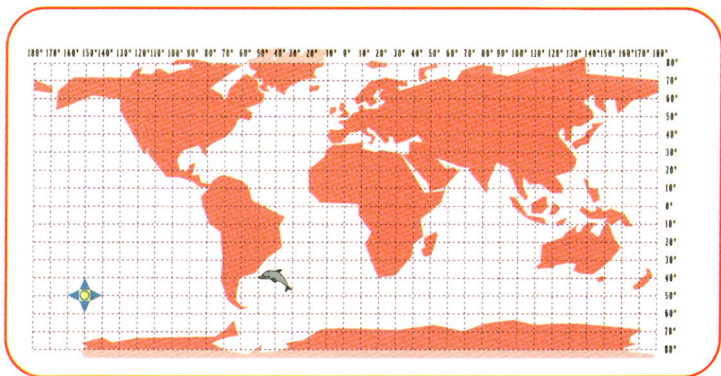

# MAYAN NUMBERS

The Mayan civilisation was one of the first in discovering the number zero. The symbol that they used had the form of a conch shell.

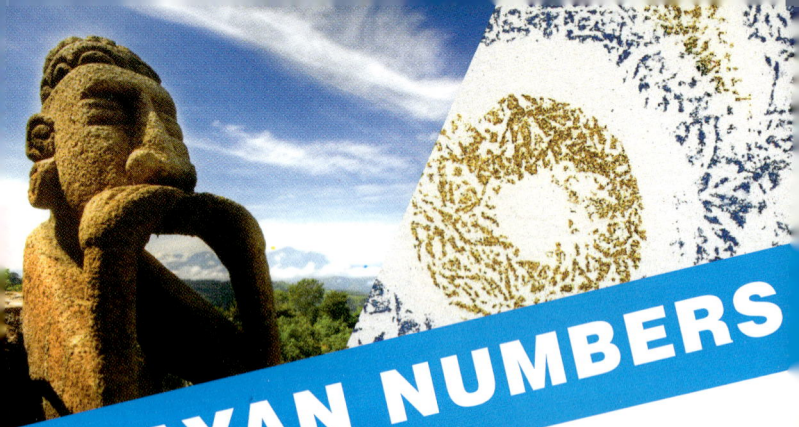

| 0 | 1 | 2 | 3 | 4 |
|---|---|---|---|---|
| 5 | 6 | 7 | 8 | 9 |
| 10 | 11 | 12 | 13 | 1. |
| 15 | 16 | 17 | 18 | 1 |

Many pre-Hispanic civilisations counted with a numbering system of base 20, while at present we use a system of base 10. To say the number 41 they said "one in the third group".

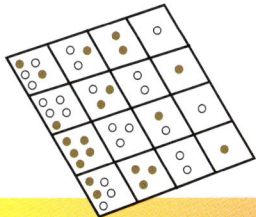

# THE INCAN ABACUS

To count and calculate, the Incas used a sort of abacus called **yupana**, made of stone or mud and with several boxes where stones or grains of corn were placed.

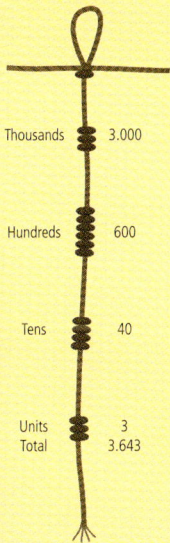

| | |
|---|---|
| Thousands | 3.000 |
| Hundreds | 600 |
| Tens | 40 |
| Units | 3 |
| Total | 3.643 |

HE QUIPO IS A ROPE WITH KNOTS THAT HE INCAS USED TO COUNT WITH

# THE MOUNTAIN THAT SMOKES

**Popocatepetl** is a volcano situated in Mexico that in pre-Hispanic times was worshipped and considered as a God. At present they call it Don Goyo and people perform rites asking for rain for the crops and protection from hail.

Mt. Popocatepetl was the origin of a mudflow that buried the mammoth bones 10,000 years ago. The site was discovered in 1996.

The Spanish climbed the volcano in order to get sulphur to make gunpowder.

# EXPLOSIVE VOLCANOES

**T**here are more explosive volcanoes and other calmer ones. The first release gases, spewing lava and pieces of rock with a lot of force, whereas the calmest expel only oozing lava. The explosive volcanoes are usually near the limits of the tectonic plates.

# Engineers

*The Incas placed great importance on communication and to agriculture. They built important paths, systems of irrigation, and terraces to be able to farm in the mountainous areas.*

Cocoa was so valuable that it was used as a currency to buy and sell.

# BITTER CHOCOLATE

The Mayans and the Mexicans made a drink with cocoa called xocolatl that is totally different to the chocolate that we eat for our afternoon snack. Back then, besides being bitter, it was spicy. Kings, noblemen and soldiers drank it and the doctors recommended it as a stimulant and painkiller.

# THE PRE-HISPANIC AMERICAN SOCCER CUP

*It seems that the game of the ball that they played in the pre-Colombian America is the predecessor of our current soccer. People played with a ball of rubber in a field shaped like an "I". It was a ritual game related with their vision of the origin of the Universe.*

## AS MANY SUNS AS WORLDS

According to the Aztecs, four 'Suns' had been created in four previous ages and all died at the end of each era. The fifth Sun was called 'Tonatiuh' and the present era is still his.

Huitzilopochtli, meaning, 'Blue Hummingbird on the left, was the Aztec Sun God.

# CROPS OF **AMERICA**

The corn, the potato, the red pepper and vanilla were cultivated and improved genetically by the peasants of the pre-Hispanic civilisations for centuries before the crop started growing in Europe.

POTATO

CORN

VANILLA

RED PEPPER

## AMERICAN COFFEE OR AFRICAN?

The famous coffees of Colombia, Brazil, and Mexico owe their success to Africa, for the coffee plant is of Ethiopian origin.

## THE MAGNIFYING GLASS IN THE BOOKS OF SECRETS

These Renaissance books describe recipes of medicine or beauty and marvels of nature. In one of them, it describes the power of the convex lenses to magnify objects, exactly what a magnifying glass or a pair of glasses do.

## OBSERVATORIES AND SNAKES

The pre-Hispanic cultures had astronomical observatories. One of the best known is The Snail where every solstice, because of an optical effect, the shadow of a snake appears and slithers down the stairs.

Science kept moving away from art and philosophy in the 16th century. The scientists felt the need to create a method to answer questions, so they created the scientific method based on exac calculations, experiments, and repetitions.

# *Outline of the Scientific Method*

**Observe:** Here your curiosity comes into action! To observe the world where you live is the first step for a great discovery (or even for answering a simple question).

**Ask questions:** "How? Where? Why?" There is no wrong question. Release your desire to know and question the world.

**Make a hypothesis:** It is a possible solution or answer to your question that is based on what you know of the subject.

**Experiment:** You need to prove your hypothesis. Measure time, weight, length, and compare afterwards.

**Conclusions:** It is the result of your work. You can confirm your hypothesis, but if it was wrong do not be discouraged, because it is the moment for creating another question and starting again.

PUT YOUR CREATIVITY INTO PRACTICE! ARE YOU ALREADY CURIOUS ABOUT SOMETHING OR STILL NOT YET? NOW IS THE MOMENT! TRY AND USE THE STAGES OF THE METHOD. YOU CAN ALSO BE A SCIENTIST, EVEN IF YOU DO NOT WEAR A WHITE COAT AND ARE NOT IN A LABORATORY.

# THE SILK ROAD

## 2nd Century B.C. – 8th Century A.D.

For almost twelve centuries, the Silk Road w a commercial channel between Asia, Africa, and Europe. The route began for military uses, but it was converted with time into a pathway where very delicate products arrived to the West, such as sil porcelain or tea, inventions like the compass, and an infinite supply of artistic and scientific knowledge.

EGYPT
ARABIA
IRAN
INDIA
CHINA

# The Secret of the Worms

One of the better-kept secrets in former China was the production of a bright and soft fabric: silk. These fabrics crossed thousands of miles along the commercial route that joined the East and the West, called the Silk Road. The secret was in the breeding of silkworms, which made their cocoons with this fine, bright and resistant thread.

*From a cocoon of silk we can draw out more than 3,000 feet of continuous filament thread!*

# The Earth is like a
# magnet

The Earth has a big magnet in its interior that makes other magnets orient to the north and the south. Magnets can be natural, like magnetite, which is a mineral of iron, or artificial magnets, which are materials with iron that magnetise.

ONE OF THE FIRST COMPASSES WAS A FISH BUILT WITH A FINE SHEET OF IRON MAGNETISED SO THAT WHEN FLOATING IN THE WATER IT INDICATED THE NORTH AND THE SOUTH.

# Do not lose the North!

ompasses point to the north thanks to the fact that they have a
agnet shaped as an arrow in the needle. About 4,000 years ago the
hinese discovered that the spoons made of magnetite that they
sed for orienting, moved and pointed towards the south.

## ants need a compass?

nd bees do not need a compass to find their
their abdomen and their head they have
tite with which they orient themselves in their
ions and dances.

### Did you know that...

The direction of the North Pole does not coincide exactly with the magnetic north. This fact was known in China 700 years befor it was in the West and it is at present known as magnetic declination.

# Earthquakes

**E**arthquakes are vibrations of the Earth that release a great quantity of energy in a very short time in the form of shock waves. They take place when two tectonic plates rub up against each other. The energy is transmitted from the origin of the seismic wave in the interior of the Earth, called the focus or hypocentre, towards the surface. The point that is right on the focus on the terrestrial surface is called the epicentre.

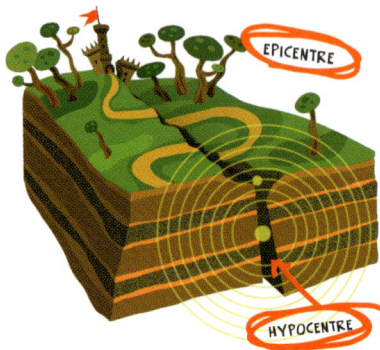

EPICENTRE

HYPOCENTRE

*In the 2nd century, the Chinese scientist, Chang Hen, invented a curious artifact called the seismoscope, which was used for detecting earthquakes and knowing the direction of the waves. It consists of a vessel of bronze with a pendulum in its interior that moves when there is an earthquake.*

The mechanism made the mouth of a dragon open. Then, the ball of copper that was in its interior fell in the mouth of a toad creating a sound.

# Harvest of ginger and copper

*The Chinese knew that if we excavate the ground where ginger grows we can find beds of copper or tin.*

171

The first instrument to measure air humidity, called a hygrometer, was invented in China in the 2nd century B.C.

# Imaginary interview with…
# Shen Kuo (1031-1095 B.C.)

**- Honourable Shen Kuo, tell us what is your profession?**

Yes, of course. I am only a geologist, astronomer, cartographer, weather forecaster, mathematician, engineer, chemist and pharmacologist. But because I have extra time, I am also dedicated to the matters of state of the dynasty of Song, as an ambassador and military general.

**- You state that the mountain Taihang in the past was on the coast. Why do you believe that?**

Walking through the mountain, I found in the rocks marks of shells. Then I thought that those shells had already been on the coast and that, therefore, the rocks were formed near the sea and in the past. Later, the rocks ascended forming this beautiful mountain.

**-Thank you very much. By the way I have to go towards the north of the country, can you tell me the way?**

Yes, of course, take this compass and a map, although you have to notice that the north of the compass does not coincide with the north in the map you have. After doing several experiments, I have discovered this problem, but nobody knows it yet.

# TRIP TO THE CENTRE OF THE EARTH

Even though we have landed on distant planets, we have not managed to penetrate the Earth more than 8 miles. With the study of shock waves we know that the interior of the Earth has different material and different parts. That's why we divide up the interior of the Earth into layers:

* CRUST: Varied solid rocks with some melted parts.

* MANTLE: Rocks of silicates in semiliquid state.

* OUTER CORE: Liquid iron.

* INNER CORE: Iron with a little nickel in solid state.

CRUST

MANTLE

OUTER CORE

INNER CORE

*The magnetic poles of the Earth are inverted after a certain number of years. The last inversion happened 740,000 years ago.*

> *The Earth's magnetic field is produced by the combination of the rotation of the Earth and the circulation of the liquid iron of the outer core around the inner core.*

## How much does the Earth shake?

Nowadays there are two methods to measure earthquakes: the seismic scales of Mercali and Richter. The first measures the intensity and it is based on the damages that the earthquake causes, whereas the second measures the magnitude and the energy transmitted by the shock waves. The most widely used at present is the Richter Scale, which measures the earthquakes from 0 to 10.

RICHTER SCALE

10

MERCALLI SCALE

XII

0

I

# Can you imagine counting without numbers?

When there were no written numbers yet, people counted with the fingers of their hands and their feet.

## SELLING AND COUNTING

*Until numbers were invented, in businesses the abacus was used. This is a very old instrument of calculation used especially by Eastern cultures.*

*Even today, in Asia they teach the abacus at school and use it in many stores.*

# ABACUSES AGAINST CALCULATORS

Today, calculation competitions with the abacus are celebrated in Japan. On some occasions abacists are confronted against competitors with calculators. And most of the times the abacists are faster!

177

# Adding and subtracting with the abacus

The abacus is formed by a series of beads that are attached to rods. The beads of the lower part are worth 1 and those of the top are worth 5. The beads move up or down so only the ones that are up are counted. Besides, each of the columns also has a different value. On the right are the singles and in the following column are the tens and so on.

To form a number the beads of value 1 go up, and if the number is greater than five, we move a bead of 5 too.

*For example, the number 173 will be represented by 3 beads of value 1 in the column of the units 2 beads of value 1 and 1 bead of value 5 in the column of the tens (2 + 5 =7) and 1 bead of value 1 in the column of the hundreds.*

**The Koreans and Japanese imported the abacus from China in 1400 CE and 1600 CE.**

178

The Chinese call the abacus, Suan Pan (Suan means calculating)

With the abacus you can do several mathematical operations, such as addition and subtraction. The first figure that you want to add or subtract is represented in the abacus. To add, you add the beads of the second figure, but if you want to subtract you have to remove the beads.

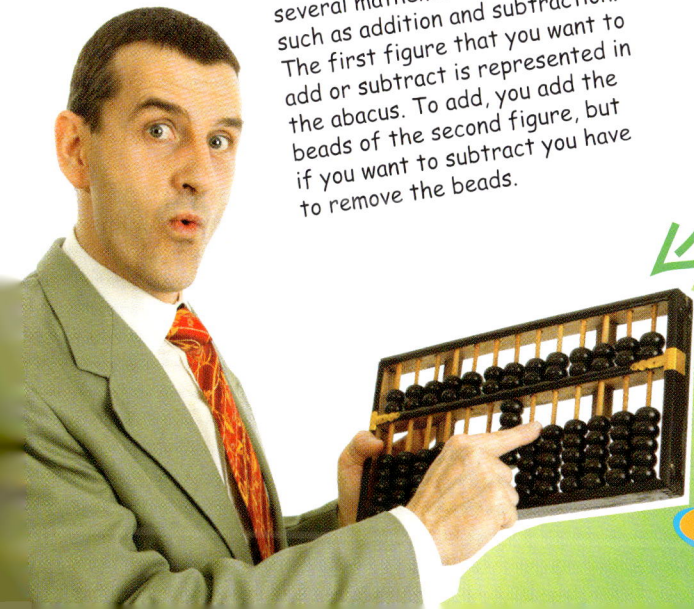

The Chinese way of understanding life is tied up with energy and with the human being as inseparable parts of Nature and of the Universe. The Chinese traditional medicine is based on the Tao; its components are the Yin and the Yang, two elements of opposed and complementary forces, present in everything, and that coexist, in a harmonic balance in healthy people. When this balance breaks, illne forms.

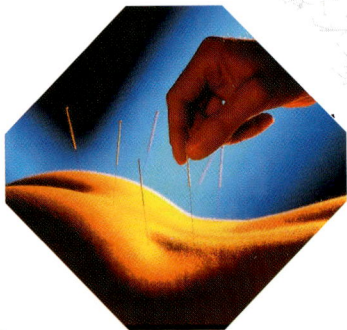

Chinese medicine uses plants, but it also uses compounds of mineral andanimal origin.

# A long hike to the West

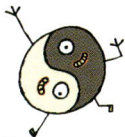

Chinese medicine has about 3,000 years of history. The oldest book that is known is of the 5th century before Christ. It describes the Yin and the Yang, it talks about the organs, viscera, the meridians, of the Qì (vital energy), of the circulation of the blood, the causes of the illnesses, the methods to diagnose, the points of acupuncture and the methods to insert the needles.

## Prick me, it hurts!

In the 17th century, Jesuit missionaries returned from China saying that illnesses could heal from the punctures of needles in certain points of the body. This way of curing is known as acupuncture, and it prevents and treats illnesses acting at points of energy and blending the body with the mind. At present it is used to cure several illnesses in human beings and also in animals.

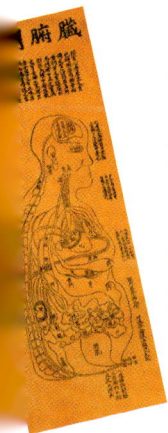

# Experiment:
# Natural Medicine

Mix 1 ounce of essence of rosemary with four cups of olive oil. This oil of rosemary can be used to rub and massage the skin. The curative properties of this plant decrease muscular and rheumatic pains.

# Curative cigar?

There is a cigar that is used in Eastern medicine, called "moxa", which does not have anything to do with the tobacco that is usually smoked. It is made with leaves of artemisia and burns near the skin to improve health.

Chinese medicine uses plants, but it also uses compounds of mineral and animal origin.

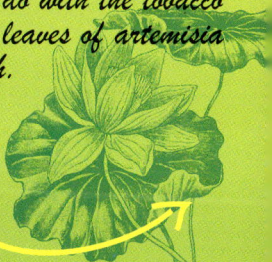

## URIOSITIES

The plant of tea, with which green tea and black tea is made, is one of the 50 basic herbs of Chinese traditional medicine.

# THE CRUSADES

*"Look for knowledge, even if you have to travel to China."* (Mohammed)

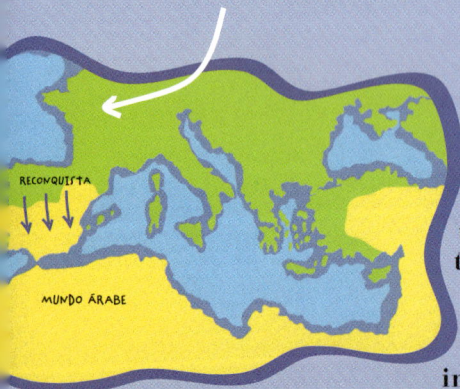

RECONQUISTA

MUNDO ÁRABE

The Crusades are the wars during which the Christians expelled the Arabs from Europe and the Middle East. With the wars came the end of the period of splendour of the sciences and of Muslim art. The Arabs incorporated knowledge from Greece, India, and China to their science, and made their own contributions to the development of astronomy, chemistry, mathematics, medicine, and biology.

184

# *What time is it?*

*The Arab sundials were plates of marble or of copper with a needle in the centre. According to the shadow that it cast the hour of the day could be read. To be able to orient, the direction of the Mecca was marked on the plate.*

The expansion of Arab culture and science took place from the time of Mohammed who united all the tribes of the peninsula of Arabia under the religion of the Islam.

# THE ALCHEMISTS

The alchemists knew the techniques of transforming some materials into others, and to make miraculous remedies, poisons, and magical potions. The Egyptians, Greek, Hindus and Chinese used these techniques for centuries, but they were named after the Arabs: "Alchemy", which in Arabic means "the art", since for them it was one of the most important kinds of wisdom. Alchemy is the origin of chemistry and of pharmacy.

**The Magnum Opus! It is an alchemical term - process of creating the Philosopher's Stone. Personal and spiritual transmutation had, hypothetically, four phases:**

◗ **Nigredo:** blackening or putrefaction;

◗ **Albedo:** whitening or washing away of impurities;

◗ **Citrinitas:** yellowing or transmutation into silver or gold;

◗ **Rubedo:** reddening or assumed colour of Philosopher's Stone.

# Any metal could be gold!

The alchemists passed centuries looking for two potions:

**THE PHILOSOPHER'S STONE:** for transforming metals into gold.

**THE ELIXIR OF LIFE:** to extend life to immortality.

They did not find either of the two, but in their search they discovered new materials and new methods for transforming them.

# The Greek Fire

With a mixture of quicklime, oil and sulphur. A Syrian alchemist saved Constantinople from Muslim attack. When in contact with water, the quicklime caught fire and the oil burned ablaze! The Muslims ran away impressed.

# Imaginary Interview with...
# MARIE ANNE LAVOISIER, Mother of Modern Chemistry
## (1758–1836)

*-Mrs. Lavoisier, what is your profession?*
I am a chemist, and I work with my husband Antoine in a laboratory.

**-Chemistry, that's interesting! Could you explain to us what exactly chemistry is?**

For my husband and me, Alchemy has remained old-fashioned. That gang of crazy people who searched for mysterious remedies are falling behind.

Chemistry is different; the laws are logical as in the other sciences.

**-Which laws are those?**

At the moment we have only proven one: that "mass is neither created nor is it destroyed, it only changes". But I am sure very soon many other laws will be discovered.

# What is an atom?

The atoms are formed by three types of particles:

**PROTONS:**

They have positive charges and are in the nucleus.

**NEUTRONS:**

They do not have a charge, that's why they are neutral.

They are also in the nucleus.

**ELECTRONS:**

They have a negative charge and move around the nucleus.

*The protons attract the electrons, but if the electrons approach the nucleus, they are repelled.*

*Finally the electrons remain floating around the nucleus giving a stable structure to the atom..*

# We have to name the elements!

The chemists soon realised that they needed a language to be able to express the formulas of the chemical reactions. They started to represent each of the chemical elements with letters. These are some examples:

Sodium: Na

OXYGEN: O

Chlorine: Cl

Carbon: C

Hydrogen: H

ELECTRONS (CHARGE−)

PROTONS (CHARGE+)

NEUTRONS (NO CHARGE)

# Together as friends

Each one of the elements is joined to other elements forming molecules. But they are not joined with all of them, only with those that are compatible, in the same way that we join with our friends.

The molecules are, therefore, the union of several atoms. These are some examples:

## Water: $H_2O$
(two atoms of hydrogen and one of oxygen)

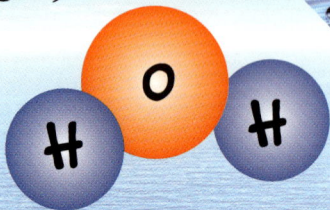

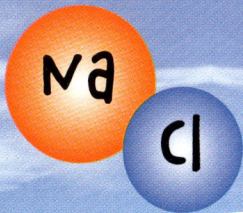

## Salt: Na Cl

One atom of sodium (Na) and another of Chlorine (Cl)

# Tasty or poisonous?

Curiously, the formula of salt is very similar to that of bleach. Only an atom of oxygen marks the difference between tasty or poisonous food.

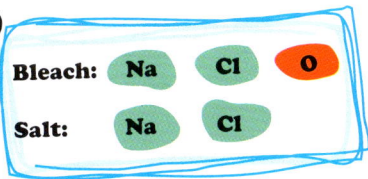

| Bleach: | Na | Cl | O |
|---------|----|----|----|
| Salt:   | Na | Cl |    |

The House of Wisdom was a university in Baghdad where different areas of knowledge were studied.

# Ice, water, and steam are all water

Did you know that water is one of the few substances that become bigger when it is solid?

*Yes, the solids normally occupy less spa than the liquids, which take up less spa than the gases. However, not with wat If you put it in a container with water the freezer and leave it for some hou when taking it out you will see that t ice has grown. This happens because t structure of the ice leaves very big spa among the atoms.*

# Distillation

Distillation is a method that is used to separate two mixed substances. In the process both substances are transformed into gas at different temperatures. The mixture warms up until the first substance starts to vapourise and, when this finishes, we stop warming it up and we cool the gas so that it transforms again into liquid.

THE DISTILLING DEVICE IS CALLED AN ALEMBIC

The Arabs used many chemical reactions for the extraction of substances and the preparation of medicines. These products were marketed in many countries, from Europe to Asia, thanks to the Muslim expansion.

## Milk with sugar

When we put sugar in the milk it dissolves, but, we keep on putting sugar, there will be a point w it will not dissolve and it will sink to the bottom. This is called precipitation.

# Experiment of precipitation:

We are going to see how, when putting milk in contact with different acids, precipitation takes place.

- Put a little milk in a glass with some drops of vinegar or of lemon.

- Observe what happens and let it settle a while. What do you observe?

- You can separate the solid from the liquid with a filter, a rag or a handkerchief. How is the solid obtained?

You can also see the reaction of milk with tonic, a cola drink, or juices.

*Material:*
- Milk
- Vinegar or lemon
- Paper filter (for coffee) or a rag or a handkerchief

# "There are only two sciences: THEOLOGY (salvation of the soul) and MEDICINE (salvation of the body)"

Since Mohammed said these words, the Muslims started to show interest in medicine, basing their studies on Greek medicine. The books written by Rhazes and Avicena spread their knowledge through the entire world. In them they talk about every illness, analyse its symptoms and suggest possible treatment.

# From alchemy, the **pharmacy** is born

*The first experiences of alchemy used fire to transform matter: from mineral to iron, from sand to glass... With time new chemical reactions were discovered that created remedies like alcohol or plaster. These substances revolutionised medicine.*

# Stories that cure

In the book 'One Thousand and One Nights', the character Scheherazade relates detailed stories on passions and illnesses that were read in the hospitals as part of the treatment of the sick.

# The Arab numbers travelled from India

The numbers that we use at present, from 0 to 9, come from India, but are usually called "Arab numbers" because it was the Arabs who brought them to the West.

## Did you know that...

The Arabs translated Greek mathematics and Hindu astronomy into Arabic and created big mathematical schools. The most important were those of Cordova, Seville and Granada.

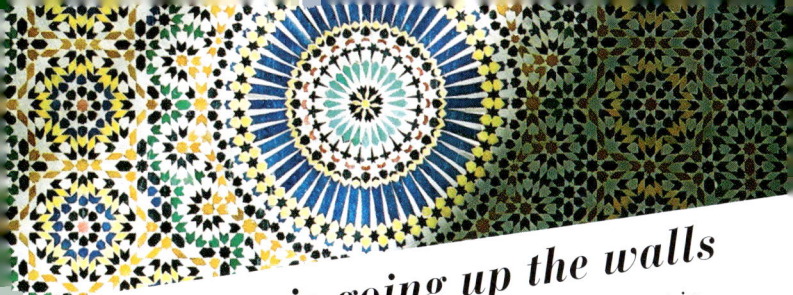

# Geometry is going up the walls

The Arab potters were specialists in making complex geometric figures with the tiles that were used to decorate the walls of the Arab palaces.

**ALGEBRA AND INHERITANCE**
The Arabs used algebra to solve the distribution of an inheritance among the members of a family.

# Imaginary
# Interview with
# Leonardo Fibonacci

(1170–1250

*Interview with Leonardo of Pisa, also known as "Fibonacci".*

**-Mr. Fibonacci, you say that you have discovered a new system of calculation?**
-They are the Arabic numbers, but, in fact, I am not the one who has discovered them. The Arabs have already been using them for five centuries and even they learned them from the Hindus.

**- What is revolutionary about this new system?**
-It is much more effective than the Roman numerals at calculating; doing addition or subtraction is much easier and faster. Besides it adds a very special number that is 0 for, although at first sight it has no value, it is capable of changing the value of the other numbers according to its position.

**- To finish, could you prove us the advantages by doing the same calculation in Roman numerals and in Arab numbers?**

**For example 365 + 437.**
-I would like to do it in both systems, but I do not have either the paper or the time to make it with Roman numerals. I will make it with Arabic numbers:

$$
\begin{array}{r}
365 \\
+437 \\
\hline
802
\end{array}
$$

# Paper for writing

The first papers in China were of silk and bamboo. As they were of low quality, they were used mainly to wrap. To write they used wooden small boards and cloths of silk, but paper started to be used with time because it was easier to store and to transport.

# PAPER TO SPREAD IDEAS

The Arabs learned to create paper from the Chinese and went on to start using other materials, such as linen or hemp. In these papers they wrote the translations of Greek works and their own knowledge, spreading it all through their empire.

# Arrival to Europe

After conquering the Iberian Peninsula, the Arabs did not waste their time and established their first workshop of paper production. Al-Andalus, as they called Spain, was the centre of teaching medicine and mathematics.

# TRIPS THROUGH THE MEDITERRANEAN

▶ 3000 B.C. – 5th century

*"Give me a place to stand on, and I will move the Earth."* (Archimedes)

## The capital of knowledge

Alexandria had the oldest library and a museum that was like a university in which all the great wise men of the age taught and did research.

*The Mediterranean Sea has always been a place where cultures cross. The traders took their merchandise from port to port and in turn spread knowledge. Also the expansion of the Greek empire into Egypt, Mesopotamia and the East brought knowledge of other people.*

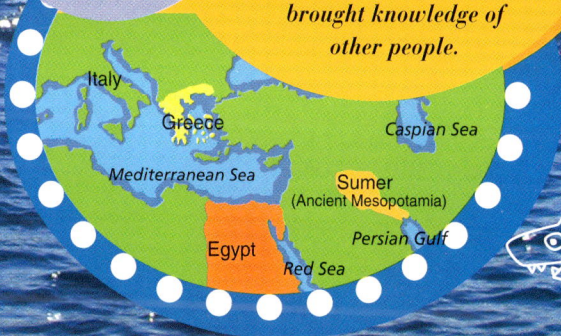

Italy

Greece

Caspian Sea

Mediterranean Sea

Sumer (Ancient Mesopotamia)

Persian Gulf

Egypt

Red Sea

# Has the Sun hidden behind the Moon?

When we see them from the Earth, the Sun and the Moon have the same size approximately. However, the Sun is 400 times bigger, but it is 400 times further than the Moon. This makes total eclipses of the Sun possible.

## PRECISE ECLIPSES

**A**ccording to the calculation carried out by the astronomers of Mesopotamia, the movements of the Sun and the Moon are repeated every 18 years. Thanks to this calculation, called cycle of Saros, the lunar and solar eclipses can be predicted from thousands of years ago.

# Legends
## in the darkness

All the civilisations have looked towards the stars to be able to orient themselves in the darkness, to measure time, and to tell the legends of their people. To improve their understanding, they grouped together the stars in imaginary drawings, called constellations, which represented characters or elements of their mythology.

# Which sign are you?

The Sumerians divided up the stars that are in the strip of sky where the Sun and the planets pass into twelve constellations that compose the signs of the zodiac. According to astrology we are the sign of the zodiac that is covered up by the Sun on the day of our birth.

# And at night, how do you tell time?

The clepsydras are clocks of water that were used at night or inside buildings, where the sundials did not have any use. The ancient Egyptians used them, afterwards the Greeks and later the Romans. They consisted of several containers in which drop by drop the water passed through a container to another and like this they could calculate the time.

# EGYPT,
## THE CRADLE OF WRITING

About 5,000 years ago the Egyptians started to record hieroglyphs in wood or stone. In them the represented scenes of daily life, animals, plants, parts of the body, etc. These drawings that decorated temples, pyramids, and objects are the beginnings of writing.

## The importance of the scribes

In ancient Egypt, only a few knew how to write and they were called scribes. They were put in charge of counting the foods, to write down the level of the Nile, or to document the number of slaves used in the construction of temples and pyramids.

Did you know that to the discovery of Rosetta Stone in the hieroglyphs co not be deciphered

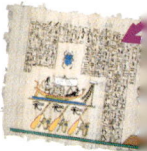

## Writing in mud

As the Sumerians did not know how to make papyri of quality, they started to write the language they spoke on mud, on plates, cylinders, or prisms. Their writing is named cuneiform..

# Imaginary Interview with **Eratosthenes**

*(around 275 - 195 B.C.)*

–Mr. Eratosthenes, you say that the Earth has 24,615 miles of diameter. Could you tell us how you calculated it?

–The papyri of the library of Alexandria say that in the city of Sienna, on the 21st of June at midday, the homes do not have shadow because the Sun appears in the sky as high as possible. However, the same day at the same hour, in the city of Alexandria, the objects do have a shadow.

–So what?

–It occurred to me to measure the angle that those shadows form and I sent a regiment of soldiers to measure the steps that there were between both cities.

–Good, and to what does all this come?

–With that data and my knowledge of trigonometry I started to calculate the size of the Earth and this result came out. But that is not everything: I have also calculated the distance between the Earth and the Sun, and the Earth and the Moon.

# Imagine that you do NOT have sufficient force to move something...

In order to multiply our force, we can use several inventions. These inventions has been known from more than 2,000 years ago.

The Greeks proved their knowledge of physics by inventing, building, and using every type of gadget.

## How are the PYRAMIDS built?

**TO BUILD THE PYRAMIDS,** THE EGYPTIANS USED THE "INCLINED PLANE" THAT ALLOWS YOU TO RAISE WE WITH LESS EFFORT. THEY MADE RAMPS WITH SAND, ON WHICH TH RAISED THE STONES AND THEN TOOK A THE SAND AFTERWARDS.

It is said that Archimedes invented the "compound pulley" around 200 B.C. and was capable of lifting a ship and raising it to the coast.

# Wheels with teeth

THE GEARS ARE COMBINATIONS OF COGS. ANTIKYTHERA, THE OLDEST KNOWN MECHANISM, IS A GREEK CALENDAR THAT INDICATED THE FUTURE POSITIONS OF THE SUN, THE MOON AND THE STARS.

## e oldest d least d-fashioned vention

e wheel is considered one of most important inventions of manity. Of stone, of wood, of tal, and of rubber, wheels have n used throughout history. If put weight on skates, logs, or heels it is much easier to move and like this we have a cart.

The cars of Formula 1 have little to do with the old cart, but the wheels are still there... Nothing better has been found.

# GREEK ART

## DID YOU KNOW THAT...

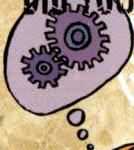

The Greeks called the Romans "builders sewers, roadways and bridges" because they were artists: they did not know how to use marble to r something as sublime as the Parthenon. The Greek is the human expression of beauty and its harm with the nature that surrounds us. What the Rom gave to engineering, the Greeks gave to art.

## It's logical!

*Aristotle developed rules of logic to appl them in science as well as in philosophy. Science is the result of building complex systems of logical reasoning.*

*A simple example of logic is: "All human beings are mortal". "All Greeks are human". Therefore, one arrives at the vali conclusion that: "All Greeks are mortal".*

212

# CRYSTAL CLEAR

history of creating glass can be
ed back to 3500 B. C. But only
ortant buildings such as palaces
cathedrals had glass windows,
at that time glass was made only
mall quantities and was too
ensive for use in everyday
dings.

# DO YOU KNOW THAT...

first type of glass used in
truction was the stained glass in
indows of palaces and cathedrals.

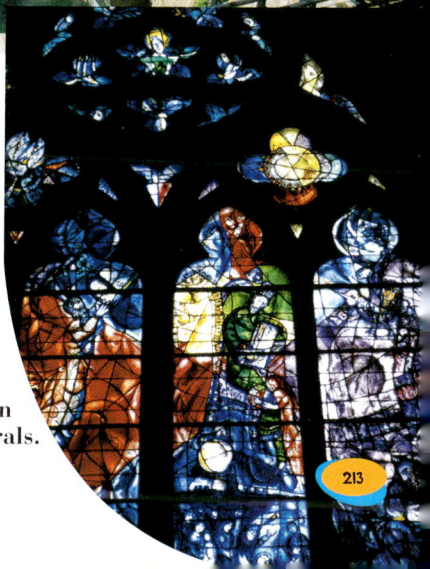

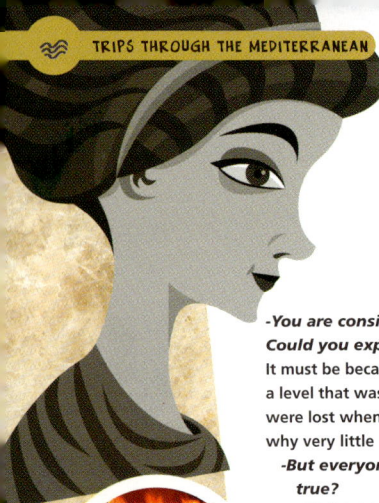

# Imaginary Interview with *HYPATIA* of Alexandria
## (370?–415?)

*-You are considered one of the wisest people of humanity. Could you explain to us why?*

It must be because I have developed mathematics and astronomy to a level that was not surpassed for centuries. However, my works were lost when the library of Alexandria disappeared, and that's why very little is known about me today.

*-But everyone did not agree with your discoveries, is that true?*

Well, I think what they did not agree with was, being a woman scientist and also not religious. The Bishop of Alexandria persecuted me for years with false accusations until her private army killed me.

*-It is because of this that you were considered the first victim of religious fanaticism?*

Yes, but I am not the only one. Throughout history, female scientists have been almost always persecuted or ignored. The witches, without going further, were connoisseurs of alchemy and medicine, and ended up in the bonfire. Even many of the books written by female scientists have had to be published by men in order to avoid problems.

# Experiment
# CURVATURE OF THE EARTH:

If you see a ship on the horizon that is moving away from the coast, it gives you the feeling that it sinks, because the things that disappear las are the sails. Based on this effect, Aristotle proved that the Earth is rou

*If you glue a little boat on a ball and you observe it while you keep turning the ball, you will understand this phenomenon!*

# Arms instead of machines

Romans made use of the force of slaves for their constructions, for it was the cheapest energy they had. They did not develop their sources of energy much, but they did have the gadgets to build, such as cranes, pulleys, or scaffolds. Still today many bridges, aqueducts, theatres, and roadways remain standing.

The Roman art was practical: it used concrete and bricks to lift enormous constructions.

## THE MILITARY ENGINEERING
# OF CAESAR

Engineering for military purposes is a science as old as war. Caesar had the best army of the world in his hands and the best engineers of the time.

# THE OLDEST ALLOY

There is archaeological evidence that around 3500 B.C. molten copper and tin were being mixed together to produce a metal alloy: bronze. This era is known as the Bronze Age.

Bells weapons, statues, instruments were made of bronze, an alloy of 78 percent copper and 22 percent tin.

## GOLD RUSH

Because of its rarity, gold has been prized as a precious element ever since ancient times; it has been used for coins, jewelry, and objects that represent luxury and power.

# BRONZE TO IRON

After Bronze came the Iron Age. It occupies a privileged place in metallurgy because its coming into widespread use represented a revolution in how our species lived.

## DID YOU KNOW THAT...

Modern times, mid 19th century, saw major gold rushes when millions of workers began to migrate to places where gold had been dramatically discovered.

# EXPERIMENT OF THE PRINCIPLE OF ARCHIMEDES

**1** Fill a container of chickpeas, beans, lentils or rice almost to the top.

**2** Put the ping-pong ball inside with about one inch of depth in the legumes.

**3** Place the ball of steel on the surface.

**4** Shake the container softly for a few seconds and you will see how the ball of steel goes inside, while the ping-pong ball appears floating on the surface. This is due to the ball of steel being much heavier than ping-pong ball.

**5** You can repeat the experiment putting both balls deep down or leaving both of them in the surface.

## MATERIAL:

- A BIG CONTAINER
- CHICKPEAS, BEANS, LENTILS OR RICE (NOT COOKED)
- A BALL OF STEEL OF ABOUT 1 INCH (OR ANOTHER HEAVY OBJECT)
- A PING-PONG BALL

# EUREKA, I FOUND IT!

This is what Archimedes said when he discovered his most famous "principle". The King of Syracuse had ordered him to prove whether his crown was of solid gold. It is said that he found the solution when he was taking a bath. If he submerged the crown in the water, the level of water would go up the same as if he introduced an object of pure gold with the same weight as the crown. As the crown was mixed with silver, which is less dense, the level went up less than it would have with solid gold. This way he discovered that they had tricked the King.

# SOMETHING TO PROTECT

Since people began to migrate more than tens and hours and a years ago, they needed dwellings to protect themselves and their families. Little by little these dwellings have undergone simple modifications.

Nomads had to depend on shelter offered by the terrain like leaves, branches, hides, cloth, etc.

Others constructed semi-permanent shelters like huts by packing a framework of branches with a mixture of earth and animal dung sticks and skins.

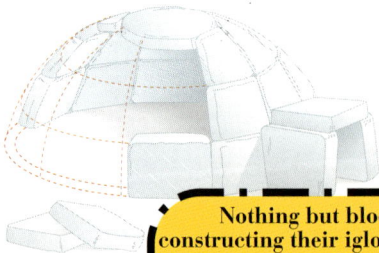

Nothing but blocks of ice are used by Eskimos for constructing their igloos, which protect them against the c the interior may be 32°F (0°C), while outside it is minus 2 (minus 30°C) or colder.

# THE FIRST DURABLE MATERIALS

Stone and compressed earth were surely the first durable materials used in construction. This system makes it possible to construct large houses with windows, but it requires very thick walls when beams are used for the roof.

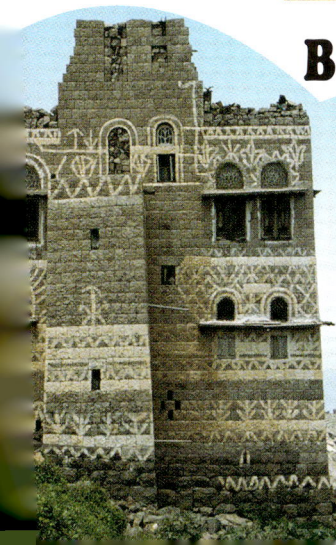

# BAKE THE CLAY!

The practice of baking blocks of clay to harden it is very ancient; it was used more than 6,000 years ago in Asia for making bricks. The combined use of bricks and wooden beams made it possible to construct houses of more than a single story, with several rooms, doors, and windows.

# GLOSSARY

**ABACUS.** Object that is used for carrying out operations of calculation: adding, subtracting, multiplying, etc.

**ACTUALISM.** It is a principle of Geology according to which the geological processes that acted in the past are the same ones that act in the present.

**ALGEBRA.** Area of mathematics that studies structures, relations, and quantities.

**ASTRONOMICAL OBSERVATORY.** Space dedicated to the observation and study of the sky and the celestial bodies. They are usually in high places and far from big populations.

**ATOM.** It is the smallest part of a chemical element and cannot be divided into smaller parts through chemical processes.

**BACTERIUM.** Very small organism composed by only one cell.

**BIG BANG.** Theory that explains the origin of the Universe with a great explosion.

**BIG CRUNCH.** Theory that explains the end of the Universe with a great implosion or collapse.

**BIODIVERSITY.** The variety of animal species and plants that exist on Earth.

**CARTOGRAPHY.** Scientific area that is about the study and the elaboration of maps.

**COMPASS.** Instrument that is used for orientating oneself. Its operation is based on the phenomenon of magnetism.

**CONSTELLATION.** Set of stars that designate an area of the cosmos.

**DNA.** Abbreviation of desoxyribonucleic acid. It is the hereditary material that contains the instructions for living creatures to function and develop.

**DYNAMO.** Device that transforms the mechanical energy into electrical energy.

**ELECTROMAGNETISM.** Study of the electrical and magnetic phenomena.

**ENERGY.** It is the capacity to carry out work. It is a property that can be observed in its transformations into different types of energy.

**FOSSIL.** Remains or bones of organisms that lived in the past and that have been preserved.

**GALAXY.** A group of thousands of stars that turn constantly on an axis.

**GEOMETRY.** Area of mathematics that focuses on the study of the properties and measurement of space.

**GPS.** Abbreviation of the Global Positioning System. With several satellites and a receiver of waves it manages to determine the position of an object that is in any part of the world.

**GRAVITY.** Force of attraction among objects. It is the force that the Earth exerts on objects and living creatures that, as a consequence, have weight.

**INTERNET.** It is an open media in which a person or entity can send and receive